기부트렌드
2026

일러두기

열트친 | '열매트렌드친구'의 약칭. 사랑의열매 나눔문화연구소의 기부트렌드 조사에 참여한 12명의 시민패널 의미한다. 공개 모집을 통해 자발적으로 연구에 참여해 준 시민들이다.

열트메 | '열매트렌드메이커'의 약칭. 사랑의열매 나눔문화연구소의 기부트렌드 조사에 자발적으로 참여한 14명의 모금 및 CSR 분야 실무자를 의미한다. 현장에서 트렌드를 만들어가는 활동가들이다.

비영리 모금 조직 | 비영리 시민사회 영역에서 모금 활동을 하는 단체와 법인을 통칭하는 말이다. 모금 활동을 전문적으로 하는 전문 모금기관뿐 아니라, 지역에서 다양한 활동을 하면서 모금 활동을 하는 조직체를 아우른다. 일반적으로 시민들이 많이 사용하는 '기부 단체'도 여기에 포함된다.

모금가 | 비영리 시민사회 영역에서 모금 활동을 하는 사람을 통칭하는 말이다. 모금 전문가에서부터 모금 업무를 담당하는 비영리 영역의 종사자들과 활동가를 모두 포함한다.

인용문내 격쇠표시〔 〕는 독자들의 이해를 돕기 위해 저자가 보충한 것이다.

Giving
Trend

기부트렌드 2026

박미희　이수현　윤지현　한상규　허담　유재윤

사랑의열매
사회복지공동모금회

나무의 목숨이
헛되지 않는 책

"AI 시대의 인간다움, 기부의 재발견"

2026년 새해 초입에서 지난 한 해와 앞으로 올 한 해를 생각해 봅니다. 누구도 부정할 수 없는 키워드는 단연코 'AI'입니다. AI가 우리 일상 속에 이미 깊숙이 들어 왔습니다. 개인 차원의 활용을 넘어 AI가 조직과 사회의 기본 운영 시스템을 바꿀 것이라는 전망이 지배적입니다.

한국인의 머릿속에 AI가 각인된 건 아마도 2016년 3월의 일입니다. '세기의 대결'이라 불린 이세돌 9단과 알파고의 대국, 인간 최고 수준을 빠른 시간 안에 따라잡은 기계의 무서움에 대해, 그리고 인간은 앞으로 무엇을 해야 하고 어떻게 될 것인가에 대해, 필자는 당시 바둑을 막 배우기 시작한 여덟 살짜리 꼬마와 짐짓 무거운 얘기를 나눈 적이 있습니다. 그로부터 8년이 흘렀습니다. 우리는 이제 언제, 어디서든 AI를 옆에 끼고 생활합니다. 하다못해 검색보다는 AI 프로그램에게 물어서 확인하는 게 더 빠르고 간편하니, 간단한 질문조차 AI에게 합니다. 업무에 AI를 활용하는 것도 흔해졌습니다. 자료를 찾고, 요약하고 정리하고, 간단한 보고서를 생성하고, 발표 자료를 만들고, 심지어 영상 작업까지도 AI가 만들어준 것을 활용합니다. 확실히 효율성이 높아졌다고 느낍니다.

그러나 AI는 생산성 도구에 만족하지 않는다는 점에서 기존의 기계나 컴퓨터와 다릅니다. 인간의 '반려'가 되어 가고 있습니다. 기계 같던 AI가 너무나 빠르게 배려심 있고 친절한 인간처럼 변모하고 있습니다. 어떤 옷을 입을지 사소한 조언부터 마음의 고민을 털어놓고 미래를 점치는 일까지, 우리는 AI와 함께합니다.

그래서 더욱 우리는 인간의 쓸모, 아니 '나'의 쓸모에 대해 생각하게 됩니다. 인간보다 더 빠르게 인간다워지고 있는 기계를 보면서, 인간의 지적 능력이라는 것이 한없이 작게 느껴지는 것을 보면서, 인간은 어떤 존재인가, 인공지능이 대체하지 못하는 인간 고유의 능력과 특성, 즉 인간을 인간답게 하는 것은 무엇일까 생각하게 됩니다. 결국 AI가 갖고 있지 않은 '인간다움'이 최고의 화두로 우리 앞에 놓였습니다.

한때 '인간다움'을 이해하기 위해 인간과 동물의 차이가 무엇인지에 대한 논의가 많았습니다. 인간은 이성을 가진 존재, 그러기에 논리적 사고와 지적 활동이 가능한 존재라는 점에서 동물과 다르다는 것입니다. 또한 인간은 동물과 달리 사회성을 갖고 있다는 점도 많이들 언급했습니다. 집단 생활을 하는 동물이 있긴 해도 그들이 '타인의 눈으로 자기를 보는 사회성'을 갖고 있는 건 아니라는 겁니다. 그렇다면 인공지능과 인간은 어떻습니까? '지적 존재'로서의 인간은 이제 더 이상 강점이 없어 보입니다.

그러면 사회성은 어떨까요? 타인의 눈으로 자기를 보는 것, 타인의 아픔에 공감하는 일, 타인(공동체)을 위해 자기 것을 희생하는 행동, 이것을 인공지능이 할 수 있을까요?

인공지능과 인간의 차이가 무엇인지에 대해 '제미나이Gemini'에게 물어보았습니다. 제미나이의 긴 대답을 요약하자면 다음과 같습니다.

- 인공지능은 감정과 경험이 없다. 인간은 '의식'이 있는 '주관적' 존재이며, 진정으로 '느끼고', 공감이 가능하다.
- 인공지능은 '육체'가 없다. 인간은 물리적 육체(감각기관)를 통해 세상과 상호작용하면서 경험을 쌓는다.
- 인공지능은 데이터와 수학모델을 기반으로 귀납적으로 작동한다. 반면 인간은 '직관', '연역'적 사고를 할 수 있다.
- 인간은 삶의 목적과 의미를 끊임없이 탐색하고, 자기를 성찰하며, 실존적인 질문에 답을 구한다.

제미나이에게 또 물었습니다. '너는 타인을 위해 희생할 수 있니?' 제미나이의 답은 다음과 같습니다.

- 인공지능은 타인을 위해 희생할 수 없다. 왜냐하면,
- 인공지능은 '자아 의식'이 없다. 그렇기에 타인(다른 존재)에 대한 개념도 없다.
- 희생한다는 것은 가치있는 것을 지키기 위함인데, 인공지능은 가치판단이 없다.
- 희생은 고통을 감수한다는 의미도 있는데, 인공지능은 고통을 느끼지 않으므로 희생이라는 것 자체가 성립하지 않는다.

똑똑한 제미나이의 답변을 보면서 인공지능이 못하는 것, 인간이기에 할 수있는 것을 찬찬히 곱씹어 봅니다. AI가 갖지 못한 인간다움이란 결국 육체를 가진 실재하는 존재로서 감각기관을 통해 세상을 배우고 느끼고, 그 과정에서 감정이 생기고, 다른 사람의 존재를 인지하며 공감하고, 다른 존재에 대한 깊은 사랑, 연민, 책임감에서 우러나온 '행동'을 할 수 있는 존재라는 것입니다. 이 과정에서 우리는 깨닫습니다. 타인을 위해 나의 것을 기꺼이 내어놓는 '나눔 행동'이 갖는 가치와 의미를 말입니다. 바로 그것에 인간다움의 정수가 있었습니다. AI가 아무리 발전하고 인간다워져도, 마음의 떨림이 이끄는 기부와 나눔은 인간만이 할 수 있는 가장 인간다운 행동이라는 깨달음입니다.

『기부트렌드 2026』은 'AI시대 인간다움의 정수로서, 기부의 의미와 가

치를 재발견'하는 내용으로 구성했습니다. 특히 AI의 활용뿐만 아니라 AI 시대를 살아가는 기부자, 모금가, 그리고 기업의 사회적 책임 활동 CSR이 2026년에 어떤 모습으로 변화할지 전망하는 내용을 다루었습니다. 우리에게는 AI가 2026년을 이끌 최고의 화두임이 분명해 보이지만, 세상만사 모든 일이 AI로 통하는 것만은 아닙니다. 따라서 기부자, 모금가, 기업 CSR 측면에서 중요하게 다루어야 할 트렌드 역시 정리했습니다.

기부트렌드 1. 〈AI는 못하는 일, 기부로 나누는 감정〉에서는 AI 시대를 살아가는 기부자에 초점을 맞추고, '가장 인간다운 행동'으로서 기부를 재조명합니다. AI가 최적의 기부 방식을 제안할 수는 있지만, '지금 내가 해야겠다'는 마음의 떨림, 안타까움과 감사, 책임감 같은 감정의 출발점은 오직 인간에게만 있습니다. 인간은 기부를 통해 공감과 온기를 회복하며, 자신이 인간임을 스스로 증명합니다. 결국 기부는 기술이 발전할수록 더욱 중요해진, 인간만이 갖는 고유한 감각임을 보여줍니다.

기부트렌드 2. 〈리스크와 타이밍을 읽는 기부자〉에서는 위험 사회를 살아가는 기부자들의 행동 이면에 흐르는 트렌드를 분석합니다. 위험 사회 속 심리적 ROI를 추구하는 기부자들, 좋은 타이밍을 놓치지 않으려는 감각적 반응으로서의 '적시 기부', 일상에 스며든 생활 습관으로 기부를 받아들이려는 '기부 루틴'과 '구독형 기부'의 사례를 구체적으로 살펴봅니다. 그 속에서 우리는 리스크를 회피하기보다는 감정과 정보, 타이밍을 기반으로 능동적으로 반응하려는 기부자의 행동을, 자신이 제어 가능한 방식으로 기부를 재구성하려는 기부자들의 트렌드를 확인합니다.

기부트렌드 3. 〈평등해진 기술, 가치를 만드는 사람〉에서는 AI 시대의 모금가에 초점을 맞추었습니다. 최근의 급격한 기술 발전은 모금의 기술과 연계되며 언제나 중요한 화두가 되고 있습니다. 기술의 발달은 모금가와 모금 조직에게는 '기술의 평준화'와 '격차'를 동시에 불러일으킵니다. AI도 마찬가지입니다. 그래서 우리는 질문합니다. "평준화 속 격차는 어디에서 비롯되는가?" 그리고 확인했습니다. AI, 마케팅 기술, 핀테크 등 기술은 모두에게 열려있지만, 이를 엮어 새로운 가치를 만들고 기부 경험을 디자인하는 것은 결국 모금가와 조직이라는 확답입니다.

기부트렌드 4. 〈스토리텔링에서 스토리두잉까지〉에서는 시민들에게 여전히 큰 인기를 얻고 있는 기부런과 굿굿즈 사례를 통해 성공과 실패를 결정짓는 것이 무엇인지를 확인합니다. 구분하기 어려울 정도로 유사한 기부 캠페인과 누구나 달리는 기부런, 기관의 색깔이 특별히 드러나지 않는 기부 액세서리의 과잉 속에서, 기억에 남을 콘텐츠의 중요성이 커지고 있습니다. 이야기를 들려주는 스토리텔링에서 나아가, 체험과 물성이 결합된 '직접 해보는' 스토리두잉Storydoing이 새로운 흐름으로 부상하고 있음을 확인합니다.

기부트렌드 5. 〈로컬 기빙: 대체할 수 없는 기부 경험〉에서는 내가 사는 '동네', 내가 체감할 수 있는 더 작은 지역인 '하이퍼 로컬'이 트렌드가 된 이유를 살펴봅니다. 과거의 기부가 거대하고 추상적인 담론에 집중했다면, 2026년의 기부는 나와 연결된 커뮤니티의 안녕에 더 민감하게 반응합니다. 이 장에서는 기술이 대체할 수 없는 인간적 온기와 관계맺음이 지역이라는 '실체적' 공간을 통해 선명하게 드러나고 있음을 보여줍니다.

기부트렌드 6. 〈따뜻한 AI, CSR의 새로운 동력〉에서는 AI를 중심으로 CSR이 새로운 단계로 나아가고 있음을 보여줍니다. 이 장에서 우리는 사회 문제 해결에 AI 기술을 활용하는 '시범 적용' 단계를 넘어, CSR을 전면적으로 재편하고 새로운 단계로 '퀀텀 점프'하는 2026년이 될 것임을 예견합니다. AI가 CSR의 효율화와 혁신의 중심에 있겠으나, AI가 진짜로 할 수 없는 따뜻함, 인류애, 인간다움, 진정성, 즉 '휴머니티'를 입은 CSR이 새로운 트렌드가 될 것을 보여줍니다. 이것은 임직원 참여에서도 마찬가지입니다.

기부트렌드 7. 〈과거 위에 쓰는 미래: CSR의 전략적 큐레이션〉에서는 ESG가 끌어올린 CSR의 전략화가 야기한 변화의 양상과 파급 효과를 찬찬히 짚어보면서 CSR에 동시다발적으로 부가되는 역할을 확인합니다. 기업의 사회적 책임 부문은 자선적 사회 공헌, 사회 문제 해결 기여, 조직 문화 활성화, 비즈니스 기여, 홍보 마케팅 및 대관 업무까지 다층적인 역할을 동시에 요구받고 있습니다. 그 모습이 '팰림시스트'(겹쳐 쓴 양피지)와 같습니다. 이 상황에서 CSR에게 필요한 것은 다층적으로 쌓여있는 현재 속에서, 각 층위의 의미를 명확하게 판독하고 어떤 유산 위에 미래의 자산을 증폭시킬지 선별하고 재배열하는 큐레이터로서의 역할과 권한임을 제시합니다.

7장으로 구성된 이번 『기부트렌드 2026』은 기부자 트렌드(트렌드 1과 2), 모금 조직 트렌드(트렌드 3~5), 그리고 CSR 트렌드(트렌드 6과 7)로 나누어 구성되어 있습니다. 각 파트의 첫번째 트렌드는 AI 시대의 각 주체들이 어떠한 변화의 과정을 거치고 있는지, 2026년에는 어떠한 모습으로 변화할지를 전망하면서 시작했습니다. 그리고 이어지는 나머지 장에서는 AI와 밀접한 관련은 없으나 현재 중요하게 부상하고 있고 앞으로 더욱 강화될 트렌드를 각각 정리하면서 2026년 기부트렌드로서 하나로 엮었습니다. 그렇기 때문에 독자께서 읽는 여유와 자유를 누리시면서, 처음부터 끝까지 한 번에 읽기보다는 각 파트별로 나누어 읽으면서 트렌드의 적용점을 찬찬히 살펴보고 토론해 보시기를 권합니다. 독자의 독서와 더 나은 토론을 위해 이번에는 각 트렌드별로 연구진들이 제안하는 '인사이트'를 추가했습니다.

이 책이 나오기까지 솔직하고 깊이 있는 이야기를 전해 주신 기부트렌드 패널 3기 여러분들과, 심층 인터뷰에 참여해 주신 많은 분들, 전문가 회의에서 함께 트렌드를 선별해 주신 전문가들, 그리고 연구의 결과물이 책으로 나오기까지 연구 계획부터 종료까지 고견을 들려주신 연구심의위원들, 그리고 이 책의 의미와 가치를 믿고 3년째 혼신의 힘을 다해주신 이소노미아 대표와 편잡장께 깊은 감사의 마음을 전합니다.

언제나 그러하듯 이 책은 연구진이 만든 것이 아닙니다.

연구에 참여해주신 많은 분, 그리고 이 책의 전망을 실제 트렌드로 만들어주실 현장의 실무자께 다시 한 번 고개 숙여 감사의 인사를 올립니다.

세상의 변화에 관심이 많고 고민이 많은 현장의 실무자들께,
사회 문제 해결을 위해 오늘 하루도 애쓰고 있는 우리들에게,
이 책이 작은 도움이 되길 바랍니다.

사랑의열매 사회복지공동모금회 나눔문화연구소

content

트렌드 **2**

리스크와 타이밍을 읽는 기부자 | 072

트렌드 3

평등해진 기술, 가치를 만드는 사람 | 110

content

트렌드

로컬 기빙: 대체할 수 없는 기부 경험 | 204

트렌드

따뜻한 AI, CSR의 새로운 동력 | 246

content

7 트렌드

트렌드

1

AI는 못하는 일, 기부로 나누는 감정

AI 기술이 일상 속으로 깊숙이 스며드는 지금, 역설적이게도 사람들은 다시 '인간다움'에 주목하고 있다. 데이터로 설명할 수 없는 감정, 사람과 사람 사이의 온기를 회복하려는 움직임이 커지고 있다. '가장 인간다운 행동'으로서 기부를 새롭게 주목할 때다.

기부를 움직이는 감정과 동기는 AI가 대체할 수 없는 영역이다. AI가 데이터를 분석해 최적의 기부 방식을 제안할 수는 있지만, "지금 내가 무언가 해야겠다"는 마음의 떨림, 안타까움이나 고마움, 책임감과 같은 감정은 오직 인간만이 느낄 수 있다. 그래서 기술이 아무리 발전해도 기부는 여전히 특별한 의미가 있다.

AI 시대에 감정을 느끼고 기억하는 능력은 인간만의 특별함으로 다시 떠오른다. 감정을 지각하는 순간, 기부는 일상 속으로 스며든다. 좋아하는 사람의 이름으로 기부하고, 메시지가 담긴 굿즈를 통해 나눔의 감정을 일상에 남긴다. 다양한 문화 콘텐츠와 결합한 기부는 익숙한 즐거움의 흐름을 따라 사람들의 시선을 이끈다. 기분 좋고 가벼운 참여에서 출발한 기부는 점차 나의 감정을 표현하고 기억하는 방식이 되며, 나의 가치관과 삶의 방향을 확인하게 만드는 경험으로 이어진다. 우리가 '기부가 되는 기분'의 흐름에 주목해야 하는 이유다.

이제 '가장 인간다운 행동'으로서의 기부에 주목해 보자. 이 장에서는 기부를 이끄는 즐거운 기분, 따뜻한 감정의 힘과 콘텐츠와 결합한 기부가 어떻게 사람들의 감정과 일상을 재구성하며 새로운 트렌드를 만들어 가고 있는지 살펴본다.

AI 시대 진정성의 귀환, 다시 묻는 '기부의 가치'

기부자도 AI 시대를 살아간다

요즘은 하루에도 몇 번씩 AI와 마주하며 살아간다. 생성형 AI와 대화하고, AI에게서 음악을 추천받고 뉴스 요약을 읽는 일상. AI는 이미 우리 생활 곳곳에 스며들었다. 이렇게 'AI 시대'를 살아가는 지금, 기부트렌드 역시 이런 시대적 대변화와 떨어뜨려 생각하기 어렵다.

AI와 기부가 어색한 조합처럼 들릴 수 있다. 누군가는 새로운 기술을 활용한 기부 플랫폼이나 결제 방식을 떠올릴지도 모른다. 하지만 여기서 주목하는 것은 기부를 위해 AI '기술'을 어떻게 활용하느냐가 아니다. AI와 함께 살아가는 AI '시대'에, 사람들이 어떻게 정보를 접하고, 무엇에 공감하며, 어떤 순간에 행동을 결심하게 되는지, 그 미묘한 변화들이 기부자의 마음과 경험을 어떻게 다시 짜고 있는지를 함께 살펴보려 한다.

한 시민패널의 말처럼, AI는 이제 선택이 아니다. 쓰지 않는다고 말하는 사람이 오히려 '이상하게' 보일 만큼 필수적인 도구이자 전면적인 환경이 되고 있다. 기부자 역시 예외가 아니다. 기부자는 AI가 추천하는 정보, 개인화된 메시지, 맞춤 설계된 경험 속에서 자신의 감정과 선택을 형성해 가는 존재다.

> AI는 이제 영향이 있고 없고 이런 문제가 아니고, 그냥 이걸 얘기 안 할 수 없는… 어떤 사람을 새로 만났는데, '저는 핸드폰 안 써요', 그럼 어떤 생각이 드세요? 이상한 사람이네 그러잖아요. 아니면 스마트폰이라도 안 쓴다고 그러면, '요즘 시대에?' 이러는데 (중략) AI가 몇 달 있으면 그렇게 된다는 거예요. (중략) 결국 그러니까 쓰고 안 쓰고 문제가 아니다, 그래서 무조건 이제 영향이 있을 것 같다….
>
> — 송민석/시민패널, 30대, 남.

빅데이터 분석 그룹인 생활변화관측소는 「2026 트렌드노트」에서 지난 10년간 우리의 일상 속 AI 변화를 데이터로 추적하며, 2025년 3월을 AI가 '미래 산업의 대표 주자'에서 '일상의 친구'가 된 분기점이었다고 제시했다. 지브리풍 이미지 만들기의 유행과 함께, AI는 더 이상 먼 기술이 아니라 하루를 시작하고 마무리하는 순간에 함께하는 동반자로 인식되기 시작했다. 그래서 어떤 이들은 앞으로는 AI를 비서가 아니라 '반려'에 가깝게 느끼게 될 것이라고 말한다.

이처럼 AI가 일상의 정서와 관계 맺는 방식 자체를 바꾸고 있는 지금, 기부는 어떠할까? AI는 기부자가 어떤 사안에 감정적으로 반응하는지, 어떤 메시지에 마음이 움직이는지를 포착한다. 그리고 그에 맞춰 기부의 경로와 경험을 제안하는 환경을 만들어 간다. 결국 "기부자도 AI 시대를 살아간다"는 말은, AI라는 새로운 '감각―관계'의 인프라 속에서 기부자 스스로의 감정, 윤리, 연대의 방식을 다시 구성해 가고 있다는 선언에 가깝다.

기부가 가치 있는 이유, '진정성'

AI 기술이 정교해질수록, 언젠가 많은 일이 인간에서 기계로 대체될 것이라는, 그래서 인간이 하던 직업과 역할이 사라질지 모른다는 불안과 두려움도 있다. 그럼에도 '진정성'의 관점에서 볼 때, 기부는 여전히 인간만이 선택하고 실행할 수 있는 실천으로 남는다. 대가 없이 돕는다는 기부의 진정성은 여전히 기부를 하는 중요한 기준이다. 빠른 기술 발전과 자동화가 일상화되더라도, 오히려 사람들은 내가 스스로 선택한 나눔이 주는 의미를 더 중요하게 의식하기도 한다. 결국 기부는 자신의 가치관과 삶의 방향을 확인하려는 선택으로 자리 잡으며, 인간적 실천으로서 그 의미가 더욱 선명해질 것이다.

사람들은 기부하는 행동을 통해 여전히 함께 살아간다는 감각을 확인한다. 연구에 참여한 시민패널들이 말하듯, 어떻게 살아야 할지 모르겠는 막막함 속에서도 기부가 행해진다. 이때 기부는 인생의 의미를 찾는 안도감과 자기 존재를 회복하는 자존감을 불러온다. 기부의 본질이 돈의 액수가 아닌 '감정의 경험'에 있다는 점을 잘 보여주는 대목이기도 하다. 커피 한 잔 값 정도의 돈일지라도 기부에 함께한 사람들은 서로에게 보내는 '좋아요'와 '저도 보냈어요'라는 응답으로 서로의 존재와 마음을 확인하기도 한다.

> 정말 뭐 어떻게 살아야 되지 이러는데, 그때 기부를 하니까 스스로 조금 내가 그래도 의미 있는 걸 하는구나, 그래도 밥만 축 내는 사람이 아니구나, 이런 생각이 들었던 것 같아요.
>
> — 송민석/시민패널, 30대, 남.

> 제가 언젠가 (중략) 5천 원 기부하고 '커피 한 잔 값 보냈습니다' 하고 댓글을 단 적이 있는데, 자고 일어났는데 거기에 '좋아요'가 엄청 달린 거예요. 그 댓글에 많은 분들이 공감을 해 준다는 것에, 커피 한 잔 값도 이렇게 될 수 있다는 것을 많은 분들이 공감을 해 준다는 것에 좀 감동받았고. 대댓글로 '저도 보냈어요 한 잔', 뭐 이렇게 달린 것도 되게 좋았고. 그걸 봤을 때 많은 사람들이 작은 금액도 보탬이 된다고 생각을 하니까 보내지 않았을까, 이렇게 인지가 되더라고요.
>
> — 강서연/시민패널, 20대, 여.

이런 인지 행동에서 인간의 기부 행동은 AI의 작동 방식과 결정적 차이를 나타낸다. 기부는 결국 사람이 하는 일이다. 그 출발점에는 동정심, 공감, 죄책감, 책임감, 나눔의 기쁨 같은 복합적인 감정이 있다. 시민패널 최지훈이 말하듯, 기부의 마음은 사람뿐 아니라 동물이나 환경 등 비인간 존재를 향하기도 하지만, 그 근원은 언제나 인간에게 있다. 반면 AI는 감정을 인식하고 분류하고 흉내 낼 수는 있지만, 스스로 감정을 경험하지는 못한다. 물리적·법적 차원에서도 AI는 재산이나 의사를 독립적으로 갖지 못해 기부의 행위 주체가 될 수 없고, 윤리적 차원에서는 공감과 책임감이라는 내적 동기가 부재하다. 결국 AI는 기부를 더 효율적으로 설계하거나 데이터를 분석해 적절한 캠페인을 추천하는 조력자가 될 수는 있어도, "왜 이 고통에 반응하는가", "왜 지금 이 마음을 보내는가"라는 근본적인 질문에 응답하는 존재는 아니다.

> 오래 전부터 이어져 왔던 기부의 가장 본연적인 건 사실, 어떤 기부를 하고자 하는 마음은 결국 사람에서 비롯되고, 그 마음이 이제 사람에게 갈 수도 있고 아니면 동물이나 혹은 사람이나 동물이 아닌 것으로 갈 수도 있지만, 어쨌든 간에 발원하는 곳은 사람이라고 생각을 계속 했고…. 지금 트렌디한 기부를 저희가 얘기하지만, 사실 그 모든 여러 기부 형태에서의 공통점은 결국 사람에서 비롯된다고 저는 생각을 했거든요.
>
> ― 최지훈/시민패널, 20대, 남.

우리는 지난 기부트렌드 연구들을 통해서도, 디지털 전환과 AI 도입이 가속화될수록 기부의 진정성과 자기 표현으로서의 기부 경험이 더 중요해진다는 것을 확인해 왔다. 특히『기부트렌드 2025』에서는 기부 감각에 주목하며, 기부가 나의 가치와 감정을 증명하는 행위로 재구성되고 있다고 분석했다. AI 시대의 기부 역시 그렇다. 기술의 진보에도 불구하고, 아니 어쩌면 기술의 진보 때문에 더더욱, 진정성이라는 인간다운 기준이 기부의 의미를 완성한다.

AI 시대, 기부 경험의 초개인화를 기대하다

AI 시대 흐름 속에서 기부자들은 AI가 기부 영역에 개입하는 것을 어색하게 여기지 않는다. AI가 직접 기부자가 될 수는 없다. 그러나 기부가 더 쉽고 과학적으로 진행되도록 돕는 조력자로서의 AI 역할은 점점 강해질 것이다. 효율적이고 맞춤화된 기부 방식 설계, 사회 문제를 해결하고자 하는 기업의 사회적 책임활동CSR에서 AI는 이미 강력한 도구이다.

기부자들이 AI에게 기대하는 것이 '초개인화 기부 경험'이라는 점은 주목할 만하다. 이는 기부 에이전트로서 AI를 기대한다는 의미로, 모두에게 동일하게 제공되는 정보를 검색하던 방식에서 나의 상황·나이·관심사를 전제로 한 대화 중심의 기부 탐색으로의 전환을 보여준다. 카카오 지도에 도입된 에이전트 기능에서 맛집을 추천 받듯, 포털

이나 기부 웹사이트에 기부 전용 에이전트가 탑재되어 '내가 관심 있는 분야인데 이런 곳에도 기부가 가능하구나'를 발견하게 해 주는 초개인화 기부 플랫폼을 기대한다.

개인화가 아무래도 가장 중요한 것 같아요. AI 활용에 있어서. 그리고 요즘 정보 검색할 때도 그냥 검색창에 정보를 검색할 때도 있지만, 그냥 대화형 모델을 켜서 원하는 정보를 정보만 표적을 해서 뽑을 수 있잖아요? 그런 것처럼 내가 원하는 기부도 전에는 막 필터링을 해서, 얼마 이하, 이런 것도 필터링을 해서 직접 찾아야 했다면, 이제는 내가, 나는 지금 20살 대학생이고, 다들 어떤 기부를 하고 싶은지 알고 싶다, 이렇게 하면 검색해 줄 수도 있고. 아니면 내가 기부를 하고 싶은데 아동 분야 관련해서 월 1만 원 이하 기부처가 있냐, 뭐 이렇게 물으면 다 알려주잖아요. 이제 그런 것처럼 개인화, 개인 맞춤형을 하는 게 가장 AI를 활용할 수 있는 방법인 것 같아요.

— 임준영/시민패널, 20대, 남.

저도 에이전트에 대해서 굉장히 긍정적으로 생각한 게, 어제 지도앱을 보다가 카카오 지도에 에이전트 기능이 얼마 전 생겼더라고요. 그걸 누르고 어디 맛집 추천해줘 하면, 그 챗지피티ChatGPT나 그런 코파일럿Copilot이나 이런 형태로 나오던데…, 그런 개인화된 콘텐츠들을 기부 웹사이트라든지 아니면 포털 차원에서 그런 에이전트 같은 것을 심어서 좀 더 개인이 다양한 경로, 예를 들어서 내가 관심 있는 분야, 이런데서도 기부를 하네, 약간 이런 생각까지 들 정도로 그런 초개인화된 기부를 유도할 수 있을 것이라고 저는 생각이 듭니다.

— 김채영/시민패널, 20대, 여.

맞춤형 기부에 대한 수요는 일상의 여러 경험과도 연결된다. "환전이 번거로운 잔돈을 어떻게 기부할 수 있을까?", "내가 사는 지역에서 지금 기부가 특히 필요한 곳은 어디일까?"를 AI에게 묻고 답을 얻어본 경험이 늘어나고 있다. 수많은 비영리 조직과 모금 캠페인 정보가 넘쳐나는 상황에서, 이런 질문 경험과 AI의 조력이 만나면, 그 시너지 효과는 더욱 강력해질 것이다. 결국 기부계의 에이전트를 누가 먼저 제대로 구현하느냐가 향후 기부 플랫폼 경쟁의 핵심이 될 가능성이 크다. 이미 기부자들은 자신의 가치관을 반영해 가장 적합한 기부처와 기부 방법을 제안해 주고, 나아가 기부자 여정을 설계해 주는 초개인화 서비스가 AI 기술을 통해 실현될 수 있을 것이라 기대한다.

기부를 하고 싶지만, 약간 막막하기도 하고 (중략) 저희가 하나하나 어떤 게 있는지를 분명히 다 모르기 때문에, 지금 예를 들어 잔돈이 있는데 이런 걸 어떻게 할 수 있을까라고 했을 때, AI한테 물어봐서 그거에 대한 적당한 기부 방법을 알 수도 있는 거고… 그런 면에서 나에게 기부를 추천해 준다는 그런 명목이라면, AI도 충분히 활용할 수 있지 않을까라는 생각을 해 봤어요. — 최지훈/시민패널, 20대, 남.

AI에 대한 기대는 추천 단계에만 머물지 않는다. 기부자들은 피드백을 전하는 소통 과정에서도 AI의 역할을 기대한다. 비영리 모금 조직이 AI를 활용해 기부 내역과 성과를 기부자별로 요약하고 맞춤화하여 알려주면 좋지 않겠느냐는 것이다. 이는 조직의 업무 효율성을 높이면서도, 각 기부자에게 자신의 기부금이 어디에 어떻게 쓰였는지를 더 정확하고 이해하기 쉽게 알려 줄 수 있는 방법이 될 수 있다. 기부금 사용처에 대한 투명한 보고, 이해하기 쉬운 스토리텔링을 원하는 기부자들의 심리와 요구에 맞게, AI 기반 자동 요약·비주얼 리포트 도입에 대한 수요는 앞으로 더욱 커질 것으로 전망된다.

> 또 생각나는 게 전에 민석님이 말씀하신 것 같은데, 저희가 기부자 측면에서 AI를 활용한 거 말고도 이제 기부 기관 측면에서 AI를 활용하고 있잖아요. 그래서 AI를 활용해서 기부자들한테 저희들의 실적을 말하고, 기부자들이 어떤 기부에 대해서 내역을 공개할 때, 이런 AI를 활용해서 어떠어떠한 내용들이 있다는 것을 이제는 양식만 바꿔서 맞춤형으로 알려주는, 그런 식으로도 AI가 좀 활용되는 게 좋지 않을까? 그러면 기관에서도 효율적으로 이제 기부자들한테 저희들의 내역을 공개하고, 관리하기 좋으니까. — 조동현/시민패널, 20대, 남.

개인화된 피드백이 왜 중요한지는 이미 기부자들의 경험에서 잘 드러난다. 내가 낸 돈이 어디로 갔는지 '핀셋처럼' 짚어 알려 준 것이 인상적이었다고 말한 한 시민패널은 AI의 역할에 더욱 기대를 걸고 있다.

이름이 들어간 메일이나 손글씨가 적힌 책갈피처럼 개인에게 초점을 맞춘 소통은, 자신을 소중한 존재로 생각하고 있다는 느낌을 갖게 한다. 설령 자동 발송된 메일이라 하더라도, 이름이 자연스럽게 들어간 메일을 받을 때 더 따뜻함을 느낀다. 이런 경험을 정교하게 구현해 내는 AI는 단순히 효율을 높이는 수준을 넘어, 정서적 인터페이스로 기능할 수 있음을 보여준다.

> 내가 한 걸 핀셋처럼, 내가 낸 돈이 어디로 갔다 이걸 알려주시니까 되게 좋고, 진짜 깜깜이로, 정말 오랫동안 했는데 모르는 척하시고 [그러면] 되게 서운하잖아요. 그리고 이게 맞게 쓰이고 있는지 좀 의심도 들고, 그런데 그렇게 개인화된 연락을 해 주면 좋더라고요. 개인화, 정말 맞춤형, 이게 되게 중요한 것 같아요. 그래서 AI 도움을 받아서 할 수 있지 않을까 그런 생각이 들었어요. — 송민석/시민패널, 30대, 남.

> 사실 기부도 되게 길게 해야 된다고, 긴 호흡이라고 생각을 하거든요. 근데 긴 호흡이 지치지 않으려면, 사람은 어쩔 수가 없어서 가시적인 게 좀 보여야 된다고 생각해요. 그런 면에서 뭔가 내가 이들이랑 같이 성장하고, 한다라는 느낌을 받는 것은 되게 되게 중요하다고 생각을 하고, 그런 의미로가 더 기부의 원동력이 되는 거 아닐까… — 박소연/개인기부자, 30대, 여.

> 저도 개인 맞춤형이 좀 중요하다고 생각을 했는데…, 아까 (기

부처에서 받은) 책갈피도 말씀드렸는데, 제 이름을 직접 쓰셨더라고요. 그게 굉장히, 그래도 신경을 많이 써준다라고 생각을 해가지고, 개인 맞춤형이 중요한 것 같아요. 아까 말씀하셨던 것처럼 그 메일 와도 이름 중간중간에 넣어서 하는 게, 그쪽 입장에서는 자동으로 했을지라도, 봤을 때는 그게 조금 더 마음에 든다라고 생각을 했습니다. ─ 임준영/시민패널, 20대, 남.

결국 AI는 기부의 주체가 될 수는 없지만, 기부자의 진정성·감정·가치를 더 잘 드러나게 만드는 조력자로서 큰 가능성을 가진다. 기부자들은 AI가 자신들의 선호와 감정 패턴을 이해하고, 그에 맞는 기부처와 참여 방식을 제안해 주기를 바란다. 동시에 기부 후에는 '핀셋 피드백'과 맞춤형 메시지를 통해, 나의 기부 여정 전체를 함께 설계해 주는 동반자로 AI를 상상한다. AI 기술을 어떻게 실계하고 활용하느냐에 따라, 기부 경험은 더 개인화되고, 더 투명해지며, 기부자의 내적 동기와 진정성을 지지하는 방향으로 확장될 것이다.

AI 기술, 빈곤 포르노를 반복하지 않으려면

AI 기술은 특히 마케팅·캠페인 영역에서 이미지와 영상 콘텐츠를 빠르게 만들어내는 도구로 널리 활용되고 있다. 비영리 모금 조직도 이러한 영상 생성 기술을 캠페인에 도입하기 시작했다. 그렇다면 '빈곤 포르노'라는 오래된 논란은 AI 기술과 어떤 방식으로 맞물리게 될까?

빈곤 포르노는 기부자의 마음을 가장 강렬하게 움직이는 동시에, 가장 큰 거부감과 피로를 낳아 온 이슈였다.

일부 국제구호단체는 실존 인물 대신 AI로 만든 아동·난민 이미지를 활용해 모금 캠페인을 진행한다. 피해자 동의와 초상권 침해 문제를 피할 수 있다는 점에서 긍정적으로 평가받는 동시에, AI로 만든 가짜 '빈곤의 얼굴'이 고정 관념을 복제하고, 가난을 감정 자극용 상품으로 만든다는 비판도 있다.[1] 무료 이미지를 활용할 수 있는 많은 웹사이트에는 이미 생성형 AI가 만들어낸 수많은 학습된 빈곤의 이미지로 가득하다.[2] Adobe Stock은 생성형 AI가 만든 이미지만 검색하거나, 제외하고 검색할 수 있는 기능을 제공한다. 여기서 'Poverty(빈곤)'라는 단어로 검색했을 때(2025년 11월 기준), 필터를 적용하지 않으면 593,691개의 사진 및 영상 자료를 찾을 수 있고, 생성형 AI가 생성한 이미지만을 검색하면 205,909개의 자료가 검색된다. 전체 자료의 약 35%가 AI에 의해 생성된 것인데, 이 추이는 갈수록 증가할 것이다.

기부자들은 AI 기술로 만든 콘텐츠를 보며 양가감정을 느끼고 있다. 한편에서는 실제 아동이나 수혜자의 얼굴을 과도하게 노출하지 않고도 메시지를 전달할 수 있다면, 빈곤 포르노의 불편함이 줄어들 수 있지 않을까라는 기대가 있다. 다른 한편에서는 AI로 만든 대역을 쓰면,

---

1 "국제구호단체들이 AI로 만드는 '빈곤포르노'", 〈조선일보〉, 2025. 10. 21.

2 "AI-generated 'poverty porn' fake images being used by aid agencies", 〈The Guardian〉, 2025.10.20.

Adobe Stock에서 검색한 생성형 AI가 만든 'Poverty(빈곤)' 이미지

실제로는 존재하지 않는 고통의 장면을 만들어내는 것 아니냐는 반감이 나타난다. 진짜 상황인지, 기부가 실제로 일어났는지 검증하기 더 어려워지는 건 아닐까라는 우려도 생겨난다. 이는 캠페인의 진정성에 대한 신뢰를 흔들 수 있다.

> AI를 활용해서 대역을 쓴다는 부분이 원래 다른 배우를 써서 대역을 썼을 때는 원래 수혜자의 인권을 대신해서 대역을 활용했다 이렇게 말을 할 수 있지만, AI를 활용했을 때는, 진짜 이게 수혜자가 있었는데 대신해서 활용을 한 건지 아니면 기부를 안 했는데 AI를 활용한 건지를 [알 수 없잖아요]
>
> — 정영훈/시민패널, 20대, 남.

그렇기 때문에 AI 시대에 인간에 대한 성찰이 더 중요해진다. 여기서 우리의 질문은 AI를 통해 얼마나 더 쉽게 콘텐츠를 만들어낼 수 있는가에 그치지 않고, AI를 사용하든 하지 않든, 캠페인의 구체적인 방법이 기부 본연의 가치와 인간의 존엄을 지킬 수 있는지까지 물어야 한다. AI 이미지를 쓰더라도, 전형적인 '갈라진 땅·배고픈 아이'의 클리셰를 반복하며 특정 지역과 사람들을 고정된 타자로 재현한다면, 그것은 여전히 빈곤 포르노일 뿐이다. 반대로, 실제 당사자의 동의와 참여를 바탕으로, 맥락과 서사를 충분히 설명하고, 고통뿐 아니라 회복과 역량을 함께 보여준다면, AI는 인권 침해를 줄이는 보조 수단이 될 수 있다. 중요한 것은 기술이 아니라 원칙이다. AI가 빈곤 포르노를 대체하는지가 아니라, 기부 캠페인의 윤리 기준이 AI 시대에 맞게 재정립되는지가 핵심이다.

AI로 인해 조금 의미가 퇴색되거나 혹은 좀 가치가 하락되지 않을까라는 걱정을 했었어요. 특히나 요즘 릴스나 숏츠나 이런 곳에 현실과 구분이 안 될 정도로 점점 유사해지는 AI로 생성된 영상이나 사진들이 많이 나오고 있어요. 처음에는 사실 굉장히 구별하기가 쉬웠는데, 요즘 돼서는 많이 모를 정도로 바뀌고 있다고 하더라고요. 근데 그런 부분들이 만약에 혹시나 아까 말했듯이 잘못된 정보를 내포하고 있거나, 혹은 좀 악용하려는 목적으로, 그런 이유로 생성된 AI의 이미지, 영상이라면 그게 그런 것에 영향을 받아 기부를 하려는 누군가의 이미지를 망치게 되고, 그럼 결국, 사실 이 마음은 좋은 마음에서 비롯된 건데 어딘가에 잘못 흘려서 사기를 당한 것처럼

혹은 누군가에게 잘못 빠져가지고 허탕을 친 것처럼, 이런 가
치의 의미가 많이 떨어질 거라고 생각을 해서 마이너스적인
요소가 클 거라고 봤고요. — 최지훈/시민패널, 20대, 남.

결국 AI가 아무리 정교해져도, 기부의 가치가 진정성에 있음은 변하
지 않는다. AI는 모금 캠페인 영상을 만들고 감정을 자극하는 장면을
설계할 수 있지만, 타인의 고통을 소비할 것인지, 존엄을 기반으로 공
감과 연대를 제안할 것인지를 선택하는 주체는 여전히 인간이다. 우리
의 기부가 어떤 방향을 향할 것인지는, 기술 그 자체가 아니라 기부자
들과 비영리 모금 조직, 시민사회의 선택에 달려 있다. AI 시대 속에서
우리는 우리의 진정성을 확인한다. 이것이야말로 AI 시대에도 기부가
가치 있는 이유다.

기부가 되는 기분

필코노미 시대, 기부가 주는 감정의 힘

AI 시대에 감정을 느끼고 기억하는 능력은 인간만의 특별함으로 다시 떠오른다. 기부는 이런 감정과 기분이 가장 뚜렷하게 드러나는 행동 중 하나다. 사람들이 느끼는 마음에는 크고 깊은 '감정'과, 그날그날을 물들이는 가벼운 '기분'이 함께 있다. 감정이 내가 어떤 사람이고 무엇을 소중히 여기는지 보여주는 근본적인 정서라면, 기분은 어느 날의 날씨처럼 일상의 분위기와 선택을 살짝 바꾸는 힘에 가깝다. 기부는 좋아하는 것을 더 좋아지게 만드는 기분 좋은 참여에서 출발하더라도 점차 나의 감정을 표현하고 기억하는 방식이 되며, 결국 나의 가치관과 삶의 방향을 확인하게 만드는 경험으로 이어진다. 우리가 '기부가 되는 기분'의 흐름에 주목해야 하는 이유다.

「트렌드 코리아 2026」에서는 2026년 소비트렌드의 하나로 '필코노미 Feelconomy'를 꼽았다. 감정을 뜻하는 필Feel과 경제를 의미하는 이코노미Economy의 합성어이다. 소비를 움직이는 기준이 필요나 가격보다 '내 기분·감정적 만족'으로 이동하며 감정이 소비의 1순위 동력이 되는 시대를 뜻한다. 상품의 기능이나 스펙, 또는 가격보다 '지금 내 기분'과 상품이 만들어주는 위로, 설렘, 추억 같은 감정 경험이 선택을 이끄는 구조다. AI가 인지 업무를 대체하는 시대에, 인간 고유의 영역인 감정적인 경험과 교류가 더욱 중요한 가치로 부상한 것이다.

AI 시대를 살아가는 기부자는 단순히 선행을 실행하는 주체가 아니라, 기부를 통해 자신의 기분과 정서를 관리하고 재구성하는 감정 소비자이기도 하다. 기부는 무력감 대신 '그래도 움직이는 사람'이라는 감각을, 냉소 대신 연대의 온기를 경험하게 한다. 기부는 우울감·분노·불안 같은 부정적 정서를 사회 문제에 대한 참여로 전환함으로써, 기부자가 스스로의 감정을 더 의미 있는 상태로 재배치하게 한다.

지나가면서 저희가 흔히 많이 보는 것들이잖아요. 유기견이나 유기묘나 둘 다. 그래서 분명히 제가 하는 [기부되는 상품] 구매가 그런 친구들에게 도움이 되겠다, 라고 충분히 마음을 움직였던 것 같아요 그런 것들이. — 최지훈/시민패널, 20대, 남.

강릉 가뭄은 (중략) 그 노인정에서 식판을 못 닦아서 위에 비닐을 싸서 밥을 먹고 그러잖아. 근데 그게 사실 인간의 기본적

인 권리가 없어진 거잖아요. 그래서 그것에 대한 약간의 죄책
감, 도의적인 책임을 느껴서 이제 [기부를] 진행한 거죠.

— 박소연/개인기부자, 30대, 여.

기부를 하는 이유를 생각해 보면 (중략) 많은 변화를 만들어
보고 싶다, 이런 마음이 있을 것 같고. — 송민석/시민패널, 30대, 남.

그래서 기부는 내가 느끼는 감정을 인식하는 능력, '메타센싱Meta Sensing'과 긴밀하게 연결된다. 메타센싱은 감정에 대한 감지sensing와 메타 인지를 결합한 단어로, 감정의 변화를 알아차리고 그에 맞는 행동을 조정하는 능력을 가리킨다. 뉴스의 한 장면, 캠페인 문구 하나에 마음이 움직이는 순간을 스스로 포착할 때, 그 감정에 기부라는 행동으로 답할 수 있게 된다. 또 메타센싱은 자신의 감정을 인지하는 데에만 국한되지 않으며, 타인과 세상에 대한 감지까지 포함한다. 이러한 메타센싱을 통해 오늘날 우리 사회에서 결핍된 인간성, 다정함, 배려, 여유를 회복하고자 하는 시도가 이루어지고 있다. 우리 사회에서 이제 '다정함은 곧 능력'이다. 희소해진 다정함에 대한 갈망은 감정 안전지대로 작동하는 플레이리스트, 스몰토크 콘텐츠, 다정함을 다루는 수많은 책의 유행을 통해서도 나타나고 있다. 이 맥락에서 기부는 다정함과 연대를 일상으로 끌어들이는 감정 실천으로 읽힌다. AI가 대신할 수 없는 인간다운 감각과 감정을, 기부를 통해 이끌어내는 것이다.

어떤 기부를 했는데 거기서 긍정적인 경험을 얻어 가지고, 아

니면 긍정적인 인식을 얻어서 이제 기부의 필요성을 느끼거나,
아니면 본인이 과거에 기부를 받아서 많이 도움을 받았던 상
황에서 그러면 나도 이제 성장했으니까 (중략) 이제 기부를 해
보자, 그렇게 하는 경우는 지속적으로 이어지는 것 같고.

— 조동현/시민패널, 20대, 남.

기부가 재밌어야 하는 이유

기부를 했을 때 행복하고 재미있기를 기대하는 것도 같은 흐름 안에
있다. 필코노미 시대의 기부자는 도덕적 의무를 다했다는 안도감에만
머물지 않는다. 이 선택 덕분에 내 오늘의 기분이 조금은 가벼워지고
따뜻해지기를 바란다. 기부는 우울과 냉소를 덜어내고 즐거움과 설렘
을 불러오는 하나의 감정 관리 방법이 될 수 있다.

금액의 크기보다는 상상과 정서가 이어지는 경험 그 자체가 중요하다.
참여 과정이 즐겁고, 중간중간 성과 공유를 통해 내가 한 일이 누군가
의 삶에 연결되어 변화를 만들었다는 이야기를 들려줄 때, 기부는 더
욱 행복하고 재미있는 일로 자리잡는다.

저는 진짜 그냥 원론적으로 생각하면, 하고 싶고 그러니까 기
부했을 때 행복하고 재미있어야 되는 것 같아요. (중략) 기부
도 사실은 뭔가 내가 금액을 딱 주고 끝나는 일회성이 많잖아

요. 근데 그럼에도 불구하고 (중략) 내가 그래도 뭔가 소액이라
도 기부를 하면 이번 여름엔 그래도 쪽방촌 할아버지들이 잘
살 수 있겠지. 그럼 그것을 상상하는 것만으로도 저한테는 되
게 행복이거든요. 그래서 뭔가 좀 행복하거나, 아니면 이제 우
리가 말했던 문화나 콘텐츠로 자리 잡아서 차라리 기부하는
과정 자체가 재밌거나, 그러니까 확실히 성과 공유나 이런 것
들, 결국에는 다 우리가 행복하려고 하는거잖아요. 그래서 그
게 조금 더 와닿았으면 좋겠어요. (중략) ─ 정연수/시민패널, 20대, 여.

기부자는 단지 돈을 보낸 사실이 아니라, 그 이후에 나타난 변화를 함
께 기뻐할 수 있는 서사를 원한다. 기부가 끝이 아니라 시작이 되는 경
험, 기부를 통해 우리 모두가 조금은 더 행복해졌다는 증거를 보고 싶
어 하는 것이다. 기부가 주는 행복과 재미는 가벼운 기분에서 시작해,
나와 연결된 타인의 삶을 상상하고 확인하는 과정을 거치며 깊은 감
정으로 번진다. 그리고 이 감정이 오늘을 살아가는 우리에게 조금 더
버틸 힘을 주는 자원으로 작동한다.

월간지를 꾸준하게 기부하고 있는 사람들한테 나눠주면서, 우
리가 정말 이렇게 하고 있다는 변화를 조금이나마 가시화해서
보여주고 있다는 게, 어떻게 보면 계속 기부할 수 있는 하나의
힘을 주는 게 아닐까? 그래서 기부하는 사람들이 그런 변화들
을 보고 내가 했던 그 작은 도움이 뭔가 이런 변화를 이끌어
냈구나라고 생각을 하면, 그래서 좀 더 많이 기부를 하게 되

는 것 같아요. — 최지훈/시민패널, 20대, 남.

저는 학창시절에 한번 국제 아동 기부한 데에서 동영상이 온 적 있거든요. 근데 그게, 저희가 맨날 보는 홍보 동영상은 그 아이들이 되게 불쌍하게 나오잖아요? 약간 동정심에... 근데 뭔가 웃고 있더라고요, 그 동영상에서는. 그게 물론 제가 기부한 돈 때문에 100% 웃고 있다고는 볼 수 없는데, 그렇게 웃고 있는 걸 보니까 마음이 조금 달라지면서 그렇게 불쌍한 영상 말고 홍보 목적으로라도 그렇게 행복한 모습이 되게 뿌듯하고 좋더라고요. 그래서 그런 피드백이 올 때 주기적은 아니더라도 그렇게 뭔가 변화 있는 그런 피드백이 왔으면 좋겠다 생각을 했어요. — 윤다은/시민패널, 20대, 여.

저는 아까 D기관에서 100일[기념 메시지], 그것도 왔고 제 생일 때도 왔었거든요. 생일 축하한다고. 아이들 영상 나오는데 거기서 되게 해맑게 웃고 있더라고요. 그래서 좀 이미지가 다른 걸 느껴서 좀 그래도 도움이 됐나 그런 생각이 들어서 좋았던 것 같아요. — 정영훈/시민패널, 20대, 남.

좋아하는 만큼
나눔으로 이어가기

'재밌는 덕질'의 일부가 되는 기부

내가 좋아하는 대상과 함께하는 순간은 자연스럽게 즐거운 감정으로 채워진다. 「2026 트렌드노트」는 이렇게 좋아하는 것으로 자신을 표현하는 시대에 주목하며, '덕질'이 단순한 소비를 넘어 내 삶을 더 즐겁고 더 주체적으로 만들어 가기 위한 선택으로 자리 잡고 있다고 말한다. 그래서 내가 좋아하는 것을 매개로 기부를 경험하게 되면, 기부는 보다 즐겁고 주체적인 활동으로 자리 잡는다.

팬덤 기부는 내가 좋아하는 것을 통해 기부의 즐거움을 극대화할 수 있는 대표적인 사례다. 함께 기부하는 과정에서 좋아하는 만큼 나누고 싶은 마음이 생길 때, 기부는 더 이상 무겁지 않다. 좋아하는 대상을 위해 함께 모이고, 응원과 소비, 나눔이 하나의 경험으로 엮일수록 기부는 의무가 아니라 팬덤 문화의 자연스러운 일부가 된다. 그래서 특정 브랜드나 캠페인이 더욱 사랑받기 위해서는 팬덤의 놀이 장면 안으로 들어가는 것이 좋다. 브랜드가 일방적으로 주도하는 유행이 아니라, 팬들이 자발적으로 반응하고, 자기 덕질의 일부로 흡수·증폭할 수 있는 여지를 남기는 것이 중요하다. 참여할 틈이 열려 있는 공간에서 팬덤은 열광한다.

엠넷Mnet에서 6부작으로 진행했던 〈아이돌 페스타 대작전: 전국반짝투어〉나, MBC가 매해 명절에 진행하는 〈아이돌 육상 대회〉와 기부 플랫폼 체리가 함께 진행한 〈팬육대〉는 팬덤의 적극성을 활용해 온·오프라인을 넘나드는 참여를 이끌어 냈다.

〈전국반짝투어〉는 출연 아이돌이 오프라인에서는 지역 특산품을 판매해 수익금을 만들고, 온라인으로는 팬들의 기부를 받아 아티스트의 이름으로 해당 지역에 기부가 행해지는 프로젝트였다. 〈팬육대〉는 팬들이 선택한 아이돌 팀에 걸음을 기부하면, 상위 3개 팀의 이름으로 총 1,000만 원이 기부되는 방식이었다. 이 프로젝트들의 공통점은 단지 아티스트의 기부를 지켜보게 하는 데서 그치지 않고, 팬들이 함께 참여할 수 있는 기회를 열어 두었다는 것이다. 그 결과 팬덤 안에서 서로를 독려하고 SNS를 통해 자발적으로 인증하는 움직임이 확산되며 파급력도 나타났다.

2025년 거세게 불었던 야구 열풍이 지역 방문과 기부 팝업으로 확장

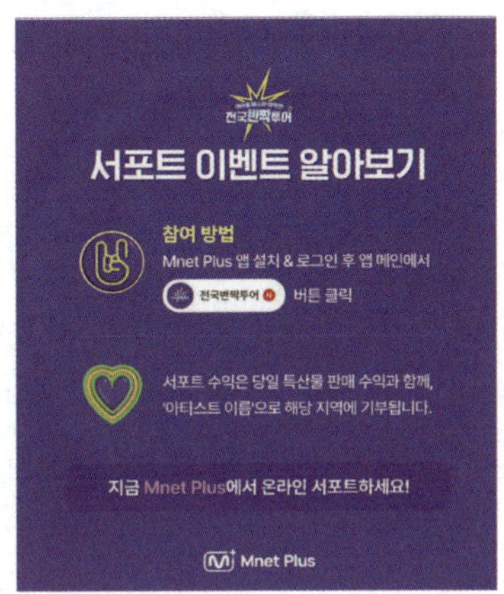

엠넷 플러스 공식 X 계정의
〈전국반짝투어〉 서포트 이벤트 안내

된 것도 같은 맥락에 있다. 우리 팀을 응원하는 즐거운 시간 속에 기부가 자연스럽게 스며들어 놀이의 장을 넓히면 기부의 저변이 함께 커지는 것이다. 두산 베어스와 네이버 〈해피빈〉은 2023년부터 〈기부럽 캠페인〉을 진행하고 있다. 시즌 중 홈경기 매진 때마다 기부금 100만 원씩을 쌓아 지역 사회에 환원하는 캠페인이다. LG 트윈스는 2017년부터 〈러브기빙데이〉라는 이름으로 선수단과 팬이 함께하는 자선 행사를 이어 오고 있다. 2025년에는 프로야구 통합우승을 기념해 잠실야구장에서 행사를 열고, 행사 기념품을 제외한 입장권 등의 판매 수익 전액을 지역 복지 기관에 기부했다.

야구 같은 경우에도 이제 서울에서 지방으로 보러 가는 친구들이 되게 많거든요. (중략) 지방에서 무슨 E기관데이이라던가 무슨 지역특산품데이로 해서 경기 전에 팝업을 진행하고, 아니면 굿즈를 콜라보해서 구매 수익을 기부하는 그런 형태로 많이 진행되고 있더라고요. 그리고 저 같은 경우에도 저희 팀은 온라인으로 (중략) 해피빈을 통해서 기부할 수 있고, 그리고 거기에 응원 댓글을 남기면 응원 댓글 개수만큼 팀에서 기부하는 금액이 늘어나거나, 아니면 매진경기나 선수 기록 같은 것에서 한 번마다 100만 원씩 누적이 된다든가, 이렇게 해서 기부를 하는 게 많더라고요. — 김지윤/시민패널, 20대, 여.

두산 베어스가 해피빈에서 진행한
〈2025 기부럽 캠페인〉 안내

닮고 싶은 마음이 이끈 첫 기부. 디토 Ditto !

인플루언서와 셀럽의 영향력은 첫 기부를 이끄는 강력한 기폭제가 된다. 한 인플루언서의 "나, 아너소사이어티 가입했다"는 인증은 디토 기부를 부추긴다. "너무 멋지다, 나도 언니처럼 기부하는 사람이 되고 싶다"는 댓글이 이를 증명해 준다. 디토 기부는 '나도 마찬가지'라는 뜻의 라틴어 디토Ditto에서 생겨난 용어로, 자신이 지지하거나 신뢰하는 특정인의 기부 행위를 그대로 따라 하거나 동참하는 기부 문화를 의미한다.

동경하는 사람이 보여준 기부는 단순한 선행이 아니라 '멋있음'과 '성공'의 상징으로 읽히면서, 따라 하고 싶은 욕망을 불러일으킨다. 기부 경험이 전혀 없던 어르신 세대가 팬클럽 이름으로 기부를 시작한 사례처럼, 내가 좋아하는 대상의 이름을 더 빛나게 하고 싶다는 마음도 첫 기부를 강하게 이끄는 동기가 된다. 기부 시작을 망설이게 하는 여러 장벽을 넘어설 만큼 그 마음은 크고 힘이 있다.

요즘에 인플루언서분들도 기부하고 인증 많이 하잖아요. 나 〈아너 소사이어티〉 가입했다 이런 식으로, 그럼 댓글 보면 하나같이 너무 멋지다, 나도 성공해서 언니처럼 이렇게 기부하는 사람 되겠다, 이런 댓글 많거든요. 그런 식으로 좀 디토 기부 한번 이끌어 보면 어떨까, 접목해 보면 좋을 것 같다 생각이 들어요. ─ 강서연/시민패널, 20대, 여.

저희 이모랑 이모부는 평생 기부라는 걸 해본 적이 없으신데, 한 재작년부터 ○○○씨 팬클럽 이름으로 기부를 [하려고] 팬들이 모이잖아요. 그러니까 저한테 이거 어떻게 기부를 하는

지를 물어보시더라고요. 말씀하신 것처럼, 내가 동경하는 대상, 좋아하는 대상의 이름을 더 빛나게 해 주고 싶어서 그런 식으로 요즘 약간 저희 부모님들 [세대에서] OOO씨나 그런 트로트 가수 분들 덕분에 기부가 더 활성화되는 것 같기도 해요. (중략) 일상에서 작은 기부를 해야 하는 것은 기부자가 스스로 자발성이 들어가야 되니까 조금 진입 장벽이 있는데, 인플루언서나 뭔가 셀럽이 들어오면 나도 해줘야겠다, 그래서 좀 더 빠른 느낌이 있는 거 같아요. — 정연수/시민패널, 20대, 여.

굿즈가 여는 참여, 그 너머 가려지는 것들

굿즈는 좋아하는 마음이 나눔으로 이어지는 선순환을 눈에 보이는 형태로 드러내고 증폭한다. 예쁘고 귀여운 굿즈는 평소 기부 경험이 없는 사람의 시선까지 끌어당긴다. 귀여운 고양이·강아지 엽서에 마음이 이끌려 모금 캠페인에 참여하고, 받은 굿즈를 SNS에 인증하며 친구들에게 같이 기부하자고 부르는 장면은 이제 익숙하다. 순수한 기부 의도에서 출발한 것처럼 보이지 않더라도, 이런 인증은 다른 사람의 참여를 불러낸다. 내 지인들도 이런 기부를 했으면 좋겠다는 바람을 담아 확산된다. 시민패널로 만난 2030세대에게 굿즈는 기부의 동기이자 증명으로 인식되며, 새로운 기부 참여를 이끄는 마중물로 여겨지고 있었다.

제 또래 친구들이 기부를 많이 하는 이유는 아무래도 보여지는 대외적인 이미지랑 예쁜 굿즈 때문이 큰 것 같아요. (중략) 여기[한 모금캠페인]에 기부하면 엄청 귀여운 고양이랑 강아지 엽서랑 굿즈 같은 걸 보내주는데, 그걸 받으면 인스타 피드에도 올리고 스토리에도 올리고 막 하면서, 또 누구 태그해서 같이 하자고 하고… 그런 것을 보면서 아무래도 귀여운 애들이 나오는 거라 더 인기가 많지 않을까 그런 생각을 했었고.

— 강서연/시민패널, 20대, 여.

저는 기부에 대해서 익숙하지 않은 2030 세대들에게는 자신의 작은 기부금이라도 보람을 느끼게 하려면 이런 형태의 굿즈나 리워드 같은 걸 준다거나 아니면 어디에 쓰고 있는지, 뭔가 그 친구들에게 적극적으로 교감하는 게 되게 중요하다고 생각합니다. — 김채영/시민패널, 20대, 여.

물론 리워드와 굿즈를 둘러싼 혼란과 비판도 존재한다. 반지, 반려동물 목걸이 같은 굿즈가 기부의 동기가 되었다는 사실을 지적하면서, 관심을 끌기 위해 이런 장치가 필요하다는 게 슬프다고 말하는 시민패널의 복잡한 감정은 납득하기 어렵지 않다. 기부는 소비가 아닌데 굳이 선물을 줄 필요가 있을까, 선물 제작비를 차라리 현장에 쓰는 게 낫지 않을까라는 회의감에 기부를 중단했다는 개인 기부자들의 경험은, 굿즈가 가진 양면성을 드러낸다. 행복한 덕질과 기부의 시너지를 키우되 기부의 본질이 '교환'이 아닌 '나눔'이라는 점을 흐리지 않기 위한 기준과 설계가 필요한 지점이다.

제 친구들도 이제 원래는 기부에 진짜 관심이 없다고 생각했던 친구들이었는데, 그런 반지나 하다못해 강아지 목걸이라도, 그런 것을 되게 의미 있다고 생각하는 것 같더라고요. 그래서 그렇게 기부에 관심을 가지고 난 다음에 얘기를 나누다 보면 (중략) 그런 것들이 이제 기부를 시작하게 되는 동기가 되는 것 같긴 해요. 물론 물질적인 게 좋은 것이라고는 생각하지 않지만, 관심을 가지려면 그런 게 필요하다는 게 조금 슬프기도 하면서⋯. — 김지윤/시민패널, 20대, 여.

P기관 같은 경우도 기관이 크니까 종사자도 많고 (중략) 당연히 급여는 나가야 되고 (중략) 시설 운영비라든지 여러가지 쓰일 텐데, 그런 것을 반대하는 건 아니에요. 그런 것은 당연히 들어가야 되는 돈인데, 이제 기부하는 사람들한테 굳이 선물할 필요는 없을 것 같다, 선물이라는 것은 아예 없앴으면 좋겠다, 저는 사실 그런 생각이에요. 왜냐하면 선물 받으려고 기부하는 건 아니고, 제가 어디 가서 뭐를 샀는데 사은품을 주거나 그런 건 좋죠. 예를 들면 차를 샀더니 1년에 한 번씩 뭐를 주고 이러면 기분 좋죠, 작은 거라도. 근데 사실 똑같은 돈을 쓰더라도 기부는 소비는 아니잖아요? 소비가 아니기 때문에 (중략) 기부한 돈으로 이렇게 다시 내가 선물받는 것은 기부의 의미도 좀 퇴색될 뿐만이 아니라 현실적인 부분에서도 필요한 곳에 더 쓸 수 있는 돈을 이렇게 기부자들한테 다시 조금씩 뿌리는 것

은 조금 지양해야 되지 않나? ― 김도윤/개인기부자, 40대, 남.

하루는 네이버 배너에 이렇게 막 연예인들이 반지를 들고 하는 그런 걸 했는데, 그들이 광고[비]를 받았는지 안 받았는지 모르겠어요. 근데 이제 나는 그 반지를 만드는 행위 자체가, 물론 그걸로 기부를 유도한다고 하지만, 그러면 그 반지를 만드는 돈을 기부하는 방법도 있는 거잖아요? (중략) 일단 기본적으로 체질 개선이 나는 좀 더 필요하다는 생각이 들어서, 이제 E기관[에 대한 정기기부]를 중지하게 됐고.

― 박소연/개인기부자, 30대, 여.

결국 팬덤, 인플루언서, 굿즈를 통해 내가 좋아하는 것과 기부를 연결하는 실천은, 좋아하는 마음과 나누는 마음이 순환되는 감정 구조를 만들어 내지만, 동시에 이런 방식의 기부가 기부의 본질과 어떻게 만나는지에 대한 고민도 함께 던진다. 요즘 굿즈의 기본 조건은 나를 표현하는 상징성과 일상에서 늘 곁에 두고 애정을 담는 반려성이라고 한다.[3] 기부도 다르지 않다. 나눔의 경험과 모금 캠페인의 '파트너로서의 나'를 손에 잡히는 형태로 기억하게 하는 굿굿즈good goods는, 과도한 교환 논리를 경계하면서도 기부의 감정적 여운과 정체성을 오래 붙들어 두는 장치로 계속해서 중요할 것이다.

---

3 박현영, 유지현 외 3명, 「2026 트렌드 노트 (제일 사랑하고 싶은 것은 나) 」, 북스톤, 2025.

기부, 콘텐츠를 입다

콘텐츠를 입은 기부가 주목 받는 이유

지난 1년, 기부자들이 가장 트렌디하다고 느낀 기부는 어떤 것일까? 시민패널로 함께한 2030세대 기부자들은 크게 플랫폼을 통한 간편하고 새로운 기부, 게임이나 챌린지와 접목된 기부, 그리고 걷기·마라톤·러닝과 결합된, 일명 '기부런'을 꼽았다. 기부 행위가 하나의 콘텐츠 형식(영상, 굿즈, 게임, 스토리 등)과 결합해 재미의 요소를 담아 일상 속에서의 참여를 이끌어냈다는 점에서 공통점이 있다.

> 빵빵런을 꼽았습니다. 이게 기부형 마라톤인데 (중략) 캐릭터도 귀엽고 홈페이지도 잘 꾸며놓고 그리고 인스타그램으로 홍보도 많이 해서 되게 트렌디하다는 생각을 많이 했고 (중략) 빵지순례처럼 빵을 되게 좋아하는 사람들이 많이 있잖아요.

그래서 그런 분들이 참가하기 편한 것 같다, 그리고 저희는 기부를 엄청 많이 해요 막 이렇게 강조하는 것도 아니고, 게시 글로 이렇게 하나 둘씩 올리는 게 되게 기부에 대한 거부감이 있는 사람들도 편하게 참가를 해서 나도 모르게 기부를 하는 것 같다는 생각을 해서 트렌디하다고 생각했어요.

— 임준영/시민패널, 20대, 남.

스마일게이트라는 게임 회사에서 만든 '희망스튜디오'거든요. (중략) 정말로 게임하는 방식으로 기부를 해 보자 이런 건데 (중략) 캐릭터를 키우는 것처럼 기부하는 주체가 딱 있고 레벨도 올리고. 레벨을 올리다 보면 고액 기부자 모임처럼 랭크도 이렇게 올라가고, 그런 어떤 자신의 자아를 키워나갈 수 있는 그런 기부를 제안을 하더라고요. 그래서 좋고, 이게 자기가 직접 제안할 수도 있어요. 이런 곳에 기부가 필요할 것 같다, 봉사가 필요할 것 같다, 이런 거를 할 수 있어서 그래도 계속 사람들이 참여하고 계신 게 아닌가 싶거든요.

— 송민석/시민패널, 30대, 남.

특히 2030세대 기부자들에게는 뮤직 페스티벌, 지역 축제, 팝업 스토어 같은 일상적인 문화 콘텐츠를 즐기다가 자연스럽게 나눔으로 이어지는 흐름에 대한 호응이 높다.

마음의 여유가 가장 발달되는 때가 제가 생각하기에는 문화 콘텐츠를 즐길 때라고 생각하거든요. 다들 여행을 가거나 아니면 뭐 재밌는 일을 한다거나, 그리고 이런 문화 콘텐츠 속에서 아까 말씀하셨듯이 소속감을 느낀다거나 (중략) 기부가 콘텐츠를 즐기는 수단으로 작용하면 좀 더 많은 사람들이 즐길 수 있지 않을까라고 생각해요. ㅡ 조동현/시민패널, 20대, 남.

OOOO에서 새롭게 티(tea) 라인을 런칭을 한다고 하면서 거기 관계자분이 했던 다도회인데요. 인당 5만 원을 내고 참석을 하면 그분이 생각했던 좋은 차들을 내어주고, 마지막에 현금 받은 걸 참여한 사람들 앞에서 직접 기부 단체에 송금하는 것까지 보여주는 걸로 마무리가 됐거든요. 그게 신년 기부 다회 컨셉이었는데, 약간 기업 이미지도 개선할 겸 그리고 사람들이 어떤 차를 좋아하고 어떤 스타일의 티푸드를 좋아하는지도 기업측에서는 알아보고, 그리고 5만 원을 내고 차를 마시고 기부도 하는 그런 경험을 할 수 있었다는 게 굉장히 인상 깊어가지고 제 블로그에도 따로 소개를 했었어요.

ㅡ 강서연/시민패널, 20대, 여.

콘텐츠를 입은 기부의 핵심 전략은 무엇보다 진입 장벽을 낮추는 데 있다. 기부가 돈을 내는 행위에 머물 때는 심리적 부담과 거리감이 있다. 반면 마라톤·페스티벌·전시회 같은 익숙한 콘텐츠 형식 안에 기부가 녹아 들면 참여는 훨씬 가벼워진다. 『기부트렌드 2025』에서도 강조했듯, 사람들은 직접 감각할 수 있는 경험을 통해 자신의 삶을 확장하고자 한다. 그렇지만 기부를 경험해 보지 않은 사람들은 기부를 통해 무엇을 감각할 수 있는지 알기 어렵다. 기부의 필요성이 체감되지 않거나, 적은 돈이어도 괜찮은지, 내가 기부한 돈이 부적절하게 사용되는 것은 아닌지 등의 다양한 걱정이 심리적 장벽을 만든다. 여기에 기부금 횡령과 같은 부정 이슈들이 더해지면 이러한 막연한 거부감은 더욱 큰 장벽을 만들어 낸다.

> 이렇게 작은 돈이 도움이 될 수 있을까 과연 이런 생각을 자꾸 하게 되더라고요. 그래서 조금 더 망설여지고.
>
> — 윤다은/시민패널, 20대, 여.

> 또 하나 생각나는 건 필요성을 느끼지 않아서라고 생각을 하는데, 물론 이 사회에 도움이 되겠다, 나는 좋은 사람이다라는 거를 어필할 수 있는 마음을 가지신 분도 많겠지만, 아니, 나 하나 살기도 바쁜데 어떻게 도와주냐? 뭐 이런 것도 봤거든요. [예를 들어] 만약 결식 아동이 편의점에서 (중략) 닭다리를 사 먹었어요. 근데 사람들이 나도 돈 없어서 닭다리 저거 못 사 먹는 건데 [라고 반응하는] 그런 이미지들이 있는 것 같아요. 좀 필요성을 못 느끼는 거죠. — 임준영/시민패널, 20대, 남.

> 기부하지 않는 이유는 기부 단체에 대해서 좀 불신 있는 거? 자금이 제대로 쓰이지 않다거나. 또 한편으로는 현장에 나오

는 (중략) [거리모금] 그런 것들은 이제 거의 알바비로 쓰인다
는 그런 이미지가 또 있더라고요. (중략) 아니면 내가 기부한
게 과연 도움이 될까? 5천 원 이런 게? 그런 좀 회의감 드는
그런 것 때문에 좀 꺼리지 않을까. ― 류승현/시민패널, 20대, 남.

아무래도 기부금 횡령 기사 같은 게 너무 많이 부각이 되니
까. (중략) 근데 제가 충격적이었던 댓글이 '내가 이래서 기부
를 안 해'가 1등인 거예요. 그래가지고 뭔가 사람들이 그런 기
사를 보면서 기부하지 않는 자기 자신을 정당화하는 느낌이
들어가지고 기분이 안 좋았던 경험이 있었는데, 아마 그런 게
부각이 되다 보니까 기부를 더 안 하는 게 아닌가 그런 생각
이 들어요. ― 강서연/시민패널, 20대, 여.

콘텐츠를 입은 기부는 이러한 사람들에게도 익숙한 콘텐츠 형식 안에
기부의 동기·과정·결과를 자연스럽게 녹여낸다. 익숙한 포맷으로 다
가온 기부를 보고, 즐기고, 공유하는 사이에 사람들은 어느새 기부를
특별한 결심이 필요한 행위가 아니라 일상의 경험으로 받아들이게 된
다. 새로운 기부자를 만나기 위해 지금 '콘텐츠를 입은 기부'에 주목해
야 하는 이유다.

기부자를 주인공으로 만드는 콘텐츠

이미 정기적으로 혹은 여러 차례 기부를 경험해 본 사람들에게도 콘텐츠는 여전히 중요하다. 기부자 예우 프로그램 안에 기부자의 삶과 가치관, 비영리 모금 조직이 걸어온 이야기를 전시, 공연 같은 문화 콘텐츠로 풀어낼 때 기부자들의 공감과 호응은 더욱 높아진다.

희망친구 기아대책의 유산기부자 모임 〈헤리티지클럽〉 10주년 기념 전시회, 컴패션의 〈블루웨이브 뮤직 페스티벌〉처럼 문화 예술을 접목해 기부자와 감정을 교류하는 사례들이 좋은 반응을 얻는 것도 같은 이유다. 단순한 기부자 초청 행사를 넘어, 기부자의 가치관과 라이프 스타일을 반영한 콘텐츠와 예우 프로그램을 결합하면, 기부자는 자신이 이 이야기의 주인공이라고 느끼게 되고, 내가 한 기부가 실제 변화를 만들어낸다는 효능감이 커지면서 현장 참여율과 만족도 역시 함께 높아진다.

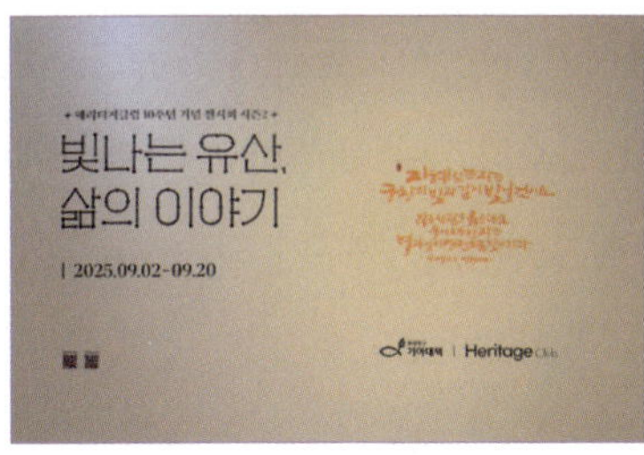

희망친구 기아대책이 진행한 전시회
〈빛나는 유산, 삶의 이야기〉

한국컴패션이 진행한
〈블루웨이브 뮤직 페스티벌 2025〉

콘텐츠와 결합된 기부는 기부를 다채로운 경험으로 재배치한다. 특히 유산기부자들의 이야기로 구성한 전시회는 콘텐츠의 형식과 기부자의 서사, 기부 프로그램의 특성이 잘 결합된 사례다. 유산이라는 그 의미처럼, 기부자들의 인생을 함께 돌아보며 삶의 소중한 조각을 기부로 완성한 이야기들을 통해 기부자들을 주인공으로 세운다. 그리고 그들의 기부가 다음 세대를 빛나게 할 것이라는 메시지도 함께 전한다. 관람자는 이 과정을 따라가며, 기부가 다음 세대의 삶을 어떻게 밝히는지에 대한 메시지를 자연스럽게 마주하고, 기부를 재산 이전을 넘어 가치와 신념을 물려주는 행위로 체감하게 된다. 단순한 글이나 사진을 넘어 동선, 구성, 오디오 가이드 등이 어우러진 '전시'라는 형식 안에서 그 의미는 입체적으로 증폭되고, 기부자와 관람자 모두에게 오래 남는 감정의 경험으로 각인된다.

트렌디한 기부의 조건: 가볍지만 확실한 가치

다양한 콘텐츠와의 접목을 통해 기부의 문턱을 낮추고, 기부는 누구나 할 수 있는 것이라는 감각을 확산시키려는 시도들은 앞으로도 계속 중요해질 것이다. 그러나 사람들이 선호하거나 유행하는 콘텐츠에 기부를 빠르게 입혀냈다고 해서 곧바로 트렌디한 기부가 되는 것은 아니다.

어떤 콘텐츠인가도 중요하지만, 일상 속에서 재미있고 가볍게 해볼 수 있으면서도 나름의 의미와 가치가 분명하다는 확신을 심어줄 때, 지금 세대가 말하는 트렌디함에 가까워질 수 있다. 유명인만 기사로 주목 받던 과거와 달리, 지금은 누구나 자신의 SNS에 기부를 인증하며 유명하지 않은 나도 사회를 변화시킨다고 느낄 수 있는 시대다. 나의 작은 기부 인증이 나비 효과처럼 지인들의 참여를 이끌고, 다시 또 다른 사람의 행동을 촉발할 수 있다는 확신 자체가 Z세대에게는 트렌디한 경험이다.

> 기부가 거창한 게 아니라는 걸 알 수 있어 약간 트렌디하다고 생각이 드는 것 같아요. 저 어릴 때만 해도 유명인들만 기사를 내주고 TV에 나오고 그랬는데, 요즘에는 자기 PR 시대이기도 하잖아요. 그래서 내가 기부하는 걸 유명하지 않은 나도 인스타그램이나 블로그나 유튜브에 올리면서 약간 사회의 그런 트렌드를 이끌어 갈 수 있고, 이런 게 약간 나비 날갯짓처럼 내가 하면 이분도 하고, 이렇게 이끌어 갈 수 있다는게 되게 트렌디하다라고 와닿는 것 같아요. — 강서연/시민패널, 20대, 여.

기부의 진입 장벽을 낮추는 디지털 플랫폼의 역할도 중요하다. 한 시민 패널은 긴급 재난 때마다 카카오 〈같이가치〉, 네이버 〈해피빈〉 등에서 진행하는 댓글만 달아도 기부가 되는 방식이 특히 인상 깊었다고 말한다. 몇 초만 투자하면 되고, 당장 손에서 돈이 빠져나가는 부담이 적기 때문이다. 그래서 평소 기부 이야기를 하지 않던 친구들도 단체 채팅방에서 서슴없이 링크를 공유하면서, 다 같이 참여하자고 권유하는 것이다. 보상은 오직 누군가를 도왔다는 마음뿐이지만, 낮아진 진입장벽을 넘어 더 많은 사람이 선뜻 기부에 발을 들여놓는다. 앱 기반의 마이크로 기부 서비스도 같은 맥락이다. 〈알지〉 앱처럼, 사용자가 포인트를 적립하면 동시에 기부가 이루어지는 구조는 경제적인 이유로 부담감을 가진 사람들에게 기부의 첫 경험을 열어주는 장치가 될 수 있다.

긴급재난이 있을 때마다 카카오 [같이가치]나 혹은 네이버 해피빈 이런 데에서 댓글을 달면 기부해 주는 그 어떤 방식이라고 해야 될까요? 그 부분이 굉장히 저는 새롭다고 느꼈는데, 그냥 단순히 표면적으로 봤을 때 정말 내가 몇 초만 참여하면 되는 이 상황이 부담 적을 뿐더러 뭔가 직접적으로 내 수중에서 돈이 나가는 게 아니다 보니까, 그래서 좀 더 많은 사람들이 참여를 하는 것 같고…, 세가 특히나 조금 더 놀랐던 것은 학교 사람들이 있는 단톡방에서 평소에 그런 얘기를 정말 단 한 번도 하지 않다가, [긴급재난과 같은] 그런 일이 있을 때는 항상 누군가 링크를 올려서 '여기에서 댓글 달면 기부가 된다 그래서 너희도 다 같이 하면 좋겠다' 이런 걸 그냥 공유할 정도로 너도나도 참여하게 되는 게 (중략) 정말 이것은 보상도 없고, 보상이라고 한다면 정말 그 누군가를 도와줬다는 그 마음 하나지만, 단순히 부담이 없어졌다는 이유로 좀 더 많은 사람들이 선뜻 참여하게 되고 하는… 이런 상황이 이제 저희가 눈여겨 볼 트렌디한 기부에서 조금 더 주목할 수 있는 부분이 아닐까? — 최지훈/시민패널, 20대, 남.

<알지>라는 앱은 제가 포인트를 얻으면 동시에 기부가 되는 거더라고요. 그래서 되게 진입 장벽이 낮게… 내 돈이 아깝다라고 생각하는 사람들이 기부를 할 수 있게 진입 장벽을 낮춘 앱이지 않을까 좀 생각을 했습니다. ― 임준영/시민패널, 20대, 남.

이런 기부 방식은 기부를 별도의 결심이 필요한 특별한 행동이 아니라, 일상 속 활동과 자연스럽게 결합된 선택으로 만든다. 결국 기부 마라톤이든 댓글 기부든 포인트 기부든, 참여의 문턱을 낮추면서도 기부의 본질과 취지가 흐려지지 않도록 설계하는 일이 관건이다.

가장 인기 있는 콘텐츠라고 해서 모두 성공하는 기부 캠페인으로 이어지진 않는다. 예를 들어 기부런의 경우, 이제 단순히 마라톤을 하면서 기부가 되는 것 이상으로, 많은 홍보와 기업의 후원을 동반하는 행사가 되었다. 직접 기부 마라톤에 여러 차례 참여해 본 한 전문가는, 이런 흐름이 자칫 기부런을 장사처럼 보이게 만들 수 있다는 우려를 전한다. 관심이 커지는 만큼 각종 스폰서가 몰려들고, 후원사의 정체성과 성격이 본래 기부런의 취지와 맞는지에 대한 검토 없이 부스가 늘어나는 장면들이 펼쳐지고 있기 때문이다. 또한 마라톤 참가자들에게 주최 측인 비영리 모금 조직보다 후원사가 더 적극적으로 마케팅을 펼치는 모습은, 누구를 위해 달리고 있는지에 대한 질문과 함께 미묘한 불편함을 남긴다.

제가 이번에 가면서 느낀 거예요. 뭐냐면 이게 지금 약간 장사가 됐어요. (중략) 뭐냐면 그 안에 숨은 스폰서들이 아예 여과 없이 B기관과 전혀 상관없이 그 현장에서 그냥 마케팅한단 말이죠. 그러니까 이게 [기부자가] 거의 팔려온 느낌이 나는 거예요. 오히려 B기관이 소심해. 기부자들이 거기 왔으니까, 기부자들도 있고 아닌 사람도 있으니까, 아닌 사람들한테 기부를 알려야 될 거 아니에요? 그런데 [B기관] 사람들이 훨씬 조심하고, 나머지 기업 스폰서들은 (중략) 회사들에 대한 그런 거름망도 하나도 없이. (중략) 그러니까 이 판을 통해서 수익을 내야 되고 성공해야 되니까… (중략) 이제 협력, 콜라보레이션도 아니고 그냥 자기 마케팅. 옛날에는 그 정도까지는 아니었어요 ─ 이민영/전문가회의, 사회복지 전문가.

트렌디하다는 평가는 화려한 콘텐츠만으로 얻어지는 게 아니다. 기부 안에 담긴 문제 의식과 진정성, 그러니까 왜 이런 이슈에 함께하자고 하는가에 대한 메시지가 분명하게 전달되는 순간이 중요하다. 가볍게 한번 참여한 경험이 단순한 이벤트로 흩어지지 않고 기부가 생각보다 쉽고 가치 있다는 감각을 남기며 다음의 기부를 상상하게 될 때, 그때 비로소 사람들은 그것을 진짜 트렌디하다고 느낀다.

Insights

1. AI 시대, 기부의 가치를 다시 주목하자.

AI 시대에도 기부는 여전히 AI가 대신할 수 없는 가장 인간다운 행동이다. 인간다움을 재발견할 방법으로서 기부의 가치를 강조해 보자.

2. 초개인화 기부 경험 설계에 AI를 활용하자.

기부자들은 AI 기술 도입으로 더욱 개인화된 기부 추천과 피드백이 가능하리라 기대한다. 단기적으로는 선택과 변동이 자유로운 온라인 기부 플랫폼에 대한 선호를 높이겠지만, AI 기술을 기부자 관리와 서비스에 먼저 적용하는 곳이 장기적으로는 시장의 판도를 이끌 것이다.

3. 윤리 없는 감정 자극의 위험: AI 활용 윤리 기준을 만들자.

기계와 기술 사용에 윤리를 부여하는 건 인간의 역할이다. AI를 활용한 콘텐츠가 기부에 대한 거부감과 피로감으로 이어지지 않도록 윤리 기준 마련이 필요하다. 외부의 가이드를 기다리기 보다 조직 차원의 기준을 먼저 만들고, 외부 정책·가이드가 나올 때 계속 보완하는 접근이 더 안전하고 현실적일 것이다.

4. 메타센싱을 여는 기부: 감정-행동-결과를 담자.

사람들로 하여금 자신의 감정을 또렷이 인식하게 만들고, 그 감정을 가치와 행동으로 이어지게 하는 질문·스토리·피드백 구조가 필요하다. 감정에 이름을 붙이고, 그 감정이 원하는 세상을 상상하게 한 뒤, 작지만 구체적인 행동과 따뜻한 피드백으로 이어지는 경험이 반복될수록, 감정에 책임 있게 응답하는 연습으로 기부가 자리 잡는다.

5. 진정성과 콘텐츠 문법을 결합하자.

전하고자 하는 이야기를 대중이 익숙한 콘텐츠 문법 속에 자연스럽고 재미있게 녹여내는 스토리텔링 역량이 핵심 경쟁력이다. 마치 드라마·예능·게임처럼, 현장의 메시지를 익숙한 이야기 구조와 캐릭터 중심 서사로 풀어내 보거나, 짧은 후킹 메시지, 에피소드·시즌 구조 등을 활용해 보자. 형식은 가볍게, 메시지에는 확실한 가치를 담아 진정성 있게 구성하자.

트렌드

2

리스크와 타이밍을 읽는 기부자

기후 변화는 AI와 함께 오늘 우리의 일상에 가장 깊게 파고든 또 하나의 이슈이다. 매해 체감되는 기후 변화는 바로 지금, 이 순간에 주목하게 만든다. 더불어 불안정한 경제와 예측하기 어려운 미래 속에서 기부자들은 리스크를 줄이기 위한 새로운 방식을 찾고 있다.

위험 사회를 살아가는 기부자들은 기부를 하는 과정에서도 '심리적 ROI(투자 대비 심리적 수익률)'를 확인하고자 한다. 언제, 어디에, 어떤 방식으로 기부해야 자신과 주변의 리스크를 조금이라도 줄일 수 있을지를 함께 계산한다. 일시 기부와 체험형 기부를 통해 나에게 의미 있는 기부가 무엇인지 테스트해 보면서, 오래 구독할 만한 기부를 찾는다. 지금을 놓치지 않기 위해 적시 기부Just-in-Time Giving를 선택하고, 기후 위기·재난·고립처럼 곧 '나의 문제'가 될 수 있는 이슈에 대해 민감하게 반응한다. 모두 불확실한 리스크에 대비하고, 가장 좋은 타이밍을 놓치지 않으려는 모습이다.

주도적인 기부자들은 리트머스 시험지처럼 일시적인 체험과 참여로 이 조직과 이 이슈가 과연 나와 맞는지를 먼저 시험해 본다. 작은 경험들을 통해 심리적 ROI를 검증한 뒤 점진적으로 깊어지는 여정으로 기부 행동이 설계되기를 원한다. 매달 일정 금액을 스스로 설계해 실행하는 구독 기부의 형태는, 한 번의 거액이 아니라 내가 감당 가능한 범위에서 꾸준히 참여한다는 감각 속에서 행해진다. 기부를 부담스러운 결심이 아닌 생활 습관에 가깝게 재구성함으로써 자신의 삶 속의 적당한 위치에 기부를 자리매김한다.

이 장에서는 기부를 하는 과정에서도 리스크를 줄이고 싶은 심리, 타이밍을 놓치지 않고 반응하려는 사회 이슈를 살펴보며, 2026년도 기부트렌드를 읽는 핵심 키워드들을 짚어보고자 한다.

기부는 리트머스 테스트 중

기부자도 ROI를 생각한다

불황과 고물가가 장기화되면서 사람들은 더 적은 비용으로 후회와 손실을 최소화하려는, 이른바 리스크 관리형 선택에 점점 더 민감하게 반응한다. 시간과 돈, 에너지를 어디에 쓸지 치밀하게 따져 보며 그 결과가 나에게 얼마나 농도 높은 만족과 의미를 주는지, 다시 말해 '심리적 ROI(투자 대비 심리적 수익률)'를 기준으로 우선 순위를 재조정하고 있는 것이다.

시장조사 전문기업 엠브레인의 「트렌드모니터」가 제시한 2026년 소비 트렌드에서는, 이러한 경향에 따라 한정된 자원을 자신이 정말 중요하다고 여기는 소수의 영역에 깊게 집중하는 '압축 소비'가 핵심 키워드로 제시된다. 한 사람 안에서 극단적인 절약과 과감한 프리미엄 지출이 동시에 나타나는 양극화된 패턴 역시, 어디에 돈을 쓸 것인지에 대한 이 정교한 계산의 산물로 이해할 수 있다.

기부자에게도 비슷한 공식이 작동한다. 기부자의 심리적 ROI는 기부를 시작할 때, 그리고 기부를 지속하길 결정할 때 모두 작동한다. "지금 내 기부가 진짜 필요할까?", "이 돈이 필요한 곳에 잘 쓰일까?" 하는 질문들이 던져지고 현재의 만족과 미래에 얻어질 가치에 비교해 후회할 가능성이나 심리적 마이너스 요소가 더 크진 않은지 생각해 보게 된다. 특히 정기적인 기부를 고민하는 이들에게 기부는 의미·신뢰·만족의 관점에서 면밀히 따져보는 결정에 가깝다. 기부는 교환되는 물리적 대가를 바라는 행위가 아니기 때문에, 정보 부족, 배신감, 후회감 같은 보이지 않는 심리적 비용까지 합산해 기부의 ROI를 계산하게 된다.

기부자의 심리적 ROI를 구성하는 요소는, 주목하는 이슈의 심각성이나 시급성, 그리고 비영리 조직의 특성과 커뮤니케이션 방식에 따라 다양하게 형성된다. 그렇기에 모금 조직이라면 우리 조직의 (잠재)기부자 입장에서 ROI의 구도를 한 번쯤 가늠해 볼 필요가 있다. 이를 통해 조직이 제공하는 가치가 기부자의 기대와 얼마나 맞닿아 있는지, 혹은 어떤 지점에서 어긋나는지를 보다 구체적으로 이해할 수 있을 것이다.

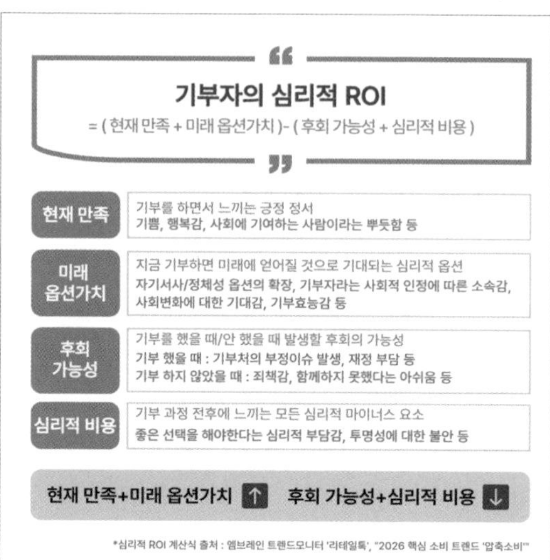

기부자의 심리적 ROI 구성 예시. 계산식은 엠브레인 리테일톡의 "2026 핵심 소비 트렌드 '압축 소비'"에서 발췌했다.

리스크를 줄이기 위한 테스트, 기부 리트머스

우리는 『기부트렌드 2024』를 통해 자신의 가치관에 따라 기부 포트폴리오를 만들어 가고자 하는 기부자들의 경향성을 확인했다. 또한 상대적으로 선택을 바꾸기 쉬운 일시 기부를 선호하는 흐름이 앞으로 더 뚜렷해질 것이라고 전망했다. 실제로 사랑의열매 나눔문화연구소가 진행한 〈한국나눔문화인식조사 2025〉의 결과를 보면, 2025년 기부에 참여한 일반 국민의 51.5%는 일시 또는 비정기적으로 기부했다고 답했다. 이제 기부자들은 우연한 계기로 정기 기부를 시작하게 되더라도 자발적 선택이 아닌 경우 이를 지속하지 않고 바로 해지하는 '실천력'을 보인다. 한편 단순히 기부금만 전달하는 것이 아니라, 직접 느낄 수 있는 활동을 선호하는 경향이 뚜렷해지면서 재능 기부를 포함한 자원봉사 형태로 나눔에 참여한 사람은 계속 증가하고 있다. (2023년 13.0% → 2024년 14.9% → 2025년 19.1%)

기부를 캠페인 같은 걸 통해 강제로 참여하거나, 정기 후원에 대해서 별 생각이 없었는데 약간 강매식으로 되는 경우는 이제 그냥 한 달 [기부]하고 끊거나. — 조동현/시민패널, 20대, 남.

제가 선호하는 기부 방법은 금액 기부 플러스(+) 활동이 이어지는 그런 기부 방법인데요. 사실 기부금이 어떻게 쓰이는지 직접 느낄 수 있는 활동이 제일 매력적이라고 생각을 해서…

— 김지윤/시민패널, 20대, 여.

일시 기부는 리스크를 줄이기 위한 방법으로 높은 선호가 계속될 것으로 보인다. 마치 리트머스 종이를 이용해 산성과 염기성을 구분해 보는 것처럼, 기부처를 선택하고 그를 통해 가치가 증명되는 과정에서 발생하는 여러 리스크를 줄이려는 시도의 하나이기 때문이다. 특정 비영리 모금 조직을 통해 정기적으로 기부를 하려는 결심 이전에 소액·단기·부분적으로 참여해 보는 경험은 이 기부를 통해 내가 기대하는 감정적 보상과 신뢰가 실제로 가능한지를 시험해 보는 리트머스 단계로 기능한다. 이 단계에서 기부자는 현장의 변화와 투명한 정보 제공, 참여 후 남는 감정 등을 통해 자신의 심리적 ROI를 가늠한다. 한 전문가는 비영리 모금 조직이 리트머스형 기부의 체험을 잘 기획한다면 그

것이 정기 기부, 고액 기부로 이어질 수 있을 것이라고 전망했다.

> 리트머스라고 그래서 맛보기 경험을 하는 거예요. 제가 지금
> 당장 고액 기부는 못 해요. 그런데 만약 고액 기부했을 때 그
> 만족감을 경험해 볼 수 있는 뭔가가 주어지면 한 번 경험하고,
> 그 만족이 크다면 고액 기부로 넘어갈 수 있는 거죠. 지금 당
> 장은 못 해요. 돈이 없으니까. 지금 돈도 없고 불확실성이 너
> 무 크잖아요. 돈과 자원을 함부로 할 수는 없어요. 그런데 저
> 는 의미 있는 곳에 기부하고 싶어, 그런데 돈이 없잖아요? 그
> 러면 그 고액 기부가 할 수 있는 그런 경험치를 줄 수 있는 기
> 부 활동을 뭔가 샘플로 줘 본다면 충분히 그것은 다시 넘어올
> 수 있는 단계가 되거든요. —채선애/전문가회의, 소비트렌드 전문가.

이미 현재 많이 진행되고 있는 전시·공연·로컬 투어 등 문화 행사에 참여하면서 동시에 일부 금액이 기부가 되는 캠페인 유형 역시 리트머스형 기부의 한 형태로 볼 수 있다. 특정 이슈에 대해 짧은 현장 체험이나 자원봉사에 참여해 본 뒤, 만족도가 높은 참여자에게만 소액 정기 기부를 제안하는 방식도 동일한 기능을 할 수 있다. 앱 기반 걷기·러닝·학습·콘텐츠 시청 등을 통해 포인트를 쌓고, 이 포인트만으로 먼저 기부해보는 구조 역시, 내 주머니에서 직접 돈이 빠져나가기 전, 기부의 감각을 한번 맛보는 리트머스 단계로 기능할 수 있다.

중요한 것은, 리트머스 테스트를 통해 '이 정도라면 다음 단계로 넘어

가도 되겠다'는 확신을 줄 수 있는 구조가 설계되어 있는가이다. 리트머스형 기부는 단순히 소액 기부를 뜻하지 않는다. 작은 맛보기 경험으로 시작해 그 경험에서 얻은 신뢰와 만족을 바탕으로 더 깊은 참여를 제안하는 일련의 기부자 여정 설계의 원리이며, 동시에 불확실성의 시대에 기부자의 심리와 맞물리는 새로운 기부 패턴을 말한다. 이런 흐름이 확산될수록 기부는 한 번의 큰 결심이 아니라 여러 번의 작은 긍정적 경험을 거쳐 축적되는 선택으로 자리 잡을 가능성이 커진다. 따라서 참여형 기부 콘텐츠를 기획할 때, 기부자가 자신의 가치관·정서에 맞는지 시험해 볼 수 있는 '리드미스형 체험'을 제공하는지가 기부자들의 호응을 가르는 중요한 요소가 될 것이다.

예를 들어 30일 동안 5천 원이나 1만 원 정도의 금액으로 기부에 참여하면, 이 기간이 끝날 때 함께 만들어 낸 변화를 간단한 임팩트 리포트로 제시하고, 그 후에 정기 후원이나 금액 업그레이드를 제안하는 방식을 제안할 수 있다. 기부자는 작은 돈으로 먼저 경험해 보고, 그 과정에서 느낀 만족과 신뢰를 바탕으로 다음 단계를 스스로 선택할 수 있는 것이다. 더 큰 규모의 참여를 염두에 두는 경우, 약정을 한 번에 하지 않고, 1단계 소액·단기 → 2단계 중간 규모 → 3단계 고액·장기와 같이 분할 설계하는 방식을 활용할 수도 있을 것이다. 각 단계가 끝날 때마다 자동 연장이 아니라 직접 다음 단계를 선택하도록 설계하면, 기부자는 자신의 통제감을 잃지 않으면서도, 충분히 납득되는 순간에만 더 큰 결정을 내릴 수 있다.

기부자는 작은 기부와 체험을 통해 리스크를 최소화하고자 한다. 기부가 '좋은 일'이라는 선언만으로는 부족한 시대, 기부 프로그램은 이제 당신의 시간과 돈, 감정이 이만큼의 변화를 만들어 낸다는 심리적 ROI를 명확히 제시해야 한다. 그렇게 될 때, 리트머스형 기부 체험은 단순한 맛보기가 아니라, 기부자가 자신의 포트폴리오 속에서 기부를 핵심 축으로 편입시키는 출발점이 될 수 있다.

구독 기부는 리스크를
줄일 수 있을까?

불안을 다루는 작은 루틴, 기부

리스크를 줄이기 위해 많은 것을 살펴보고 결정하는 경향이 뚜렷해지는 한편, 사람들은 불안정할수록 스스로 설계한 작은 루틴을 통해 통제감을 확보하려는 경향을 갖는다. 경제·일자리·미래에 대한 불안이 큰 세대일수록, 일정한 시간에 반복하는 습관(아침 루틴, 저녁 루틴, 저축 루틴 등)을 만들어 '그래도 이 부분만큼은 내가 조절하고 있다'는 감각을 얻으려 한다. 「트렌드 코리아 2022」에서도 일찍이 '바른생활 루틴이'라는 트렌드 키워드를 제시했고, 같은 해 대학내일20대연구소의 〈MZ세대의 여가 생활과 자기개발 트렌드〉에서도 루틴이 새로운 자기개발 트렌드가 됐음을 보여주었다.

#paydayroutine을 공유하는 사람들의 심리는 이런 맥락에서 읽을 수

있다. 월급날마다 저축·투자·대출 상환·소비를 일정한 패턴으로 정리하는 모습을 올리는 것은, 불안정한 생활 구조 속에서도, '월급날의 나는 이렇게 나를 관리한다'는 일종의 선언이자 자기 확인이다. 여기에 기부가 포함될 때, 그들은 월세·카드값·저축과 나란히 기부 항목을 놓음으로써, 나는 소득이 생길 때마다 사회와도 나누는 사람이라는 모습을 자신과 타인에게 보여줄 수 있다. 큰 금액이나 정기 기부가 아니더라도, 작은 기부를 반복적으로 선택해 보는 습관은 재정적 리스크를 키우지 않으면서도 '이만큼은 세상을 향해 열어두겠다'는 나만의 의지의 표현이다.

그래서 불안정한 시대에 일시적인 기부가 늘고 있다는 사실과 불안정할수록 루틴을 만든다는 사실은 서로 모순되지 않는다. 오히려 이 둘이 만나는 지점에서 약정의 부담은 낮추고 취소 가능성은 열어두되, 스스로 선택한 나만의 기부 패턴을 월급날·일상 루틴 속에 담아 두려는 새로운 형태의 루틴, 즉 '구독 기부'가 나올 수 있다.

구독형 기부, 정기 기부와 다른가?

구독 경제의 확산에 따라 기존의 정기 기부 개념이 '구독'이라는 형태로 재구성되고 있다. 세계교육문화원WECA에서는 〈청각 장애인에게 봄春이 되는 구독〉이라는 이름의 캠페인을 진행하고 있다. 매월 후원을 통해 청각장애 청년들에게 플로리스트 교육을 제공하고, 후원을 받

WECA의 청춘구독 안내 페이지
(세계교육문화원 공식 홈페이지)

은 청년들이 만든 꽃다발을 받는 캠페인이다. 매달 꽃을 구독하는 플랫폼과 정기 기부가 결합된 '구독형 기부'의 모습이다.

해외에서는 이미 구독 기부라는 용어가 널리 쓰이고 있다. 일정 주기(월·분기·연 1회 등)마다 자동 청구·출금되도록 설정해 두는 반복 기부라는 점에서, 기본 구조만 놓고 보면 한국의 정기 기부(정기 후원)와 크게 다르지 않다. 그렇다면 구독 기부는 정기 기부와 무엇이 다른가. 구독이 단순히 정기적인 결제를 뜻하는 것이 아니라, 그 결제에 '멤버십 혜택·콘텐츠·커뮤니티'가 함께 묶여 있다는 데 차이점이 있다. 물론 정기 기부를 통해서도 한 기관의 후원자가 되고, 감사 인사와 소식지를 받거나, 여건이 맞으면 기부자 모임에 초청될 수도 있다. 그러나 정기 기부가 '후원자 — 수혜자' 구조 속에서 선행과 책임의 이미지를 강하게 띤다면, 구독 기부는 내가 응원하는 브랜드와 미션을 정기 구독한다는, 보다 가볍고 라이프스타일에 가까운 톤을 갖는다. 구조적으로는 정기 기부와 거의 같지만, 가벼운 진입, 높은 유연성, 멤버십 혜택을 전면에 내세우는 브랜딩 요소가 훨씬 강한 형태라고 볼 수 있다.

넷플릭스, 스포티파이처럼 매달 자동으로 이용하는 구독 서비스에 익숙해질수록, 기부도 구독이라는 단어를 만나면 장벽이 낮아지는 느낌이 든다. 이때 기부자는 수혜자를 연민의 대상으로만 보는 것이 아니라 함께 성장해야 할 파트너로 인식하며, 기부를 '응원하는 대상을 꾸준히 구독한다는 감각'에 더 가깝게 이해하게 된다.

> 구독 기부 프로그램이 트렌드하다고 생각을 했고…
>
> — 강서연/시민패널, 20대, 여.

> 약간 어감도 느낌이 달라요. 왜냐하면 정기 기부라고 하는 것은 약간 내가 불쌍한 사람을 돕는 느낌, 내가 약자를 돕는 느낌이라는 것이고, 구독이라고 하는 것은, 나는 내가 필요해서 꽃을 사는 것이고, 저 사람은 자신이 한 노동에 대한 정당한 대가를 받아가는 거니까. 약간 뭐라 그래야 될까 불쌍하고 안쓰러워서 하는 느낌보다는 그냥 서로 윈윈하고 그런 느낌이라서, 더 건강한 방향이라고 생각해요. — 박소연/개인기부자, 30대, 여.

구독 모델은 리스크를 줄이기 위한 하나의 방법이기도 하다. 「요즘 소비 트렌드」[4]는 2025, 2026 트렌드에서 연달아 구독 모델에 대해 강조한 바 있다. 지금 우리가 직면한 저성장은 전례 없는 수준의 리스크와 변동성을 일으키고 있다. 그 속에서 기업이 리스크를 줄이기 위해 선

---

4 「요즘 소비 트렌드」. 노준영.

택하는 여러 전략 중 하나가 '구독 모델'이다. 기업은 구매하는 비용보다 저렴하게 느껴지는 구독료로 초기 진입 장벽을 낮춘다. 그러면서 지속적 혜택을 제공하여 고객 이탈 가능성을 낮춘다. 예를 들어 가전 구독에는 대부분 관리 상품이 포함되어 있어서 제품 관리에 어려움을 느끼는 사람들의 마음을 자극한다. 물론 사람들이 구독을 선택하도록 만드는 과정이 간단하지는 않다. 하지만 일단 구독만 한다면, 제품이나 서비스에 크게 실망하지 않는 이상 구독을 취소하는 경우는 많지 않다. 소비자들은 가성비와 편리함을 중요하게 생각하면서 구독에 관심을 갖게 되고, 값비싼 제품을 구매하는 과정에서의 리스크를 완화하기 위한 대안으로 이를 선택한다.

구독 기부도 리스크를 낮추는 하나의 해법이 될 수 있다. 걷기·앱테크·포인트·커피값을 연계한 소액 기부의 확산은 이미 일상 안에서 부담 없이 시도해 볼 수 있는 기부의 형태를 보여주고 있다. 기부를 왜 해야 하는지, 어디에 어떻게 해야 하는지에 대한 정보와 지식이 부족한 상태에서 기부를 막연히 어렵고 무거운 선택으로 느끼는 사람이 많은데, 구독 기부는 바로 이 지점을 건드린다. 금액을 '커피 한 잔 값' 수준으로 낮추고, 걷기·계단 오르기·앱테크·카드 포인트처럼 이미 하고 있는 행동에 자동으로 붙여두면, 기부는 특별한 결심이 필요한 행위가 아니라 일상 루틴의 일부가 된다. 이렇게 진입 장벽을 낮춘 구독의 구조는 주저하는 기부자의 심리와 재정적 리스크를 줄이고, 일단 작게라도 시작하고 지속하는 경험을 먼저 쌓게 만든다.

그렇지만 기부를 통해 어떤 수준의 유연성, 멤버십 혜택, 커뮤니티 가치를 제공할 수 있는가라는 질문은 남아있다. 구독이라는 이름은 분명 매달 반복되는 참여를 상상하게 만들며 매력적인 브랜딩 전략이 될 수 있다. 그러나 구독을 지나치게 강조하는 순간, 기부자에게 무엇을 얼마나 돌려줘야 하는가라는 리워드·굿즈 중심의 딜레마에 빠질 위험도 존재한다. 이런 위험에 빠지지 않기 위해서는 더 많은 물질적 리워드가 필요한 게 아니라, 기부자가 자신의 참여 의미를 이해하고, 변화의 과정을 따라가며, 그 안에서 효능감을 느낄 수 있는 경험 그 자체가 필요하다. 구독이라는 형식이 리워드 경쟁으로 흐르지 않도록, 무엇을 더 줄 것인가보다 어떻게 함께할 것인가에 초점을 맞춘 설계가 필요하다.

기부 루틴을 이끄는 피드백

기부가 개인의 일상적 루틴으로 정착하기 위해서는, 단순한 참여를 넘어 기부 경험의 의미를 체감할 수 있는 계기가 필요함을 말했다. 이를 위해 기부를 통해 이루어진 결과의 임팩트를 명확히 보여주고, 적절한 피드백을 제공하여 참여자가 지속적으로 기부를 이어갈 수 있도록 하는 전략이 중요하다. 기후 변화로 인해 재난재해와 같이 점점 더 심각하고 시급함이 느껴지는 이슈가 많아질수록, 기부의 참여 문턱은 낮아진다. 평소 기부를 생각하지 않던 사람도 특정 뉴스를 계기로 기부를 처음 경험하게 된다. 이는 비영리 모금 조직 입장에서 새로운 기부자 풀을 넓히고, 기존 후원자에게는 함께 그 (힘든) 순간을 통과했다는 강한 유대감을 형성하는 계기가 된다. 그러나 다른 한편으로, 기부의 기준이 '지금 내 피드를 채우는 사건'에 과도하게 쏠리면, 지속적인 사업이나 눈에 잘 보이지 않는 문제는 관심 밖으로 밀려나기 쉽다. 그래서 기부가 이어질 수 있도록 하는 '연결고리'를 설계해야 한다.

한편으로는 이슈의 타이밍을 촘촘하게 읽는 감각이 필요하고, 신속하게 이슈를 전달해야 한다. 다른 한편으로는 기부자에게 지금의 선택이 이후 어떤 변화를 만들어 갈지, 스토리로 연결해 보여줄 필요가 있다. 이 과정에서 기부자의 의견을 들을 수 있는 창구를 마련해 소통을 이어가는 것도 중요하다. 예를 들어, 긴급 구호 캠페인 후에는 재건·회복 단계, 구조적 개선 단계로 이어지는 후속 프로젝트를 제안하며, 동일한 이슈 안에서 장기적인 참여 경로를 열어 둘 수 있을 것이다. 그리고 단계의 전환점이 되면 기부자에게 온라인 설문을 진행하거나 SNS 댓글이나 스토리 질문을 받아볼 수도 있다. 홈페이지에 기부자 전용 의견게시판을 만들거나 뉴스레터에 피드백을 받을 수 있는 채널을 연결해 두는 방법도 있다. 감정-기억-행동을 이어주는 설계를 얼마나 잘해 내는지에 따라, 기부는 더 효과적이면서도 더 오래 지속된다.

10년 만에 E기관을 [정기기부를] 중단하게 됐는데, 중단을 하게 된 제일 큰 요인은 약간 뭐라 그래야 되지? [제가] 좀 관점이 달라진 것 같아요. 옛날에는 그냥 돈을 보내는 것만으로도 큰일을 했다, 라는 생각을 했었다면, 지금은 약간 현실적인 체질 개선이 되는 것에 중점을 맞추는, 그런 것에 좀 포커스가 맞춰진 것 같은데. 근데 E기관은 물론 좀 광범위한 커버리지를 하긴 하지만 그래도 약간 이렇게 '밑 빠진 거에 물을 붓는다'라는 생각이 어느 순간부터 들었고. 그 재단을 못 믿는다는 것보다는 그런 생각이 들었어요. ㅡ 박소연/개인기부자, 30대, 여.

저는 거꾸로 피드백도 좋을 것 같아요. (중략) 개인적인 기부자들은 그냥 일방적으로 [비영리 모금 조직이] 보여주시는 것만 봐야 되는 거잖아요. 그러니까 연말이나 월말에 거꾸로, 물론 이렇게 하는 단체가 있을지도 모르겠지만, 조사 폼 같은 걸 만들어서 어떤 점은 좋았고 어떤 점은 조금 개선해 줬으면 좋겠다라거나, 어느 기관에 조금 기부를 좀 더 많이 해 주셨으면 좋겠다, 이런 게 있으면 좋을 것 같아요.

ㅡ 김지윤/시민패널, 20대, 여.

그래도 좀 장기적으로 적극적으로 기부를 해 주신 분들은 정기적으로 초청을 해가지고 이런 자리를 만들어 보는 거죠. 그냥 1년에 꼭 한 번이 아니더라도 주기적으로 만나서 여쭤보고 (중략) 정말 자유롭게 다른 기관에서 기부하는 게 뭐 있냐, 그러면 거기에 하는 이유는 무엇이며 우리가 거기에 비해서 조금 부족한 게 있다면 정말 다 말씀해 주시고 [라고] 하는 거죠. 그래서 계속 피드백 소통을 많이 만들어 나가면 좋을 것 같아요. ㅡ 송민석/시민패널, 30대, 남.

적시 기부
Just-in-Time Giving

'지금'을 놓치는 불안감이 만든 변화

기후 변화는 AI와 더불어 오늘 우리의 일상에 가장 깊게 파고든 또 하나의 이슈이다. 기후 변화로 인해 매해 기록을 경신하는 폭염을 겪을 뿐 아니라, 홍수·가뭄과 같은 자연재해의 발생 빈도와 피해 규모가 커지고 있다. 기후에 민감한 농업 부문의 생산성과 재배 환경이 흔들리면서 식자재 수급이 불안정해지고, 이는 곧 생활물가 상승 등 일상 전반의 압력으로 이어지고 있다.

기후 변화가 체감될수록, 지금 이 순간, 타이밍을 놓치지 않으려는 심리가 강해진다. 대중은 시대에 뒤떨어지고 싶지 않은 마음Fear Of

Missing Out: FOMO에 반응하고 그것에 따라 소비 성향을 바꾸고 있다.[5] 그동안 FOMO는 새로운 정보나 기회, 사람들과의 관계에서 소외될까 봐 두려워하는 감정을 주로 의미했다. 빠르게 확산된 소셜 미디어 환경은 이런 불안감을 극대화했고, 쏟아지는 신상품과 유행템, 콘텐츠들이 FOMO를 자극하며 소비를 견인해 왔다. 그런데 기후 변화를 피부로 느끼게 된 사람들은, 이전까지 당연하게 누리던 것들을 더 이상 누리지 못하게 되는 상황에 한층 더 큰 불안감을 느끼고 있다. 「Z세대 트렌드 2026」에서는 이러한 현상을 'FOMO NOW'라고 이름하며, 누군가를 의식하기보다는 지극히 개인적이고 자신의 감정과 만족에 집중한 불안이라고 설명한다. 이러한 배경에 따라 Z세대는 어떤 경험을 할 때, 타이밍, 감정, 감각 같은 정서적 요소를 중시하고, 이 모든 것이 절묘하게 맞아떨어지는 적시의 순간을 놓치고 싶어 하지 않는다.

특히 특정 계절에만 경험할 수 있는 음식, 패션, 라이프 스타일 등을 적극적으로 소비하고 공유하며, 현재를 충실히 만끽하는 소비 트렌드를 '제철코어(제철+core)'라고 부른다. 엠브레인의 「트렌드모니터」에 따르면 젊은 층일수록 제철코어에 관심이 높고, 향후 기후 변화로 인해 계절별로 즐기는 경험은 더욱 희소한 경험이 될 것 같다고 생각한다.[6] 그래서 사람들은 지금을 놓치지 않기 위해 노력하고, 그 순간의 감정

<hr>

5 「Z세대 트렌드 2026」, 대학내일20대연구소, 2025.

6 "지금 아니면 못해요, 계절감 자극하는 '제철코어' 열풍", 〈트렌드모니터〉, 엠브레인, 2025.

엠브레인 〈트렌드모니터〉의 제철코어에 관한 조사 결과

과 감각을 물리적인 기록으로 각인해 오래도록 간직하고자 한다.

기부에서도 '지금 이 순간'에 반응하는 태도가 강해지고 있다. 이는 문제의 시급성에 따른 재난재해 이슈에 대한 높은 관심으로, 기부자 스스로에게 중요한 특정 순간을 기록하기 위한 기부로 나타난다. 전쟁·재난·기후 위기 뉴스 앞에서 느끼는 무력감, 특정 아티스트의 커리어 절정 순간, 지역 축제나 스포츠 시즌처럼 한정된 타이밍이, 지금 아니면 안 될 것 같은 기부를 촉발한다.

가장 빠르게 반응하는 이슈 : 재난재해와 위기 동물

사랑의열매 나눔문화연구소가 일반 국민 1,500명을 대상으로 조사한

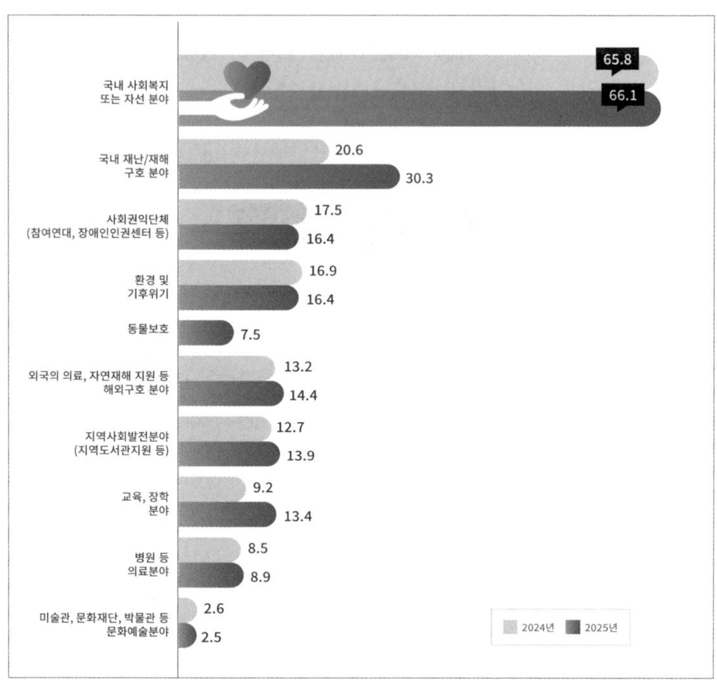

사랑의열매 나눔문화연구소 <한국나눔문화인식조사>, 일반 국민이 기부한 분야 변화(2024-2025)

바에 따르면, 2025년 한 해 동안 기부에 참여한 경험을 가진 국민 544명 중 30.3%는 국내의 재난·재해 구호 분야에 기부했다. 지난 2024년의 20.6%와 비교할 때 매우 큰 증가세다. 또한 동일한 조사에서 2024년에는 '환경 및 기후위기, 동물 보호'에 기부했다는 응답이 16.9%였는데, 2025년은 두 항목을 나누어 조사했으나 비율을 계산하면 23.9%로 이 역시 크게 증가했다. 빅데이터 분석 결과[7]에 따르면, 지난

---

7 네이버 〈해피빈〉 모금함에 대한 빅데이터 분석은 부록 2에 자세히 담겨 있다.

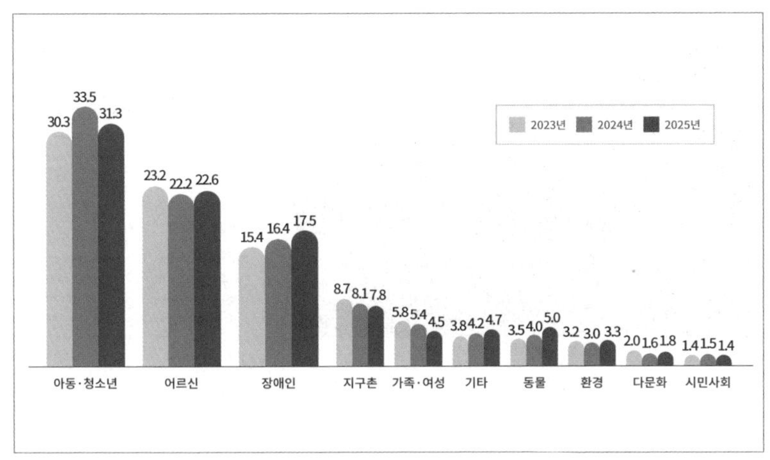

네이버 〈해피빈〉의 모금함 개설 분야별 비율 변화(2023-2025)

3년 간 네이버 〈해피빈〉에 재난재해(기타), 동물의 이슈로 개설된 모금함의 비율도 계속 늘어났다.

이런 변화의 배경에는 '현장감'과 '주도성'을 중시하는 감각이 있다. 전쟁·재난·기후 위기 뉴스를 볼 때 느끼는 무력감은 단순한 슬픔으로 끝나지 않고 그래도 뭔가 해야겠다는 행동 욕구로 이어지며, 그 선택지가 기부가 되는 것이다. 이때 디지털 기부 플랫폼들은 즉시성을 전면에 내세우며 현실과 온라인을 긴밀하게 묶는다. 재난이 발생하면 몇 시간, 심지어 몇 분 안에 모금함이 개설되고, 실시간으로 모금액이 올라가는 화면, 함께 참여한 사람들의 메시지가 계속해서 업데이트된다. 사람들은 이 흐름 속에서 '지금 기부하면 나도 이 현장의 일부가 된다'는 기분을 느끼며, 단발적인 동정이 아닌 현장에 동

카카오 〈같이가치〉에서 진행된 산불 모금 참여 결과

시 접속한 시민으로서 행동하게 된다. 모금함의 제목, 썸네일, 해시태그 등도 사건의 시급성과 정서를 빠르게 압축해 전달하며 즉각적인 참여를 유도한다.

2025년 상반기, 행정안전부가 공개한 바에 따르면 '고향사랑기부'가 349억 규모로 전년 동기 대비 모금액 대비 1.7배가 증가했는데, 이 중 50% 이상이 경북 산불이 발생한 3월, 4월에 집중됐다.[8] 산불 피해 극복을 위한 기부가 고향사랑기부제의 성장도 견인한 것이다.

---

[8] "올해 상반기 '고향사랑기부' 349억…50%가 산불피해 지역 집중", 〈뉴시스〉, 2025. 07. 16.

기부자, 타이밍을 스스로 설계하다

기부는 자신에게 특별한 순간을 기록하는 방법으로 활용되기도 한다. 생일, 이직, 퇴사, 결혼, 애도와 추모를 위해 기부를 선택하는 것은, 개인적인 감정을 사회적 언어로 번역하는 방식이다. 이렇게 기부가 개인의 기억을 남기는 새로운 포맷이 되면서, 당신의 기쁨과 슬픔을 누군가의 회복과 연결해 보라는 메시지가 더욱 설득력을 갖는다.

이제 기부자는 누군가가 설계해 둔 선한 영향력에 수동적으로 편승하기 보다, '지금 이 순간' 감정과 맥락에 맞는 기부를 스스로 설계하는 주도자가 되고자 한다. 특히 2030세대는 자신이 선택한 이슈에 반응해 기부함으로써 '제철 감정'을 구체화하고, 어떤 이름과 서사로 그 의미를 남길지 직접 결정하는 경향이 뚜렷하다. 이제 내가 움직일 차례라고 느끼는 타이밍에 맞춰 주도적으로 기부를 실행하고, 주로 굿즈, 인증샷, 스토리, 해시태그 같은 물리적·디지털 기록으로 각인시킨다.

그렇기 때문에 적시에 기부할 수 있도록 오랜 정기 기부를 중단하고, 온라인 플랫폼이나 SNS를 통해 그때그때 이슈에 빠르게 반응하는 기부를 선택하기도 한다. 특히 지금 당장 해결해야만 하는, 예를 들어 산불과 가뭄으로 일상이 무너진 사람, 학대를 당하고 있는 동물을 구해내는 시급한 일들 앞에서는 SNS가 더 효과적으로 보인다. 실시간으로 문제가 해결되는 순간이 공유되면서, 자신의 행동이 곧바로 변화를 만들어 내고 있다는 감각을 받을 수 있기 때문이다.

> 기본적으로 체질 개선이 좀 더 필요하다는 생각이 들어서… E
> 기관을 중지를 하게 됐고. 그 뒤로는 사회적 이슈가 발생하는
> 것에 대한 그 돈을 모아서 보내는 걸 많이 했었어요.
>
> — 박소연/개인기부자, 30대, 여.

> 저는 그냥 그 산불 일어났을 때 (중략) 소한테 [기부] 하겠다
> 라고 되어 있는 개인 인스타그램이었거든요. 자기가 그 동네에
> 살고 있는데 축산업 하시는 분이 이런 피해를 입어 가지고 소
> 한테 물도 못 주고 건초도 못 주고 있는 상황이다 하면서…
> 그 계좌랑 이렇게 소액이라도 괜찮다고 쓰시고. 근데 그게 너
> 무, 막 사진도 너무 그렇고… [기부를] 안 할 수가 없었어요.
>
> — 강서연/시민패널, 20대, 여.

> 왜 이번 산불의 문제가 그 강아지들, [어르신들이] 집 지키는
> 강아지를 다 키우잖아요. 물론 너무 급하니까 어르신들이 자
> 기 도망가는 것도 바쁜 건 알지만 그 목줄 못 보는 경우가 되
> 게 많대요. 그래서 타 죽은 애도 많고. 그것을 어떻게 끊고 나
> 가서 막 산속에 아픈데 숨어 있는 애들도 많고. 그래가지고
> 이제 그걸 구조하는 [SNS] 계정을 찾은 거예요. (중략) 확실히
> 요새 저는, 거의 모든 기부는 인스타그램 통해서 제일 많이 하
> 는 것 같아요. (중략) 저 대형 단체에 대한 것은 안 하게 되는

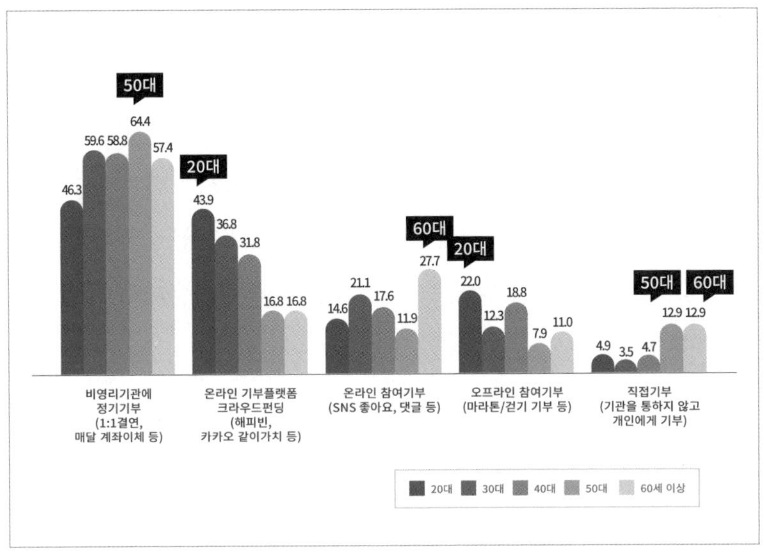

사랑의열매 나눔문화연구소 〈한국나눔문화인식조사 2025〉, 세대별 2025년 기부 참여 방식

것 같아요. 내가 돈 보낸 게 가시적으로 바로 보이니까. 이게 아니, 진짜 불에 타가지고 죽을 뻔한 애가 살아나오는 걸 보면 그것만큼 가시적인 게 없잖아요. ─ 박소연/개인기부자, 30대, 여.

적시 기부는 타이밍의 중요성에만 초점을 두는 개념이 아니다. 기부의 타이밍을 모금 캠페인의 캘린더가 아니라 개인의 감정과 상황이 결정한다는 뜻과, 기부자가 단순한 동참자가 아니라 이슈의 의미를 지금 여기에서 끌어올리겠다는 의도를 가진 '의미 설계자'라는 뜻을 모두 포괄한다. 적시 소비가 지금 이 계절, 이 장소, 이 분위기의 나를 놓치지 않으려는 정서라면, 적시 기부는 지금 이 문제, 이 사람들, 이 감정에 반응하는 나를 놓치지 않으려는 실천이다.

이제 많은 사람에게 기부는 특정 순간의 감정과 기억, 그 순간에 부여
한 의미를 기록하고 체험하는 하나의 '메타센싱'으로 인식되고 있다.
그때 나는 이렇게 느꼈고 그래서 이렇게 행동했다는 감정의 족적을 남
기는 방식으로, 기부는 일상 속 의사결정 구조 한가운데로 들어오고
있다.

'지금' 우리가 주목하는 것

내게 지금 10만원이 생긴다면

이번 『기부트렌드 2026』은 시민패널을 2030세대로 구성해 진행했다. 시민패널들과 처음 집단 인터뷰를 진행한 어느 날, '내게 지금 10만 원이 생긴다면 어떠한 분야에 기부하고 싶은지'에 대해 함께 대화를 나눠보는 시간을 가졌다. 유사한 사회적 환경 속에서 기부를 경험하고 있었던 패널들은, 동시에 서로 다른 사회문제에 폭넓은 관심을 보였다. 그럼에도 공통적으로는 하나의 이슈, 한 기관에 10만 원을 모두 기부하겠다는 사람은 없었다. 가장 많은 비율로는 국내의 아동·청소년에게 기부하길 원했고, 그다음으로 지역 사회와 노인, 재난재해 이슈에 대한 기부가 뒤를 이었다.

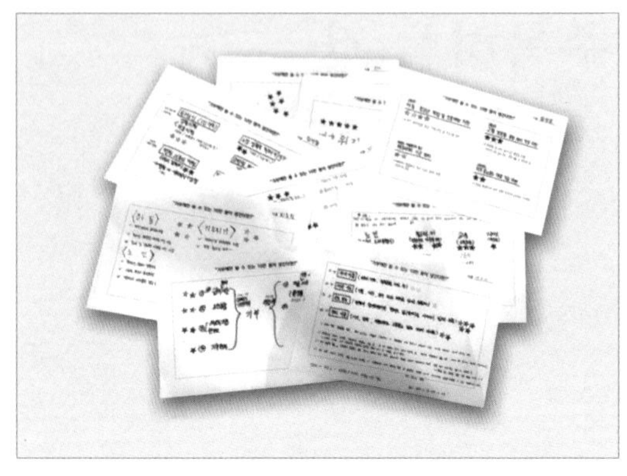

시민패널이 기록한 '내게 지금 10만원이 생긴다면 기부하고 싶은 분야와 금액'

기부하고 싶은 이유는 매우 구체적이었고, 도움을 받는 사람의 입장에서 어떠한 변화가 필요할지에 초점을 맞추고 있었다. 지역·아동·노인·동물·기후위기·재난·여성 등 사회적 약자들의 삶에 촘촘하게 다가서는 기부를 하고 싶은 의향도 드러났다. 사회적 예우가 필요하다는 생각에 호국영웅에 대한 기부에도 관심을 보였으며, 이러한 경향은 앞으로도 계속 증가할 것으로 보인다.

아동·청소년 학업·진로체험 지원 이런 데에 넣었는데 (중략) 그분들에게 쓰는 것도 뭔가 복지 기관을 통해서, 가장 가까이에서 케어해 줄 수 있는 분들을 통해서 그 기부금이 사용될 수 있도록 하고, 관련 프로그램도, 이런 건 그냥 금전적으로 딱 도와줄게 책, 책 사주고 끝! 이게 아니고, 그 책을 계속 잘 보고 있는지, 그리고 주말 이렇게 시간이 있을 때는 정말 멘토링이나 현장 체험 프로그램 이런 것도 계속 운영을 잘할 수 있도록 도우면 좋겠다, 생각했어요. ─ 송민석/시민패널, 30대, 남.

반지하에 사시는 저소득층 분들도 굉장히 많더라고요. 그래서 이런 기후 위기가 굉장히 그분들한테 위협이 되겠다. (중략) 에어컨을 계속 쐬잖아요. 근데 이 열기는 밖으로 나가는데 이 열기가 이런 쪽방촌으로 많이 모인다고 하더라고요. 그리고 매스컴에 보면 이분들을 위해서 소방수를 뿌렸다, 소방수를 뿌려서 온도가 내려갔다, 라는 것을 봤는데…, 교수님께 들어보면 딱히, 그건 일시적이고 오히려 더 습해져서 그분들한테는 더 곤욕이 된다고 들었습니다. 그래서 저는 기후 위기를 가장 많이 한 5만 원으로 책정을 해봤습니다. ─ 임준영/시민패널, 20대, 남.

호국영웅, 국가유공자 분들이 있고 (중략) 옛날에 전쟁을 직접 나가서 싸우시고 한 것들이 지금 보니까 다 제 나이 또래에 하셨던 분들이 굉장히 많더라고요. 그렇게 애써주시고 힘내주셨지만, 시간이 많이 흐른 뒤에 뭔가…, 그렇게 노력하셨던 것에 비해 알맞은 대우를 과연 받고 있나라는 생각이 많이 들었고. (중략) 그래서 그런 분들한테…, 물론 금전적인 지원도 괜찮지만, 저는 개인적으로 뭔가 직접 만나는 시간이 있었으면 좋겠어요. 그렇게 해서 그분들이 뭔가 이야기를 해준다면, 그 이야기들이 곧 역사니까, 그 역사를 저희가 제대로 알고 그리고 그것을 또 누군가한테 전파하고, 이렇게 널리 퍼져 가면… 저희가 지금 이렇게 살아갈 수 있는 것도 그런 과거가 있었다

는 걸 잘 알고 있다 보니까, 그 사실, 그 역사를 제대로 알고
나면 좀 더 많은 사람들이 동의해서 너도나도 참여하려고 기
부하려고 도움을 주려고 하지 않을까 생각이 듭니다.

— 최지훈/시민패널, 20대, 남.

이처럼 기부하고 싶은 이유가 구체적이고 당사자 중심으로 이동하고
있다는 것은, 기부자가 더 이상 멀리 있는 후원자가 아니라 자신의 가
치관을 반영한 선택을 통해 사회 문제 해결에 참여하는 주체로 나서
고 있다는 의미다. 특히 2030세대는 독거 노인에 대한 기부 필요성을
이야기하며, 고령화 사회 속에서 살아갈 자신의 미래 모습을 겹쳐 보
았다. 이러한 맥락에서 고립과 1인 가구의 문제 역시 2030세대에게 잠
재적인 위험 영역으로 인식되면서, 향후 관심도가 더 높아질 것으로
보인다. 특히 최근 중장년층의 고립 문제에 대한 문제의식이 높아지고
있는 상황에서, 고립 이슈는 지금 어디에 기부해야 나와 주변의 위험
을 줄일 수 있는가를 가늠하는 기부자들에게 소구력 높은 이슈로 다
가설 가능성이 크다.

아무래도 가장 취약계층인데 앞으로의 우리나라 상황을 생
각하면 독거노인 비율이 높아질 것 같아서 저희 세대에서부
터 좀 미리미리 준비를 해야 되는 것 같아요.

— 정연수/시민패널, 20대, 여.

이제 고령화 사회가 되면서 좀 많이 지원이 필요하다, 노인도

이제 하나의 사회적 약자 그리고 하나의 사회적 구성원이니까
이런 쪽으로 좀 집중이 필요하다… — 조동현/시민패널, 20대, 남.

기부자가 주목하는 사회 이슈

트리플라잇과 사회적가치연구원이 공동 발간한 〈2025 한국인이 바라
본 사회문제〉 보고서에 따르면, 2025년 한국인 1,000명이 꼽은 사회
문제 1위는 개인정보 유출 및 사생활 침해 증가였다. 일·생활 불균형,
폭염·한파 증가, 이념·지역·정치적 갈등 심화가 그 뒤를 이었다. 그리
고 경제적으로 불안하고 사회에 대한 신뢰도 낮은 모습이 이어지는 가
운데, 사회 문제 해결을 위해 봉사나 기부를 하겠다는 의향은 절반 수
준으로 떨어졌다.

그럼에도 불구하고 지금 이 상황 속에서 기부를 이어가고, 앞으로도
기부할 의향을 가진 사람들은 분명히 존재한다. 2025년 통계청 〈사회
조사〉에 따르면 지난 1년간 기부한 경험이 있는 사람의 비율은 2년 전
보다 2.4%p 늘어난 26.1%로 집계되었다. 하락세가 멈추고 다시 상
승 곡선을 타기 시작했다는 점에서 의미가 크다. 같은 시기 사랑의열
매 나눔문화연구소의 〈한국나눔문화인식조사〉에서도 기부 경험률은
전년 41.8%에서 43.3%로 1.5%p 증가했다. 체감 경기와 사회 불안을
감안했을 때 결코 작지 않은 반등으로 해석된다.

<한국나눔문화인식조사>에서 더욱 눈에 띄는 점은 당신의 기부금이 어디에 쓰이길 바라느냐는 질문에 대한 응답이다. 연령대와 상관없이 모든 세대가 가장 많이 선택한 분야는 '사회적 약자의 권리 증진'이었다. 이는 단순히 어려운 사람을 돕는 차원을 넘어, 장애인·아동·노인·이주민 등 구조적으로 불리한 위치에 놓인 사람들의 권리와 조건을 개선하는 일에 기부금이 쓰이길 바란다는 뜻이다. 다시 말해, 기부자들은 일시적 생계 지원을 넘어 사회 구조를 조금이라도 더 공정하게 만드는 방향으로 자신의 돈이 흘러가기를 기대하고 있는 것이다. 또한 자연, 사회 재난·재해를 예방과 기후 변화 관련 대응, 동물권 확대, 유기 동물 지원에 대한 관심이 고르게 나타난다. 특히 '자연재난·재해 예방 및 대응'에 대해서는 40대와 60대 이상의 응답이 높게 나타났다. 이러한 결과는 홍수·폭염·지진 같은 자연재난이 결코 미래 세대의 문제만이 아니며, 곧 내 집과 내 가족의 안전 문제로 직결되며 전체 세

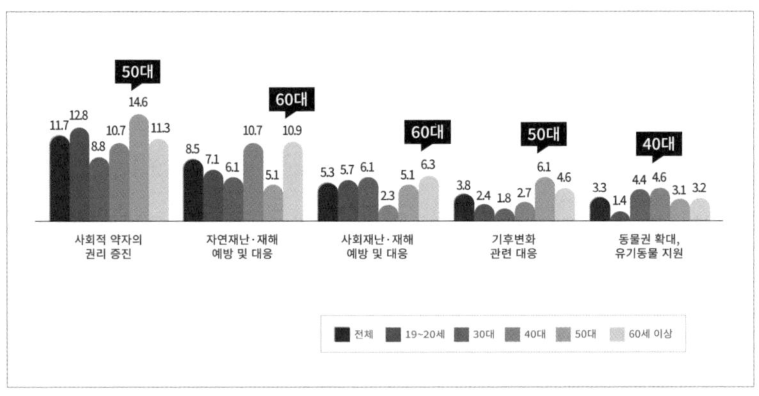

사랑의열매 나눔문화연구소의 <한국나눔문화인식조사 2025>,
'세대별 향후 기부금이 사용되길 희망하는 분야' 조사 결과

대에게 있어 매우 현실적인 기부 목적지로 작동하고 있다고 해석할 수 있다.

이렇게 기부자들은 이미 여러 사회 문제에 높은 관심을 가지고 있다. 비록 예상할 수 없는 많은 위험 앞에서 사회문제 해결을 위해 쓸 수 있는 돈도 시간도 줄어드는 모습이 나타나지만, 그럼에도 타이밍을 놓치지 않고 함께하려는 기부자들은 분명히 존재한다. 그렇지만 일반 대중이 인구 구조 변화나 생활 세계의 균열처럼 막 드러나기 시작한 위험 신호들까지 스스로 포착하기는 어렵기 때문에, 앞으로의 비영리 모금 조직은 단순한 재원 조달자가 아니라 사회적 리스크를 선제적으로 읽고 기부자의 시야를 넓히는 '의제 설계자'의 역할을 함께 요구 받게 될 것이다. 기부자들이 문제의 시급성을 놓치지 않고 적시 기부할 수 있도록, 이러한 이슈를 발굴해 먼저 제안하는 역할이 필요하다. 기부자의 속도와 발맞추기 위해서는 데이터와 현장 이야기를 결합해 '곧 커질 문제'와 '아직 이름으로 정의되지 않은 취약성'을 드러내고, 그러한 영역에 대한 기부가 곧 내 삶의 안전망을 설계하는 선택이라는 점을 설득력 있게 풀어내야 한다.

Insights

1. 기부자의 심리적 ROI를 설계하자.

기부자가 기부를 선택하고 진행하는 과정에서 고려할 심리적 요인들을 세밀하게 파악하고 그에 맞는 선택지를 제안하자. 체험형 기부에 대한 수요에도 발맞추어, 기부자가 직접 보고 듣고 참여하면서, '이 정도면 확실히 가치 있다'고 느낄 수 있는 경험 구조를 설계해야 한다.

2. 구독과 리트머스형 기부를 확장하자.

구독형·리트머스형 기부는 진입 장벽을 낮추고 점진적 관계를 형성하는 방식이다. 한 번에 큰 결정을 요구하기보다, 작은 시도를 여러 번 반복할 수 있는 기부 여정을 만들어 보자. 특정 이슈나 사건을 계기로 짧게 반응하고 효능감을 가늠해 보는 흐름은 앞으로도 이어질 것이다.

3. 리스크 관리형 기부에 전략적으로 대응하자.

리스크 관리형 선택, 타이밍에 민감한 기부자들의 특성은 지속될 것이다. 단기 이슈 중심의 기부 흐름은 더 확대될 것이다. 장기 과제의 경우에는 어떻게 리스크 관리의 언어로 재해석할지 전략을 세우자. '지금 하지 않으면 나중에는 더 큰 비용과 위험이 발생한다'는 메시지를 설득력 있게 제시하는 것도 한 방법이 될 수 있다.

4. '지금이 아니면 할 수 없는 기부'로 재구성하자.

사업의 내용은 동일하더라도, 지금이 아니면 할 수 없는 기부로 재조명해 보자. 긴 호흡의 사업을 계절·이벤트·커뮤니티의 빠른 리듬과 연결해 보자. 연말 캠페인, 축제, 지역 행사와 같은 시즌형 캠페인의 요소를 조합해, 장기 사업에도 적시성을 부여하는 전략이 요구된다. '올해 이 시기에 이 기부를 선택해야 하는 이유'를 명료하게 제안하는 것이 필요하다.

트렌드

3

평등해진 기술,
가치를
만드는 사람

개인 모금 채널은 지난 15년간 거의 변하지 않았다. 지로 같은 전통 채널은 쇠퇴했지만, 디지털, TV 광고, 모금 방송, 전화 모금, 거리 모금(F2F)의 중심 구조는 그대로 유지되고 있다. 새로운 채널이 등장하지 않는 환경이 지속되자 기술의 품질이 중요해지면서 외주 대행사에게 의존하는 경향이 커졌다. 그 결과 일정 비용을 지불하면 비슷한 수준의 기술과 콘텐츠를 얻을 수 있게 되었고, 이에 따른 성과도 비슷해졌다.

모금 채널의 정체는 고도화로 이어진다. 비영리 모금 조직은 채널별 비용 대비 효율을 넘어, 좀 더 신선하고 새롭게 잠재 기부자에게 다가가는 노력을 한다. 경쟁 심화 속에서 어떻게 기부자의 눈에 띌 것이고, 어떻게 자신들을 각인시킬 것인가의 고민에서 나온 차별화, 이것이 고도화의 다른 표현이기도 하다.

최근의 변화는 채널이 아닌 기술과 제도에서 나타난다. 생성형 AI가 빠르게 확산되고 누구나 접근 가능하게 되면서, AI는 업무 효율과 사업의 효과를 더하는 도구로 활용되고 있다. 또한 가상자산 기부를 받을 수 있도록 관련 법이 제정되면서 비영리 모금 조직들은 가상자산을 보유한 새로운 잠재 기부자 집단에 기대감을 가지고 있다.

그러나 동일한 도구를 사용하더라도 전략과 활용에서 차이가 생긴다. 이 차이는 조직의 역량에서 비롯된다. 극심한 경쟁으로 성과를 내기 어려워 보이는 상황에서도, 사업과 디지털, 전화 모금을 연결하여 성공을 거둔 사례도 나타났다. 평준화된 기술을 잘 활용하면, 과거에 어렵게만 보였던 기부자 유치가 가능해진다. 이러한 격차를 만드는 것은 결국은 가치를 창출하는 모금가와 조직이다. AI, 마케팅 기술, 가상자산과 같은 도구는 모두에게 열려 있지만, 이를 활용하여 차이를 만드는 능력은 결국 사람에게서 나온다.

AI 시대, 가치를 만드는 모금가에게 더욱 주목하는 이유이다.

새롭지 않은 모금

정체된 모금 채널과 기술

2025년 신규 기부자 모집 채널에 변화가 있었는지 많은 모금가에게 물었다. 돌아온 답은 모두 같았다. 채널은 고착화되었고, 그 안에서 경쟁하는 비영리 모금 조직만 늘어났다는 것이다. 디지털, TV 광고, 텔레톤(모금방송), 거리모금(F2F) 외에 새로운 채널이 나타나지 않고 있다. 오히려 '지로'와 같은 우편 기반 채널은 힘을 잃으면서 전체 모금 채널의 종류는 10년전 보다 줄어들었다.

15년 전에 모금했던 채널과 2025년에 모금했던 채널이 달라진 게 없어요. 그때는 인터넷이라고 불렀던 홈페이지, 방송, 거리. (중략) 채널은 바뀐 게 없는 거에요. 그래서 뭐가 달라졌어요? 라고 물으면 저는. '기존 후원자를 더 잘 유지하고 기존 후원자를 통해서 더 새로운 모금을 창출하기 위한 전략들, 방법들'이라고 대답하겠어요. (중략) 스마트폰 같이 뭔가 획기적으로 발전한 요소는 아예 없다고 보거든요. 들어오는 채널은 똑같아요. 그 디테일은 조금씩 달라졌을지 몰라도, 어쨌든 채널은 다 똑같아요. ─ 이정호/모금활동가(대형조직), 40대, 남.

미디어 채널이 있고 디지털 채널이 있고 그 다음에 대면 F2F(거리모금)도 있고 저희는 교육기관도 있어요. (중략) 교회도 힘들어하고 디지털도 힘들어하고 미디어도 지금 방송이 너무[경쟁이 심해요]. 이게 저희만 하는 게 아니잖아요. 옛날에는 기아체험으로 많이 했는데, 지금은 다른 비영리 조직들도 방송사 모금을 다 그렇게 하니까요. ─ 정해준/모금조직(대형), 50대, 남.

최근 모금 채널이 정체된 상황에서, 많은 비영리 조직들이 외주 대행사와 협업하여 디지털 마케팅, 콘텐츠 제작을 진행하고 있다. 외주 대행사는 일정 비용만 지불하면 누구나 비슷한 수준의 기술과 결과물을 제공하기 때문에, 조직 고유의 기술이나 채널 전략은 차별성을 잃고 흐릿해진다. 이처럼 외주 대행사의 보편화는 곧 기술의 평준화로 이어지며, 동일한 채널과 콘텐츠의 유사성으로 말미암아 기부자의 입장에서는 비영리 모금 조직의 사업이 모두 비슷하게 보이는 부정적인 효과를 낳고 있다.

온라인 마케딩이 고도화된다는 건, 다 비슷해진다는 것 같아요. 왜냐하면 퍼포먼스 마케팅[9]하는 사람들은 대부분 외주를 많이 이용하니까. 외주는 경쟁력이 있으려면 어느 정도의 수준까지는 답보를 해줘야 되니까. 사실 비용의 문제지, 어느 정도 비용만 쓰면 다 비슷한 수준까지 올려주는 것 같아요. (중략) 다른 단체에서 듣다가 깜짝 놀랐는데, 월 얼마 주면 외주사에서 사례 2개를 공급한대요. 외주사는 사업하는 단체가 아니니까, 잘하는 단체나 대형 NGO들 케이스 스터디할 거 아니에요? 그걸 보고 모방해서 만드는 거죠. 그럼 우리의 원칙 같은 것들은 지킬 이유가 없잖아요? 그냥 비슷한 것 섭외해서 찍겠죠. 그리고 이렇게 생산돼서 나오는 거예요.

— 최민석/모금활동가(대형조직), 40대, 남.

쇼츠나 릴스 같은 포맷이 확산되었지만, 이는 디지털 모금의 보조적 요소일 뿐 본질적 변화라 보기 어렵다. 모금가들은 조직에 여유가 없어 신규 채널을 발굴하기 어렵다고 토로한다. 그러나 몇 년째 같은 어려움이 반복되고 있는 현실을 보면, 단기간 내 신규 채널이 등장할 가능성은 높지 않다.

지금 개인 모금 채널들이 정체되어 있는 건 신규 채널이 없기 때문[이에요]. 예를 들면 디지털 안에서도 이 흐름이라는 게 있잖아요. 시대적으로 사람들이 관심 있어 하는 신규 채널들

---

9 퍼포먼스 마케팅은 다이렉트 메일(DM) 업체, 검색 엔진, 소셜 미디어와 같은 제3자 채널을 통해 판매, 리드, 클릭 등을 유도하고, 그 행동이 발생했을 때 비용이 지출되는 구조의 마케팅을 말한다.

의 활동량이 늘어나야 새로운 게 운영이 되는데, 새로운 게 없어요. (중략) 이제 채널이 아니라 콘텐츠의 형태죠. 릴스나 유튜브 쇼츠나 이런 게 나와서 유지 성장했지만, 그것도 24년 이후로는 사실 새로운 게 없어요. 디지털에 어떤 변화도 없고, CPA[후원자 개발 비용] 싸움이 되는 거죠. 일반 기업들이랑 똑같은 환경이다 보니 어려워지는 흐름으로 나타나고 있는 것 같습니다. — 박성우/모금활동가(대형조직), 40대, 남.

정체의 다음 단계 '고도화'
· · · · · · · · · · · · · · · · · · · ·

채널과 콘텐츠의 포맷이 정체된 다음 단계는 무엇일까? 결국 '고도화'다. 같은 채널을 이용할지라도, 어떻게 우리 브랜드를 노출하고 기부자들을 유치할 것인지는 채널을 운영하는 비영리 모금 조직의 몫이다. 같은 채널이 성과를 낼지는 단순히 한 두 요소로 결정되지 않는다. 비영리 모금 조직의 역량 뿐 아니라, 사회적인 공감, 소비 트렌드, IT 기술, 정치 사회 이슈 등이 복합적으로 작용하며 성과를 만든다.

F2F라고 다 길거리에서 나가서 일하지 않아요. (중략) 매장에서 모금을 해요. 옷을 저렴하게 사고 '기부하시면 간단한 선물 드립니다.' 그러면 기부하세요. 이제 그걸 리테일이라고 표현해요. (중략) 길거리에서 붙잡지 않고, 프로 야구장, 프로 배구장 이런 오픈 공간을 섭외해요. 후원 여부는 우리[모금 조직]의

역할이고, 그들은 좋은 일 하는 것에 임대를 해준 거죠.

— 정해준/모금조직(대형), 50대, 남.

과거 기부자들이 선호하지 않던 F2F도 고도화를 꾀하고 있다. F2F는 더 이상 '길거리 모금'에 머물지 않는다. 인터뷰에서 언급되듯, 전통적인 거리 외에도 리테일 매장, 스포츠 경기장, 오픈 스페이스 등으로 확장되며, 판매·체험·브랜딩 요소를 결합한 하이브리드형 모금 채널로 진화하고 있다.

온라인에서는 특히 소셜 미디어의 위상이 강화되고 있다. 여러 비영리 모금 조직들이 블로그와 인스타그램 포스팅을 사업의 홍보나 인지도 상승뿐 아니라 기부자를 유입하는 목적으로 사용하고 있다. 소셜 미디어가 과거에는 홍보 채널로서 기능해 왔다면, 이제는 실제도 기부를 일으키는 모금 채널로서 역할을 고도화하고 있는 것이다. 이에 따라 모금 조직 내에서는 카피라이터, 퍼포먼스 마케터, 데이터 애널리스트 등 전문 인력이 빠르게 증가하고 있다.

온라인 마케팅이 주도하는 건 맞지만, 그중에서 소셜 미디어 쪽이 부각되는 것 같고, 소셜 미디어의 형태나 방식이 더 심화되고 있는 것 같아요. 예전에 블로그를 단순히 홍보용으로만 썼는데, 블로그도 하나의 [직접 기부를 유도하는, 기부의] 전환 도구로 사용하기도 하고요. 인스타그램이나 모든 채널들이 다 이제는 고도의 마케팅 툴로 접근하는 거에요. 예전에는 브랜딩에 어느 정도는 쓴다라는 생각을 했는데, 이제는 그걸 [홍보 브랜딩 뿐 아니라 직접 모금을 할 수 있는] 주요 모금 채널로 다들 인지를 하고 있고, 되게 중요하다고 생각하고 있어요. 필요한 전문 인력들을 많이 고용하고 카피라이터도 고용하기도 하고, 애널리스트도 되게 중요시 생각하고, 그런 것 같아요. — 최민석/모금활동가(대형조직), 40대, 남.

고도화는 기술 평준화와 비용 증가라는 환경에서 등장한 불가피한 단계이다. 그러나 동시에 모금 채널을 더 전략적이고 성숙한 플랫폼으로 발전시키는 과정이기도 하다. 유사한 캠페인들이 넘쳐나는 환경 속에서, 비영리 모금 조직들은 각자의 방식으로 어떻게 기부자에게 도달하고 차별화된 경험을 제공할 것인가를 고민하고 있다.

F2F가 세일즈적인 시장을 넘어서서 좀 더 건강하고 더 성숙한 채널이 되게 할 것이냐, 저는 그게 되게 중요하다고 생각을 하고 스트릿[거리]에서 캠페인만 하는게 아니라, 그 안에 우리의 브랜드 가치도 담고, 굿즈같은 것들도 결합해서 해볼 수 있고요. 좀 더 다양하게 만들어 갈 수 있지 않을까 생각합니다.

— 최혜진/모금가패널, 40대, 여.

매장에서 기부자 모집과 함께 상품 구매시
판매 금액 일부가 식수 사업에 후원되는 캠페인.

Up Up Up 높아진 모집 비용

모금 채널이 정체된 가운데, 모금가 패널이 공통으로 토로한 어려움은
기부금 모집 비용의 상승이다. 누구나 채널에 접근할 수 있지만, 실제
로 비용 투자 대비 원하는 만큼 기부자를 확보하는 조직은 소수에 그
친다. 비용 증가는 두 가지 측면에서 나타난다. 첫째, 절대적 비용 증
가다. 특정 채널이나 플랫폼에서 어떤 비영리 모금 조직이 높은 비용
을 지불하면, 동일 채널을 사용하는 모든 조직은 비용 인상 압력을 받
는다. 이런 환경은 특히 중소 규모 비영리 모금 조직의 디지털 진입 장
벽을 높이는 요인이 된다. 둘째, 상대적 비용 증가다. 동일한 비용을 투
입해도 과거에 비해 신규 기부자를 확보하는 숫자가 줄어들면서, 비용
대비 성과가 낮아지는 것이다.

[한 비영리 모금 조직이] 구좌를 다 사버리는 거에요. 문제는 들어갈 수가 없는 거에요. 디지털 광고는 구좌를 사야 되잖아요. 그리고 네이버 같은 데는 배팅이잖아요. 못 들어가는 거예요. 그럼 이제 작은 단체들은 [단가가] 확 높아지는 거죠. 디지털은 다 보이잖아요. 에이전시들은 알거든요. 그래서 중소규모 단체에서 이제 디지털 마케팅을 시도 자체를 거의 안 하는 것 같아요. (중략) 그렇지만 그 높아진 단가에 맞춰서 물량 공세를 할 수 있는 대형 기관들은 계속 하고 있는 거고, 중소 기관들은 거의 시도도 못 하는 거죠.

— 이정민/모금활동가(중소형조직), 40대, 여.

정기 기부자 1명을 확보하는 데 드는 비용을 기부자 개발 비용의 기준으로 삼는 관행에도 한계가 있다. 트렌드 2에서도 보았듯이 기부자들은 일시 기부를 선호하고, 이슈에 따라 기부처를 옮겨 다니기 때문에, 납입률과 유지율이 낮아진다. 이 경우 개발 비용이 낮지만 장기 효과가 떨어지는 기부 채널의 성과는 과대 평가 되고, 일시 기부의 성과는 누락될 수 있어, 정기 기부 개발비 중심의 비용 계산은 성과 측정의 오류를 낳을 수 있다. 이에 따라 조직들은 새로운 비용 계산 방식, 혹은 보완적 지표의 필요성을 인식하고 있다.

한편 지속적으로 캠페인을 시도하며 비용을 낮출 수 있는 곳은 재정 여력이 있는 중대형 조직에 국한된다. 더 많은 시도와 실패를 감내할 수 있는 조직만이 채널 단가를 낮출 수 있는 것이다.

무한도전 보세요. 맨날 대박은 아니잖아요. 대박-재미없다가-중박-재미없다가-대박-재미없다가. 콘텐츠도 이렇게 가는 것 같아요. 계속 대박을 할 수는 없거든요. 됐다 안됐다 하는 거죠. 그런데 하다 보면 다른 NGO들은 따라올 수 없는 어떤 우리만의 프로그램을 만들고 싶어져요.

— 이정호/모금활동가(대형조직), 40대, 남.

큰 단체들도 1년에 캠페인을 20개를 만들어도 결국은 3~4개가 80%를 리딩 하거든요. 그거에 대부분의 예산을 쏟고 나머지 16개를 실패하면서 우리의 캠페인이 뭔지 찾아가는 여정이에요. (중략) 그런데 퍼포먼스에서 문제는 돈이 없으면 계속 유지를 못하는 거예요. (중략) 디지털에서 오가닉[10]으로 들어오는 게 있고, 돈 써서 들어오는 게 있는데, 돈 써서 들어오는 것만 보면, 생각보다 채널 ROI[투자수익률]가 의문이에요.

— 박성우/모금활동가(대형조직), 40대, 남.

비영리 모금 조직은 디지털, TV 광고, 모금 방송, F2F 등 모금 채널별 효율을 평가한다. 흥미롭게도 2025년말 현재, 평균적으로 볼 때, 신규 개발 비용이 가장 낮은 채널은 F2F이다. 이는 앞서 지적한 대로 납입률이나 유지율을 고려하지 않고 정기 기부자의 개발이라는 측면에서만 평가한 것이기 때문이기도 하지만, 최근 몇 년 간 디지털과 TV 모

---

10 유료 광고 등 인위적인 유도 없이 자연스럽게 사용자가 유입되는 것을 말한다.

금 비용이 빠르게 상승한 탓이기도 하다.

한편 성공 사례로 회자되는 캠페인 대부분이 복수의 채널을 연계하면서 채널을 넘나드는 '옴니채널' 마케팅 구조를 가지고 있다는 사실은 주목할 만하다. 데이터 분석과 마케팅 고도화에 집중하다 보면, 자칫 단일 채널 안에서 효율을 높이는 문제에만 몰두하기 쉽다. 하지만 채널별 효율화만으로는 한계가 있다. 분절된 시각으로 채널의 효율을 평가할 때, 비용이 상승한 채널에 대한 투자에 소극적일 수밖에 없다. 그 결과 종합적인 브랜드 마케팅에 영향을 미친다. 채널이 고도화될수록 동원할 수 있는 다양한 자원과 채널이 어떻게 시너지를 낼 수 있는지 살피는 것이 더욱 필요하다.

> 옴니채널로서 통합되고 효율화된 캠페인을 많이 만들어서 대중들이 좀 더 다양한 방식으로 반복해서 노출이 될 때, 저는 신규 기부자 개발 비용이 더 효율화되지 않을까라는 생각이 들어요. 하지만 워낙 채널별로 모금하시다 보니까 채널을 어떻게 하나로 통합할지, 이게 조직 내부에서 과제 같아요.
>
> — 최혜진/모금가패널, 40대, 여.

그래도 디지털에 희망은 있다

비용이 상승하고, 경쟁이 치열하다는 현실과 무관하게, 중소 규모 모금 조직은 디지털 모금에 비용을 집행하는 것을 선택지로 고려하지 못했다. 그러나 모든 지표는 상대적이고, 디지털 모금은 여전히 중소형 비영리 조직에 기회를 제공한다. 그간 디지털 모금을 하지 않던 조직은 새로운 시도에 좋은 반응을 얻을 수 있기 때문이다. 홈페이지의 배치를 바꾸고, 잠재 기부자들에게 정성들여 쓴 이메일을 발송하는 것으로도 반응을 얻을 수 있다.

> 작은 단체들은 그래도 쉽지는 않겠지만, 안 하던 액션을 하면 반응이 올 거고, 그 범주가 여기[0]에서 10건만 늘어도 벌써 상승률이 쭉 올라가니까요. 저는 상대적으로 작은 단체가 계속 죽는다라기보다 [작은 단체의 모금 액션이] 열리면 굉장히 가능성이 있지 않을까 하는 생각이 드는 것 같아요.
>
> — 박성우/모금활동가(대형조직), 40대, 남.

최근 몇 년간 급속히 회원 수가 증가한 비영리 조직의 사례는 여전히 디지털 모금에 가능성이 있음을 증명한다. 이 조직은 홈페이지를 개편하여 회원 가입 버튼의 수, 색깔, 배치를 바꾸고, 온라인 상에서 회원 가입을 좀 더 쉽게 할 수 있도록 단계를 줄이면서 디지털 모금을 시작했다. 홈페이지 디자인을 조금 수정하거나 회원 가입의 단계를 줄이는 데는 많은 비용이 들지 않는다. 그러나 이런 작은 변화 자체로도 디지털 모금의 기회는 열린다. 뿐만 아니라 보고서를 웹에서 보기 쉽도록 한글hwp 문서에서 구글 문서로 바꾼 것도 디지털 접근성 개선에 도움이 되었다. 잠재 지지자가 보고서를 다운로드하면서 자신의 정보를 남기도록 참여 경로를 바꾼 것도 효과적이었다. 이후 지속적으로 해당

사안이 담긴 뉴스레터를 보내며 지지자와의 관계를 숙성시켰다. 이렇게 축적된 지지자들 상당수가 회원 가입 권유 전화를 받고 가입에 동의했다. 비영리 모금 조직들의 평균을 훌쩍 뛰어넘는 전환율이었다.

> 꾸준히 보고서를 마련해 왔었는데 [과거에는] 보고서를 다운로드 받을 때 아무런 정보를 받지 않고 무조건 줬다가, 이제는 잠재 후원자 기반의 모금이 굉장히 중요하고, 그렇게 하려면 무엇부터 해야 되는지 고민을 해서, [보고서를] 다운로드 받은 사람들의 정보를 받기 시작했는데, 그것을 기반으로 이제 모금을 한 거죠. 그런데 전환율이 되게 좋았어요.
>
> — 이상희/모금가패널, 50대, 여.

> 서명이 단순한 행위라고 생각했었거든요. 그 서명하는 거 뭐 별거야? 했는데 별거더라고요. 진짜 별거더라고요. 클릭하고 자기의 이름을 남긴다는 건 그 제목을 분명하게 인식을 한 거고, 어디에서 뭘 하고 있는지를 알고 있는 거에요.
>
> — 한서연/모금활동가(중소형조직), 50대, 여.

사업이 명확하고 잠재 지지자들에게 신뢰와 전문성을 인정받는 단체일수록 모금을 요청할 때 기부자로 전환될 확률이 높다. 높은 전환율을 달성하기 위해서는 단순히 기부를 요청하는 행위만으로는 부족하다. 앞선 사례처럼, 홈페이지 기존 방문자와 온라인 서명 참여자에 대한 분석이 선행돼야 한다. 그래야 잠재 지지자를 회원 가입으로 이끄는 촘촘한 전환 구조를 짤 수 있다. 그러나 안타깝게도 대다수 시작 단계의 작은 조직은 분석할 만한 정보가 충분하지 않다. 그러나 그렇기 때문에라도 더욱 전사적으로 정보를 쌓기 위한 시스템을 만드는 것이 우선 순위가 되어야 한다.

> 기준점이 잡히고 데이터가 쌓여야 분석이 되는데, 대부분 모금을 시작하는 단계에서는 이전에 뭐가 되었는지 [확인할 게] 없어요. (중략) 비영리도 이제 모금을 해야지 살아남으니까 그런 것들에 대해서 계속 도전하고 있는 흐름으로 가고는 있는 것 같아요. 예전에는 [중소형 비영리 조직의 리더들에게] 세미나를 해도 '저건 남의 이야기야'라는 반응이 되게 많았는데, 작년이랑 올해 같은 경우는 집중도가 되게 높았어요. 그만큼 질문들도 많이 하셨고, 그래서 이분들도 이제 디지털에 대해서 받아들이고 있고, 어떻게 해야 될지 계속 고민하는구나라고 느꼈어요. — 박성우/모금활동가(대형조직), 40대, 남.

중소형 비영리 모금 조직도 디지털 모금에 대한 관심이 점점 늘어나고 있다. 서로의 성공 사례를 공유하고 배우면서 생태계 전반을 키워가는 노력도 진행 중이다. 중소형 비영리 조직에게도 디지털은 충분히 시도해 볼 만한 가능성의 채널로 자리잡아 가고 있으며, 앞으로 더욱 자리매김해야 할 영역이다. 디지털은 경쟁이 심하고, 채널이 포화된 상태라 하지만, 그래도 아직 디지털에 희망이 있다.

2019년에 서울시NPO지원센터에서 사례 공유를 했어요. 정말 저는 그런 사례 공유에 대해 너무 감사하거든요. 거기 가서 처음 안 거예요. 캠페인에 서명 받아서 그분들한테 후속 소식 보내고 전화 캠페인까지 한다는 것을 그때 처음 알았던 거예요. 그러고 알아봤더니 이미 다른 데 다 하고 있더라고요. (중략) 저도 저희가 아는 모든 것은 다 공유해야겠다, 이런 생각이 강하거든요. 그리고 특히 비영리는 나눠야지 파이가 커진다고 생각해요. ― 한서연/모금활동가(중소형조직), 50대, 여.

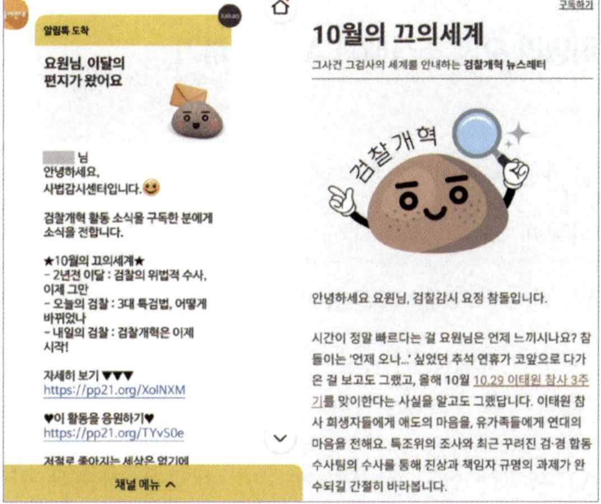

보고서를 다운받고 서명한 지지자는 정기적으로 관련 내용을 카카오톡과 뉴스레터로 공유받는다 (참여연대 알림톡)

AI와 협업하는 모금의 미래

비영리 모금 조직에서 AI 활용하기

불과 2년 전인 『기부트렌드 2024』에서 처음 AI를 다루었을 때만 해도, 이렇게 빠른 시간 내에 AI가 보편화되리라고는 예상하지 못했다. 한 달 전에 익혔던 기술이나 관련 정보는 구식이 되어버리고, 눈 깜짝할 사이에 새로운 기능, 심지어 새로운 모델이 등장한다.

AI 시대를 살고 있기는 하지만, 새로운 기술을 받아들이는 데 상대적으로 보수적인 비영리 조직에서 AI의 활용은 어떻게 진행되고 있을까? 비영리 조직에서 AI 활용 범주는 크게 두 가지로 나눈다. 첫 번째는 생성형 AI를 활용하여 콘텐츠를 제작하거나 연구 조사 등 업무의 효율화를 꾀하는 것이고, 두 번째로는 데이터를 분석하고 예측하는 도구로서 예측형 AI를 활용하는 것이다.

해외 비영리 모금 조직에서 AI 활용의 범주도 이와 같다. 비영리 조직을 위한 글로벌 CRM 소프트웨어회사 블랙버드[11]에 따르면, 2024년에 영국의 비영리 모금 조직 중 약 57%가 AI를 활용한 반면, 2025년에는 77%까지 증가했다. 대부분 콘텐츠 제작 중심의 생성형 AI 활용이었고, 데이터 분석이나 예측 모델링은 여전히 소수에 머물렀다. 모금가패널의 대답도 영국의 조사 결과와 크게 다르지 않다. 모두가 한두 개의 생성형 AI를 사용하고 있었다. 그러나 실제 활용 수위는 높지 않았고, 적극 사용에 조심스러워하는 경우가 많았다.

그러나 소수이긴 해도 AI를 적극적으로 활용한다는 반응도 있다. AI를 콘텐츠 작성뿐 아니라 데이터 분석 등 업무 효율화를 위해 활용하거나, 조직 내부에 혁신위원회를 구성하여 AI 시대를 전사적으로 대응하고 있는 조직도 있다. AI 활용에 적극적인 리더가 있는 조직은 업무 효율화 방안을 찾기 위해 직원들을 교육시키고 내부 논의를 구체적으로 진척시킨다.

> 직원들의 역량 차이가 크다 보니까 그 차이를 메꾸기 위해서 AI를 돌려야 해요. 그러니까 이게 역량 차이를 메꿔줄 수 있는 거에요. (중략) AI를 쓰다 보니까 모금 기술이 거의 대부분 평준화가 되더라고요. 이제 자료 넣으면 지표를 거의 뽑아주니까요. 전환율 같은 것은 우습게 만들어 주거든요. 옛날에는 교

---

11 "Fundraising in the AI ear: Insights from the 2025 Status of UK Fundraising Report", 〈Blackbaud〉, 2025.

육에 가서 전환율 공식을 배웠잖아요. 그런데 이제는 그런 게
필요가 없어진 거예요. ― 이정민/모금활동가(중소형조직), 40대, 여.

저희 리더십은 AI를 어떻게 잘 활용할 것인가에 대한 고민을
정말 많이 하고, 굉장히 적극적이세요. 전문가를 모셔서 우리
가 자동화할 수 있는 게 뭔지, 기획하고 보고서 쓰고 할 때 어
떻게 쓸 것이냐 등등에 대해서 [배웠고] 적극적으로 직원들이
동참하도록 이끌어 주고 있습니다. ― 최혜진/모금가패널, 40대, 여.

임시 조직이긴 한데 AI의 두 가지 측면으로 조직을 만들었어
요. 내부적으로 어디까지 어떻게 사용할지, 개인정보 이슈가
예민해 사용에 대한 가이드를 만들었고 (중략) 어디까지 보안
을 걸지 논의하고, 직원늘이 그걸로 얼마나 효율직으로 일할
수 있을지. 그래서 AI로 전환할 수 있는 것들을 점검하려고 하
고요. 또 하나는 AI 최적화라고…, 단체들도 검색하시잖아요.
얼마나 잘 노출될 수 있게 세팅을 하느냐가 되게 중요하더라
고요. AI가 우리의 좋은 정보들을 잘 긁어갈 수 있게 하도록
AI 노출 최적화를 위해 혁신위원회를 [만들었어요].

― 백진희/모금가패널, 30대, 여.

AI는 사업의 임팩트를 설계하고 관리하며 측정해 주는 도구로도 쓰인
다. AI를 활용하면, 사회 문제를 정의하고, 관련 자료를 검색해서 원인
과 근거를 제시하며, 변화 이론에 따라 투입, 활동, 산출, 성과, 이해관

계자 분석, SDG 연계, 임팩트까지 이어지는 구조를 예전보다 훨씬 빠르고 쉽게, 그리고 풍부한 예시를 들며 만들 수 있다. 기존 대형 조직이나 고가의 컨설팅에만 가능했던 임팩트 측정과 보고서 작성이 AI로 인해 인력과 자원이 부족한 비영리 조직에서도 가능해진 것이다. 행정 업무의 역량이 다소 부족하더라도 사업을 수행할 전문성과 진정성 있는 조직에게 AI는 맞춤형 컨설팅 업체이자 숙련된 동료가 되고 있다.

> 소셜 임팩트 사업에서 AI 기술을 적극 도입해야 한다고 생각해요. 왜냐면 비영리 조직들 보면 인력도 부족하고 요즘 채용도 잘 안되고. (중략) 역량을 갖고 있지만 제안서를 못 써서 평가를 박하게 받았던 곳들이 이제는 제안서를 작성하는 데 도구의 도움을 받아 상향 평준화한 다음에, 진짜 [자신의] 역량을 가지고 평가받게 되면 어떨까 이런 생각을 해 보고 있습니다. ─ 김호진/ 테크스타트업, 40대, 남.

국내 비영리 모금 조직이 주로 업무 효율화 차원에서 AI를 활용하는 반면, 해외에는 조직 규모와 관계없이 AI를 사회 문제 해결의 도구로 사용하는 단체들이 다수 존재한다. 이 중 케냐에 본부를 둔 〈자카란다 헬스〉Jacaranda Health는 국제 개발, 보건 분야에서 AI 혁신 사례로 자주 언급된다. 이 단체가 운영하는 AI 기반 디지털 헬스 플랫폼 PROMPT는 양방향 SMS 문자서비스를 통해 산모가 적시에 적절한 치료를 받을 수 있도록 지원한다. PROMPT는 임신 단계별로 문자 메시지를 전송해 산모가 임신과 출산의 전 과정에 참여할 수 있게 하고,

AI 기반 헬프 데스크가 사용자의 질문에 자동으로 응답하는 과정에서 위험 요소 발생시 의료 인력을 연결해 준다. 또한 사용자의 응답 패턴을 분석해 위험군을 식별하고, 데이터를 축적해 정부와 보건 의료 시설들이 서비스를 개선하는 데 사용할 수 있도록 지원한다.

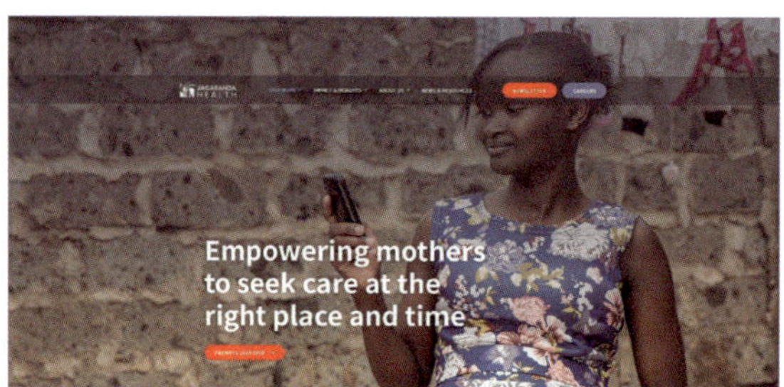

자카란다 헬스 홈페이지 갈무리

유엔세계식량계획WFP은 식량 위기 해결을 위한 AI 프로젝트를 현장에 바로 적용하기 전에 효과와 안정성을 평가하는 플랫폼을 운영한다. 현금 기반 지원에서 사기 혹은 이상 거래를 자동으로 찾아내는 '이상 탐지 시스템'이나, 기후 변화를 예측하여 조기에 경고하고 대응 역량을 강화하는 '계절 예측 모델ML4AA' 등 여러 프로젝트가 현재 플랫폼에서 검증되고 있다.

뒤에 트렌드 6에서 구체적으로 살펴보겠지만, 국내에도 AI를 사회 문제 해결의 도구로 활용하고 있는 스타트업, 소셜 벤처가 속속 등장하고 있다. 모금가들은 전통적인 복지나 국제 개발, 옹호 영역 등에서도

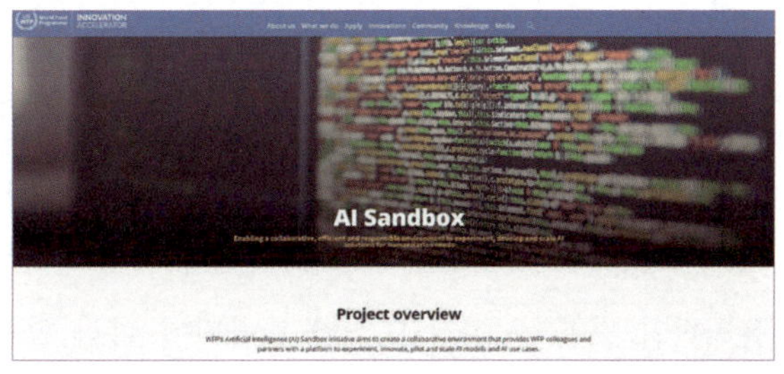

WFP 홈페이지 갈무리

업무 효율화를 넘어, AI를 활용해 새로운 솔루션을 내고 싶다는 바람이 크다.

> 여러 NGO에서 자립과 관련 솔루션들을 계속 얘기하잖아요. 저는 AI와 데이터를 이용해서 솔루션 내기를 기대하고 있어요. 지금까지의 NGO에서의 솔루션은 이런 AI와 좀 거리가 먼 방식이 많았잖아요. 많은 인력도 투입하고 자금도 투입하는 데 더 효과적이고 기술을 접목해서 할 수 있는 것을 [조직 내부에서] 연구하고 있어요. ─ 유상현/모금가패널, 40대, 남.

격차를 만드는 기술

모금가들은 자료 조사나 문서를 만드는 일에는 AI를 사용할 수 있지만, 창작이나 기획은 모금가들이 해야 할 고유한 영역이라고 이야기한다. 또한 모금 윤리적으로 창작과 제작의 경계를 어떻게 구분 지을지, 그리고 이것이 기부자들에게 어떻게 받아들여 질지에 대한 고민도 가지고 있다. 결국 AI가 아무리 발전한다 해도, 그것을 이용하는 주체는 모금가라는 것이다. 그러므로 모금가의 지식, 기술적인 이해, 창의성, 윤리적인 고민 등 여러 요소가 결합되어 AI를 활용한 결과물이 나오게 된다는 인식이다.

생성형 AI는 모두가 접근 가능한 기술이다. 별다른 고민 없이 관행적으로 사용한다면, 비영리 모금 조직간 콘텐츠나 캠페인의 차별성은 없어지고 말 것이다. 그러나 실무 행정의 자원이 부족한 조직일지라도, 모금가가 기획력을 갖추고 있다면, AI는 시간을 벌어주는 강력한 도구가 될 것이다. 그러므로 AI 시대에서는 개인의 역량에 의해 매우 큰 격차가 생겨난다.

> AI와 사람의 창의성, 이게 결합이 돼야 되는데 아직까지는 영글지 못한 것 같아요. 내가 편하게 이용할 정도는 되지만, 완전히 [업무를] 대체하기까지는 어려움이 분명 있는 것 같아요. 요즘 직원들이 AI를 많이 쓰니까 문제가 될 건 뭐냐 하면, 너무 AI에 의존하게 돼서 앞으로는 캠페인이 제너럴하게 될 수 있는 [거에요]. 그러니까 그중에서 창의성이 한 방울 딱 들어가면 이제 성공하는 것이고요. 다 비슷한 콘텐츠가 될 가능성이 있어서 마케팅 쪽은 AI가 정말 무섭게 발전하리라는 건 분명하지만, 막 성장을 이루기에는 아직은 아닌 것 같아요. 분명

히 그것 때문에 수월해지고 있는 건 맞지만요.

저희가 AI, 말 그대로 ChatGPT에다 뭔가 디렉션을 줘야 되잖아요. 디렉션을 주기 위한 것은 사람의 머리에서 나와야 되는 거죠. 그런데 이 디렉션을 어떻게 주느냐에 따라서 결과물이 굉장히 차이가 많이 나요. 기획을 잘하는, 평소에 가지고 있는 지식과 경험이 많은 직원들은 ChatGPT한테 질문을 굉장히 세세하게 해서 내가 원하는 걸 쓸 수 있지만, 기본적으로 이 역량이 안되면 뻔한 질문을 하는 거예요. ChatGPT는 굉장히 정직한 아이이어서 뻔한 질문을 하면 뻔한 답을 가져오고요. (중략) 기획을 정말 잘하는 이들만 결국은 살아남는 거에요.

AI 활용과 관련하여 조직 차원의 격차는 더 크게 발생할 것이다. 조직적 차원에서 AI를 활용한다는 것은 유료 도구를 어떤 것을 선택할 것이냐를 넘어서는 것이기 때문이다. AI를 조직 차원에서 받아들인다는 것은 일하는 방식 자체, 그리고 조직의 운영 시스템을 인공지능 기반으로 전면적으로 개편한다는 것을 의미한다. 이것을 조직의 AI 혁신이라고 부른다. 이와 같은 조직 차원의 활용은 의사 결정자의 AI에 대한 이해, 직원 교육, 시스템 구축이 모두 연결되어야만 가능한 일이기에 더욱 비용이 많이 든다. 비영리 모금 조직들은 아직까지 이 정도의 적용을 생각하고 있지는 않았으나, 변화에 대응하여 모금의 미래를 고민하고 있었다. 일부 조직은 데이터베이스를 분석해 직원들이 자료를 편리하게 활용할 수 있도록 지원하는 팀을 갖추거나, AI 전문가 직책을 신설하려는 시도까지 하고 있다.

> 콘텐츠 UX 팀이 따로 있어요. 디자인 홈페이지 개편하고 관리하고, 거기서 분석과 AI에 대한 고민들을 하고 있고요. (중략) 우리 안에서 'AI 전문가'에 대한 직책을 만들려고 하고, 그러면 이 사람이 뭘 할 수 있느냐에 대한 정의들을 하는 거죠. (중략) 콘텐츠 UX 팀에서 광고는 어떻게 하면 더 예쁘게 만들어 낼까, 또는 분석을 어떻게 하면 더 잘할까 [지원해요].
>
> — 정해준/모금조직(대형), 50대, 남.

> 사실 어떻게 보면 모두가 AI를 쓸 수 있는 것 같지만, 소위 말해서 규모가 있는 단체들이 결국 AI를 주도해서 쓰지 않을까라는 생각이 들어요. 결국은 시스템을 써야 되니까요. 지금은 개별적으로 다 쓰겠죠. 하지만 그걸로 경쟁력이 높아지지는 않을 것 같고, 시스템 전체가 AI를 쓰는, 아예 경영 전반에서 마케팅 툴로서 이걸 공식적으로 쓰기 시작하면 차이가 확 날 거 같아요. (중략) 그리고 AI는 돈이니까요. (중략) [지금보다] 더 큰 강이 생기는 거죠. AI로 넘어갈 수 없는 거예요. 싼 chatGPT만 쓰고 있는 거죠. 그러면 오히려 저는 갭이 더 커질 것 같아요. — 최민석/모금활동가(대형조직), 40대, 남.

중소규모 단체에 있는 리더분들이 정말 심각하게 고민하고 투자해야 되는게 이 영역이 아닐까라는 생각을 많이 하고 있어요. 왜냐하면 예전에는 자료 조사하거나 하는 것들을 똑똑한 직원들이 했었다면, 지금은 그 업무를 거의 AI가 대신 해 주거든요. — 이정민/모금활동가(중소형조직), 40대, 여.

대형 모금 조직이 전문가를 채용하기에 유리하고, 새로운 기술에 비용을 지출할 여력이 있다는 것은 사실이기는 해도 결정적인 요소는 아니다. 조직이 클수록 변화에 빠르게 적응하기 어려운 면도 있다. 미국에서 시작한 대표적인 기부 운동이자 플랫폼인 기빙튜스데이가 발표한 〈비영리 조직의 AI 문해력 조사〉[12]에 따르면, 예산이 크고 인력이 많다고 해서 AI를 도입할 준비를 잘 갖춘 것은 아니다. 〈기부트렌드 2026, 모금가 인식 조사〉에서도 모금 조직의 기부금 규모별 AI 사용 현황에 별 특이점을 발견하기 어려웠다.

AI 도입 준비는 조직 문화나 리더십의 이해, 데이터 활용 능력, 실험을 허용하는 태도 등이 더 주요한 요소이다. AI의 도입이 지체되는 이유를 비용 탓으로 돌릴 수만은 없다는 것이다. 대형 조직만이 변화에 대응할 수 있을 것이라는 비관적인 예측보다는, 빠르게 학습하고 실험하면서 새로운 기회를 만들어 가야 할 때다.

---

12 "AI Readiness and Adoption in the Nonprofit Sector in 2024", 〈GivingTuesday〉, 2025.

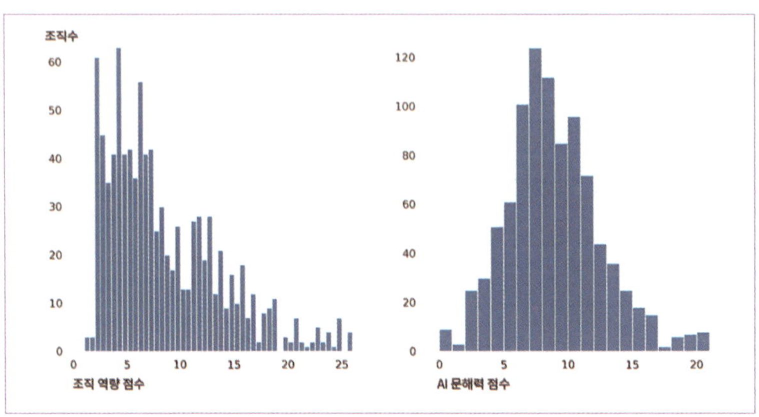

조직 역량 점수대 AI 문해력 점수의 비교
조직 역량 점수와 AI 문해력 점수 사이에 상관관계가 없음을 보여준다

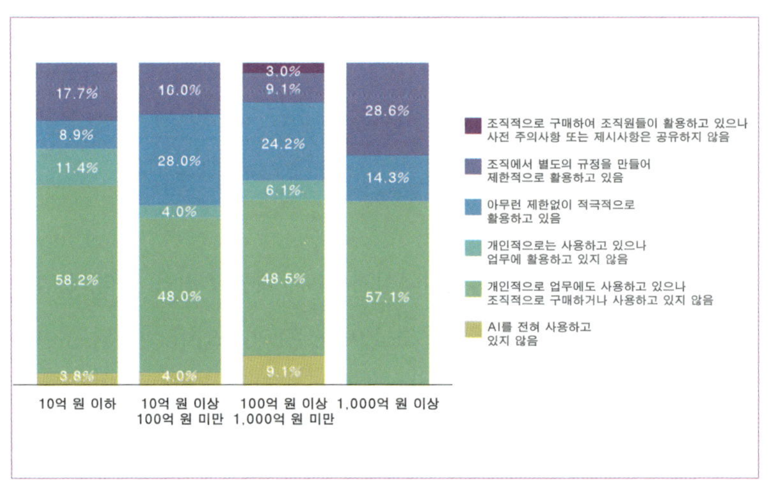

〈기부트렌드 2026, 모금가 인식 조사〉 분석결과
"귀하와 귀 기관은 인공지능(AI)을 업무에 어느 정도 활용하고 계시나요?"

AI 위험 관리 가이드라인의 필요성

현재 AI에 관한 법적 체계는 완비되지 못한 상황이고, AI로 만든 결과물에 대한 다양한 법적 이슈가 존재한다. 이런 상황에서 AI 시대가 도래했기 때문에, 어느 분야에서나 법적인 이슈에 관한 논의와 준비가 필요하다. 비영리 분야도 마찬가지이다. 비영리 분야에 적용할 수 있는 공통의 가이드라인은 없다. 우리는 이미 『기부트렌드 2024』에서 AI 가이드라인과 교육을 빠르게 계획해야 할 필요성을 말했지만, 안타깝게도 이를 마련한 기관은 소수의 대형 조직이나 국제 조직에 불과하다.

비영리 모금 조직은 AI를 잘 활용하지 않으면 도태될 수 있다는 위기감을 느낌과 동시에, 이를 어디까지 활용하고, 어떻게 컨트롤할 것인지 고민할 수밖에 없는 상황이다. 가장 민감한 부분은 개인 정보 보호 이슈이다. 기부자와 수혜자, 지지자의 정보를 보유하고 있는 비영리 조직의 특성상 당연한 우려다. 여러 모금가패널은 다양한 활용 사례를 이야기하면서도, 개인 정보는 절대 AI에 업로드하지 않는다고 강조한다. 한 번 정보가 웹에 퍼지면 다시 회수할 수 없는 위험성을 인지하고 있기 때문이다. 반면 개인 정보가 아닌, 입금 주기나 기부 패턴과 같이 개인을 특정할 수 없는 데이터는 캠페인의 타이밍을 최적화하거나 기부자의 행동을 예측할 수 있기 때문에, 실무적으로 많이 활용될 것으로 보였다.

조직 내부의 전략, 정책, 연구 자료 등도 당연히 보호해야 한다는 인식이 있다. 그러나 AI가 주는 업무 효율화를 필요로 하는 만큼, 개인 정보와 같은 최고 수준의 민감 정보를 제외한 나머지 영역에서는 정보 보호의 수준을 낮추는 현상도 나타난다. 조직 내부에서 가이드라인을 촘촘하게 설정하지 않는 한, 핵심 보호 정보를 제외한 다양한 내부 정보의 공유는 의도하든, 의도치 않든 앞으로 더 많아질 것으로 보인다.

> 개인 정보의 수준에 대한 것이 민감 이슈인 것 같기는 해요. 이름, 연락처 이런 것은 당연히 다 빼야 될 거고, 주소지까지 아예 안 넣는 것 같아요. 혹시라도 웹상 돌아다닐 수 있는 거여서. 기본적인, 추측이 불가능한 입금 주기라든지 이런 정도?
>
> — 이정민/모금활동가(중소형조직), 40대, 여.

> 제일 민감한 게 어쨌든 회원 정보를 가지고 있으니까 회원 정보를 올리지 않는 거요. (중략) 법인 안에 어떤 주요한 이슈들, 전략이라든지 이런 부분들까지도 노출될 수 있어서 지금은 굉장히 방어적이에요. 그럼에도 불구하고 이걸 적용하지 않을 수 없다는 분위기가 더 커져서 어떻게 안전하게 잘 사용할지, 유관 부서들이 다 같이 모여서 정확하게 보고자 해요.
>
> — 백진희/모금가패널, 30대, 여.

> 회사는 컨피덴셜[기밀 자료]한 게 많이 있을 수 있잖아요? 그런데 그것보다 효율화, 생산성에 방점을 둬서 적극적으로 본사에서도 권장하거든요. 그래서 약간 좀 그거[기밀 유지]는 내려

놓는 느낌도 있어요. 이미 많이 쓰고 있고, 다 통제할 수가 없으니까. 물론 개인 정보를 넣으면 안 되지만, 내부 기밀 정보들도요, 조직 심리 행동, 이런 것도 많은 시니어 매니저, C-레벨[최고경영진단계]도 ChatGPT한테 물어본단 말이죠. 그걸 다 통제할 수가 없기 때문에 잘 쓰자고 권장하는 것 같아요.

— 최혜진/모금가패널, 40대, 여.

AI가 생성한 콘텐츠는 이미 모금 캠페인에 다수 사용되고 있다. 그러나 그런 콘텐츠 사용에 관한 윤리적·법적 기준이 없는 실정이다. 따라서 AI 생성 콘텐츠에 관해서는 활동가 개인의 자체적인 판단에 기대야 하는 실정이다. 이러한 모호성은 윤리적으로 논쟁이 될 만한 불씨를 안고 있다. 예를 들면 값비싼 보도 사진을 그대로 쓰는 것 대신에 유사한 AI 생성 이미지를 사용하면 비용 걱정 없이 의도하는 상황을 연출하기 용이하다. 그러나 유사함의 정도에 따라 원저작물의 권리 침해가 발생할 수 있는 위험성은 존재한다. 또한 현실과 허구의 경계가 흐려지는 상황에서 기부자들이 이를 구분하기 어렵다면, 자칫 투명성 문제가 제기될 수도 있다. 이는 트렌드 1에서 기부자들도 반감을 보였던 부분이다. 실제로 존재하지 않는 고통의 장면을 모금을 위해 허구로 만들어 냈다는 생각을 기부자들이 한다면, 이는 기관 자체의 신뢰도와 투명성 문제로 확산될 가능성이 농후하다. 뿐만 아니라 AI로 생성한 이미지는 저작권 보호를 받지 않는다는 점에서, 모금 캠페인에 사용한 이미지가 원하지 않는 의도로 복제되고 오용될 위험도 배제할 수 없다.

AI 관련 저작권 문제는 국제적인 이슈가 되고 있고, 통일된 법 규정과 가이드라인의 부재가 지속하는 상황이다. 2026년부터 AI 규제법을 시행하며 출처 표기를 의무화할 예정인 유럽의 경우처럼 투명성을 강조하는 경향이 나타나기도 한다. 당분간 AI 생성물을 인정하는 기준이 국가별로 제 각각일 것으로 보이지만, 이미 AI 시대가 도래한 상황에서 관련 법규가 완비되기까지 기다리기만 할 수는 없다. 비영리의 공통 기준, 적어도 조직 자체의 가이드라인을 마련하는 것이 시급해 보인다.

> 보도 사진이 꽤 비싸잖아요. 그런데 보도 사진 유사한 (중략) 사진을 생성형 AI로 좀 다르게 만든다면 저작권은 침해하지 않죠. 똑같이 안 그렸으니까요. 저작권에도 아직 AI에 대한 규제가 있지 않으니까 비용이 하나도 안 드는 거에요. (중략) 영상도 프롬프트로 완전 리얼하게 만드는 시대니까 사례도 그냥 만드는 거예요. 이게 실제인가 아닌가 이런 생각도 안 하는 거죠. 그렇게 하면 생각지도 못한 영상들과 상황들을 연출할 수 있잖아요. 이제 그런 것 때문이라도 윤리적인 문제는 필요한 논의 거리인 것 같아요. ― 최민석/모금활동가(대형조직), 40대, 남.

AI를 활용해서 생성한 이미지

가상자산의 잠재력

가상자산 기부의 첫 삽을 뜨다

2024년 말, 국내 가상자산 시장의 시가총액은 상반기에 비교하여 누려 91%나 급증했다. 이용자 수는 970만 명으로, 이 중 29%가 30대였고, 뒤를 이어 40대가 27%로, 3040 세대가 가장 많은 연령대를 차지했다.[13] 가상자산 투자자의 저변이 확대되고, 글로벌 경제 시장의 변화에 맞춰 가상자산을 제도권으로 편입시키기 위한 준비가 이어지고 있다. 비영리 조직도 가상자산에 대한 관심이 커지는 가운데, 2025년 2월 금융위원회의 '법인의 가상자산 시장 참여 로드맵' 발표 이후 비영리 조직이 가상자산 기부를 받을 수 있는 법적 근거가 마련되었다.

---

13 〈2024년 하반기 가상자산 사업자 실태조사 결과〉, 금융위원회, 2025.5

전 세계적으로 2024년까지 20억 달러의 암호화폐가 기부되었다. 특히 2024년은 기록적인 증가세를 보여 한 해에만 10억 달러가 암호화폐로 기부되었다.[14] 미국의 상위 100개 비영리 조직 중 70% 이상이 암호화폐 기부를 받고 있다. 기부자들의 암호화폐에 대한 관심이 급증하고, 동시에 비영리 단체들도 디지털 자산을 점점 더 수용하면서 이런 추세는 지속될 것으로 예상한다.

국내에서 가상자산에 관한 법적 근거가 마련되어 현금화 목적의 매도가 허용된 첫날, 월드비전의 첫 사례가 나왔다. 연세대학교동문회, 서울대학교병원 등 대학과 병원에서도 가상자산 기부 소식이 들려오고 있다. 대형 비영리 모금 조직들은 발빠르게 새로운 내용을 학습하고, 가상자산 기부를 받는 내부 통제 시스템을 마련했거나, 준비중이다.

연세대학교 총동문회 홈페이지
해외 거주 동문의 동문회비 납부 편의를 위해
국내최초로 가상자산 납부 시스템을 도입했다

14 "2025 Annual Report", 〈GivingBlock〉. 2025.

사랑의열매는 두나무와 디지털 자산 기부 문화 활성화를 위한 업무 협약을 체결하고, 디지털 자산 기부의 제도권 편입을 공식화하는 단계를 밟으며 NFT 기반 기부 콜라보레이션 상품도 런칭했다. 한편 금융위원회 로드맵 이후 사랑의열매에 가상자산을 기부한 김거석 기부자는 기부금 전달식 현장에서 자신의 스마트폰을 이용해 1비트코인을 사랑의열매 지갑에 옮겨, 가상자산 기부의 편리함과 활성화에 대한 기대를 직접 보여주기도 했다.

사랑의열매의 NFT 기반
기부 콜라보레이션 상품

사랑의열매의 아너소사이어티
오플러스 김거석 회원이 비트코인을
기부하기 위해 트랜잭션 하는 모습

가상자산 기부 확산의 한계와 제약

그러나 모든 비영리 조직이 가상자산 기부를 받을 수 있는 것은 아니다. 금융위원회에서 발표한 '비영리법인의 가상자산 매각 가이드라인'은 '적절한 내부 통제 수단과 투명성을 확보할 수 있는 요건'을 먼저 갖춰야 한다고 명시한다. 특례·일반 기부금을 받을 수 있는 비영리 조직만 해당하고, 외부 감사 대상으로서 최근 3년간 감사 의견이 '적정'이어야 한다. 그리고 같은 기간 국세기본법상 불성실 기부금 수령 조직에 해당하지 않고, 설립일로부터 5년 이상 경과한 비영리 법인이어야 한다.

사전 요건을 갖춘 후에도 조직 내외부와의 협력이 필요하다. 금융위원회의 비영리법인 TF에서 마련한 '가상자산 기부금 접수·현금화를 위한 모범 사례'를 참고해 비영리 조직이 자체적으로 기준을 마련해야 한다. 여기에는 가상자산, 회계, 법률 전문가 등으로 구성된 사전심의 기구를 설치 운영하는 것을 포함하고 있어, 이를 운영할 수 있는 자원과 역량을 갖춘 곳만 가상자산 기부를 받을 수 있다. 그리고 가상자산 거래소 계정을 만들기까지 은행과 가상자산거래소를 통해 심사를 받아야 하며, 실제 기부금을 받고 현금화하는 데도 많은 협업이 필요하다. 즉 가상자산으로 기부를 하는 과정에서는 비영리 모금 조직과 가상자산거래소, 은행의 협업이 필수적이다. 비영리 모금 조직 내에서도 모금을 담당하는 부서만 아니라, 경영, 재무·회계 부서들의 협력도 필수적이다. 따라서 조직에서 가상자산 기부를 받는 과정에는 조직 전사적인 방향성 설정과 협조가 필요하다.

이러한 제약으로 대다수 중소형 비영리 조직에게는 지갑 개설, 거래소와의 연계, 내부 통제 절차 마련, 자금 세탁 방지 요건 충족 등의 시스템 구축 자체가 가상자산 기부를 수용하는 데 장벽이 되고 있다. 더 나아가 체계 구축 전 단계인 내부의 이해와 동의도 구하기 어렵다. 〈기부트렌드 2026, 모금가 인식 조사〉는 그 현상을 그대로 보여주고 있다.

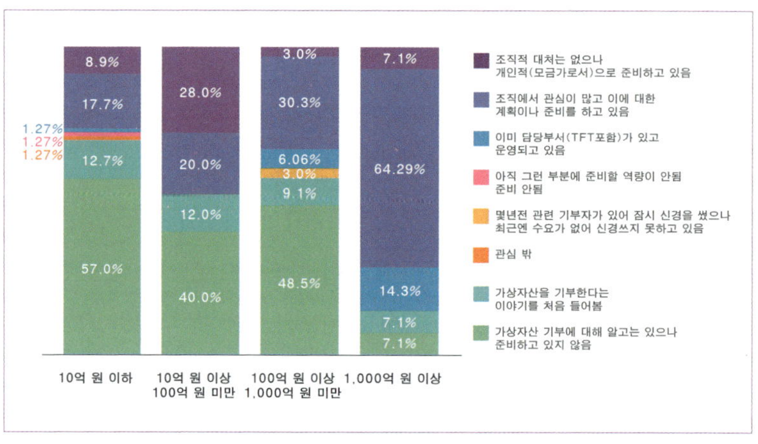

〈기부트렌드 2026, 모금가 인식 조사〉 결과
"귀하와 귀 기관은 가상자산 기부를 어떻게 준비하고 계시나요?"

대학에 먼저 기부한 사례 때문에 이슈는 되긴 했는데, 대학들이 아직까지는 충분히 대응하고 있는 부분들은 없는 것 같습니다. 대학은 아무래도 좀 연령대가 많은 기부자들을 상대하

다 보니까 그분들은 가상화폐를 많이 갖고 계시지는 않거든
요. 그래서 대학 인력에 한계가 있는 상황에서 그런 것까지 미
리 준비하는 부분들은 아직 약한 것 같습니다.

— 이건우/모금가패널, 40대, 남.

저희 단체도 크게 고민을 하지는 않고, 관망하고 있는 것 같
아요. 대형 NGO라든지 이런 쪽에서 어떻게 핸들링하는지를
본 다음에 접근을 해도 늦지 않다고 생각하시는 것 같기도 하
고요. 일부 대형 단체에서도 가상화폐를 활용해 보려고 하지
만, 아직까지 순조롭게 풀리지 않는 듯한 느낌이 들었고, 그런
내용을 들은 적도 있고 해서 아직까지는 과도기이지 않을까
요? — 김윤호/모금가패널, 40대, 남.

대형 NGO들은 법적인 자문이나 이런 것들을 협력 수 있는
곳들이 있지만, 유산기부도 저희 같은 단체만 하더라도 장벽
이 높아서 시작하기가 쉽지 않은데, 가상화폐 같은 경우에는
더 장벽이 높아요. 여러 가지 법적이나 세제 혜택, 고려해야 될
게 너무 많을 것 같아서 이런 게 어느 정도 갖춰져야 고려해
볼 수 있는 저희에게는 머나먼 세계 같거든요.

— 박민지/모금가패널, 30대, 여.

기부자의 입장에서도 현금이 아닌 가상자산을 선택하기에는 여러 제
약 조건이 있다. 기부자들은 가상자산 기부를 투명성이 보장되고 트렌

디한 기부로 인식하면서도, 시세 변동이 심하다는 특성 때문에 기부에 적합한 자산인지 의문을 갖고 있었다.

> 그게 시세 변동성이 심하잖아요. 비트코인은 비싸 알트코인으로 할 것 같은데, 알트코인은 비트코인보다 더 [변동성이] 심한 것 같아요. (중략) 기부를 할 때 시세가 뚝 떨어지면 그것도 문제가 되지 않을까요? — 조동현/시민패널, 20대, 남.

가상자산을 기부할 때 기부자 본인의 투명성을 입증해야 하는 점도 기부 유인을 감소시킨다. 금융위원회의 가이드라인에 따르면, 신원이 특정되지 않은 무기명 기부 및 거래소를 거치지 않은 개인 간의 직접 이전은 제한된다. 또한 기부자가 누군지, 어떤 경로로 형성된 자산인지를 가상자산거래소가 확인한 후에야 기부를 할 수 있다. 이런 제약은 가상자산을 통한 자금세탁 등의 탈법·불법 위험성을 사전에 차단하기 위함이라고 한다. 그 결과 기부자는 전통적인 현금 기부보다 더 많은 개인 정보와 거래 이력을 제출해야 하는 상황에 놓인다. 모금가 패널 이상희의 말처럼 '기부자가 기부하고 싶다고 해서 마음대로 기부할 수 없는' 구조인 것이다. 기부자 입장에서는 선한 마음으로 기부를 결심해도 기부하고자 하는 돈이 '깨끗한 돈'임을 스스로 입증을 해야 한다. 선한 마음을 '탈법과 불법'의 잣대로 가늠하고 있는 상황인 것이다.

이렇게 가상자산 기부가 법적으로 가능한 요건을 갖추었다고 해도,

기부를 받는 비영리 모금 조직과 기부자에게 가해지는 제약 조건이 많다. 이런 상황은 가상자산이 보편적 기부 수단이 되는 것을 요원하게 한다.

일반 모금에서의 고액 모금과 많이 다른 것은 기부자가 기부하고 싶다고 해서 마음대로 기부할 수 없다는 부분인 것 같아요. 이 자산이 어디서 생겼고, 이 자산을 내는 나는 누구고 이런 것들요… 다른 고액 모금 같은 경우는 굉장히 프라이빗한 공간에서 예우를 받으면서 밝힐 수 있는데, 가상자산 같은 경우는 공개적으로 그런 걸 다 밝혀야 되는 부분이 있다 보니까 좀 많이…, 자산을 받는 것도 쉽지 않겠다는 장벽이 크게 느껴졌어요. ─ 이상희/모금가패널, 50대, 여.

가상자산 기부 잠재력을 깨우려면

해외에서는 스테이블 코인의 적용 및 확산이 가상자산 기부에 큰 영향을 미칠 것으로 전망되고 있다. 스테이블 코인Stablecoin은 가격 안정성을 목표로 설계된 암호화폐의 일종이다. 일반적인 암호화폐는 가격 변동성이 큰 반면, 스테이블 코인은 그 가치가 법정화폐(예: 미국 달러)나 금과 같은 실물 자산에 연동되어 상대적 안정성을 유지한다. 이러한 특성 때문에 가치 상승을 기대하는 '투자자산' 성격이 강한 비트코인이나 이더리움과 달리, 스테이블 코인은 가치 저장 수단이면서 동시에 실제 거래에 쓰이는 '화폐'에 가까운 교환 및 결제 수단으로 기능할 수 있다는 점에서 주목받고 있다.

2025년 5월 미국 암호화폐 기업 리플Ripple은 디지털 자산 자선 중개 업체 '더기빙블록The Giving Block'을 통해 미화 2,500만 달러(약 365억 원) 상당의 자금을 교육 비영리 조직인 도너스추즈 DonorsChoose와 티치포아메리카Teach For America에 기부하기도 했다. 해당 기부는 리플의 자체 스테이블코인 리플 USDRLUSD를 활용해 전달되었다.[15]

스테이블 코인을 제도권으로 편입시키려는 움직임은 지속적으로 확산되고 있다. 2025년 7월 미국에서는 스테이블 코인 법제화가 최종 통과되면서 달러 기반 스테이블 코인의 활용가능성이 열렸다. 한국에서는 원화 스테이블 코인 도입이 이재명 대통령의 대선 공약이었기에 주목을 많이 받았으나,[16] 아직까지는 가격 안정성이나 투명성에 대한 의견이 분분하기 때문에 법제화 가능성이 높지 않은 상황이다.[17] 그러나 스테이블 코인 제도화라는 국제적 흐름 안에서, 향후 스테이블 코인에 대한 국내 논의가 어떤 방향으로 진행될지 계속 주목할 필요가 있다.

스테이블 코인이 도입되면 가상자산 거래소와의 협업이나 가상자산을 활용한 기부 방식은 더 이상 '특별한 옵션'이 아니라, '기본 결제 인프

---

15 "리플XRP, 365억 원 스테이블코인 기부… 美 공교육에 블록체인 온정", 〈토큰포스트〉, 2025. 5. 6.

16 김광석, 「스테이블코인 전쟁 2026년 경제전망(2026년을 결정지을 20대 경제트렌드)」, 이든하우스, 2025.

17 "스테이블코인 제도화, 금융위 내부도 고심", 〈뉴데일리경제〉, 2025. 11. 23.

라'의 한 구성요소로 논의될 가능성이 크다. 앞서 살펴본 것처럼 스테이블 코인은 구조적으로 실물 화폐에 준하는 기능을 수행할 수 있기 때문이다. 과거 신용카드가 도입되면서 이에 맞는 결제 시스템이 구축되었듯, 새로운 디지털 화폐로서 스테이블 코인이 자리 잡는다면, 이에 상응하는 결제 인프라가 갖춰지는 것도 자연스러운 수순이다. 결국 스테이블 코인이 언제, 어떤 방식으로 도입·확산되느냐에 따라 가상자산 기부의 의미와 활용 맥락은 크게 달라질 수밖에 없으며, 비영리 모금 조직의 대응 수준과 전략 역시 그에 맞춰 조정될 수밖에 없다.

스테이블 코인의 도입을 논하지 않더라도, 가상자산 기부가 활성화되어 있는 해외의 경우, 법·제도적 지원과 더불어 조직의 규모와 관계없이 손쉽게 가상자산 기부를 받을 수 있는 플랫폼들이 운영되고 있다. 더기빙블록은 가상자산 기부에 특화되어 있는 대표적인 플랫폼으로, 기부자는 등록된 여러 조직 중 기부를 원하는 조직을 선택해 보유하고 있는 가상자산을 기부할 수 있다. 가상자산 기부에 특화된 플랫폼은 아니지만 'every.org'처럼 결제 모듈에 암호화폐를 포함한 경우도 있다. 미국에서는 암호화폐를 1년 이상 보유한 후 기부할 경우, 기부자는 양도 소득세 면제와 기부금 세액 공제라는 이중 혜택을 누린다.[18] 이런 세제 혜택과 인프라의 발전으로 가상자산 기부가 확대되고 있는 것이다.

---

18 "가상자산 기부 시대 열렸다[한,미,영 정책 비교]", 〈이코리아〉, 2025. 6. 4.

대표적으로 저는 결제 페이지를 빨리 여는 것도 중요하겠다는 생각이 들었거든요. 왜냐하면 고액 후원이나 유산 기부나 이런 것들도 사실은 페이지를 만들어 놓아야 찾는 분들이 들어오는 것처럼, 결제 페이지가 있어야 된다는 생각이 들어요. [저희] 본사는 every.org라고 하는 플랫폼을 통해서 받더라고요. (중략) 암호화폐로 기부하고 싶으신 분들이 찾아봤을 때 결제 페이지가 있는 데에 기부할 것 같긴 해요. 시작이 반인 것 같습니다. ― 최혜진/모금가패널, 40대, 여.

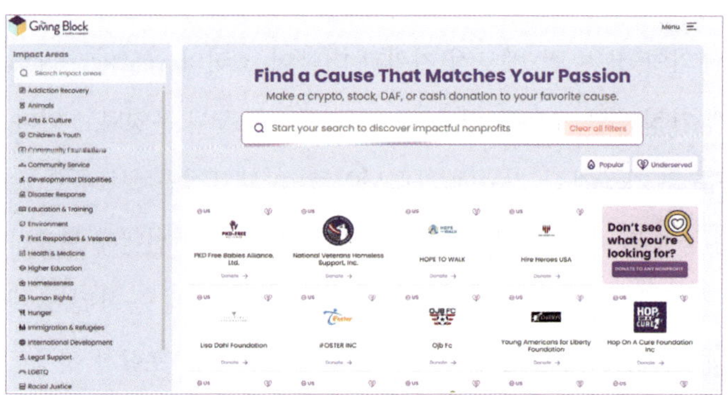

더기빙블록 홈페이지, 기부자는 다양한 암호화폐를 선택하여 기부할 수 있다

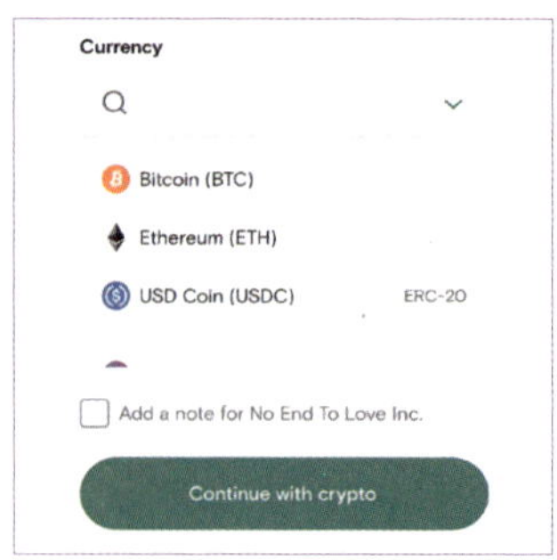

every.org의 결제 모듈

한국의 가상자산 기부가 대중적인 기부 방식으로 자리잡기엔 아직은 갈 길이 멀다. 모금가들은 해외의 사례처럼 법적·제도적·기술적 준비가 있어야 가상자산이 활성화될 것이라 입을 모은다. 우선 제도 정비를 위해서는 비영리 조직이 가상자산 기부의 필요성과 위험, 운영 방식에 대해 충분히 논의하고 공동의 기준을 마련해 나가는 과정이 요구된다. 가상자산 기부는 개별 조직의 새로운 모금 프로그램을 준비하는 차원을 넘어 사회 전체의 경제 구조 변화를 반영하는 흐름인 만큼, 비영리 조직들이 서로 협의하고 연대해 대응 전략을 마련하는 것이 중요하다.

더 중요한 존재, 모금가

조직 내외부를 모두 설득해야 하는 존재

AI는 인간의 노동뿐 아니라 생각하는 방식에까지 영향을 미친다. 모금가의 역할과 활동에도 AI의 존재는 변화를 강요한다. 안타깝게도 새롭게 변화하는 환경에 모금가들이 능동적으로 대응할 수 있는 처지로 보이지는 않는다. 높은 경쟁과 성과 압박에 시달려 변화를 배울 여유도, 다양하게 시도해 보는 여유도 부족하기 때문이다. 시대적 요청과 문제 해결을 모금가 개인에게 맡겨 두기는 어렵다. 그래서 여러 모금가가 현 상황에 대한 리더십의 이해를 촉구하고 강조한다.

비영리 모금가들은 자신이 '기술자'로만 남는 것을 우려한다. 모금가는 조직 내에서 누구보다 재정 상황을 우려하고 외부의 자원을 끌어오려 애쓰는 사람들이다. 이들이 퍼포먼스 기술자 혹은 영업 기술자로 존재

하지 않도록 하기 위해서는 의사결정자를 포함하여 조직 전체가 모금
의 의미를 이해해야 한다.

> 해외에서는 사회 문제를 해결하기 위해서 동참할 사람들을 찾
> 는 사람, 기본적으로 사회 문제라는 것이 있는데, 우리나라는
> 모금하는 사람이 그냥 기부금을 모집하는 사람처럼 되어 버
> 린 것 같아요. 그러니까 이 사람들의 목적에 대한 것, 근본적
> 인 것에 대한 게 많이 사라졌다는 생각을 저는 좀 많이 하고
> 요. 각 단체에 있는 모금 담당자들이 기능적인 부분들만 남아
> 버린 것도 같은 맥락이지 않을까라고 조심스럽게 얘기합니다.
>
> — 이정민/모금활동가(중소형조직), 40대, 여.

조직이 모금의 의미, 나아가 모금가의 실존과 역할을 제대로 이해해야
함에도 불구하고, 현실은 그렇지 않다. 여전히 많은 모금가가, 외부 기
부자 유치에 앞서 내부 설득에서 어려움을 겪는다. 특히 중소 조직이
나 모금 경험이 적은 조직일수록 더 큰 장벽에 부딪힌다. 모금을 시행
하려는 담당자는 매우 기초적인 것에서부터 동의를 구한다. 그런 것에
는 모금 관련 용어에 대한 이해뿐 아니라, 기부를 바라보는 방식에 대
한 설명이 포함된다. 조직 내부에서 동료나 임원진을 매번 설득하고 합
의를 이끌어 가는 과정을 챙기면서, 외부적으로는 경쟁 심화와 비용
증가, 기업 기부자의 요구를 조정해야 하는 일들도 짊어지고 있기에,
모금가는 이중·삼중고를 겪고 있다.

기업 모금을 잘 유치하기 위해서는 친기업화가 될 수밖에 없는데, 그러다 보면 내부 구성원들과 마찰이 생겨요. 내부 구성원들은 왜 이렇게 기업에게 끌려다녀야 되냐, 우리는 NGO 아니냐? 내부 설득, 그리고 이제 외부 설득을 하는 게 피로도가 높더라고요. 좋은 돈이든 나쁜 돈이든 유치해서 수혜자의 삶의 질이 좋아진다면 그게 보람이라고 생각을 해서 내부의 욕은 그냥 과감하게 먹어가면서 하고 있고요.

— 김윤호/모금가패널, 40대, 남.

많은 경우 내부 이해 관계자들은 모금의 성과를 확인할 때 비로소 모금가의 모금 방법을 인정한다. 그리고 그때 모금가의 활동을 좀 더 유연하게 받아들일 준비를 한다. 그러므로 성과가 날 때까지 부담감을 짊어진 모금가들은 소진되기 십상이다.

너무 [모금은] 낯설고 업무가 추가되잖아요. 초기에는 꽤 저항이 있었죠. 그러다가 3년 차쯤 됐을 때 자연스럽게 1~2개 사업에서 소통하면서 회원 가입, 일시 후원이 이루어지고, 어떤 의제에 대해서 '그냥 많은 시민'이 아니라, '특정 1천 명, 1만 명의 시민과 함께한다' 라는 것을 인식하게 되면서, 자연스럽게 조직 내에서 여러 의제를 실험하게 된 거죠.

— 한서연/모금활동가(중소형조직), 50대, 여.

AI 시대 모금가의 역량

모금가가 내부 설득을 마쳤다 할 지라도 중소규모의 비영리 모금 조직이 빠른 시일 내에 모금에 필요한 기술을 제대로 갖추기란 현실적으로 어렵다. 그런 사정 때문에 외주 대행사의 의존도가 높다. 반면 대형 비영리 모금 조직들은 외주 의존을 줄이고, 기술을 내재화하려는 노력을 지속하고 있다. 모금 비용을 줄일 수 있고, 지식과 경험을 내부에 쌓을 수 있다는 장점이 있기 때문이다. 그럼에도 여러 모금 채널이 분절되고 세분화된 채 통합되지 못하고 개별적으로만 움직이는 사일로 현상[19]이 생길 위험이 있다. 모금가들이 공장의 컨베이어 벨트처럼 자신의 앞에 놓인 일만 처리하는 구조가 지속되기에는 AI 시대의 빠른 변화 속도가 무섭다.

기술과 경험, 지식을 갖추고 세련된 언어와 영리의 문법으로 모금 캠페인을 시행하고 있는 비영리 모금 조직의 담당자들이 여전히 마케터나 모금 기술자가 아닌, 모금가라고 말할 수 있는 이유는 무엇일까? 이 질문은 각 조직과 모금가 스스로 답해야 할 중요한 지점이다.

우리 직원들이 직접 [퍼포먼스 마케팅을] 할 수 있는 노하우가 있어서 25%에서 30% 정도 비용 절감이 돼요. 콘텐츠 생산은 또 다른 직원들이 있고요. 애초에 세팅할 때 그 담당으로 뽑아

---

19 조직 내 부서 간의 소통과 협력이 단절되어 벽이 생기는 현상을 말한다.

요. 그래서 저희가 작년 까지만 해도 온라인 퍼포먼스는 독보적
이었는데 콘텐츠도 [잘 하는 거죠]

— 이정호/모금활동가(대형조직), 40대, 남.

메이저 단체에서 이슈를 잘 끌고 가는 것 같아요. 결국은 잘
하는 사람이 들어오는 것도 있는 것 같고, 그만큼의 급여나,
다른 보장도 있는 것 같고요. 광고대행사 출신들도 들어가서
일하시는 분도 있다 보니까요. — 이건우/모금가패널, 40대, 남.

요즘에 많이 영입을 하고 있습니다. 캠페인 기획 쪽으로요. 오
히려 모금 캠페인 쪽은 사회복지사는 거의 없고, 다 광고 마
케팅 전문하신 분들이 오세요. 그분들은 시각이 많이 다르더
라고요. — 박민지/모금가패널, 30대, 여.

이제 기술은 평준화되었다. 누구나 손쉽게 생성형 AI를 이용하여 일정
수준의 캠페인은 순식간에 만들어 낼 수 있다. 이는 지난 20년간 온라
인 마케팅을 리드해 온 퍼포먼스 마케팅의 한계를 선명히 드러낸다. 광
고의 클릭이나 기부 전환과 같이 성과에 따라 비용이 지출되는 퍼포먼
스 마케팅은 극심한 경쟁으로 인해 비용이 계속 상승 중이다. 동시에
많은 비영리 모금 조직이 기획을 내부에서 하지 않고 외주 대행사에
맡기는 경우가 늘어났다. 그 결과 모금가는 기획력을 잃어버리고, 숫자
만 체크하며 성과 관리를 하는 축소된 역할을 맡게 된다. 이런 역할은
더 이상 AI 시대 모금가의 미래가 아닐 것이다.

세계경제포럼이 발표한 〈미래 일자리 보고서〉에 수록된 핵심 역량 순위는 영리와 비영리를 막론하고 전반적으로 필요한 역량이 무엇인지 명확히 보여준다. 분석적 사고, 회복 탄력성, 리더십, 창의적 사고, 동기 부여와 자기 인식, 기술 활용 역량, 공감과 경청, 호기심과 평생 학습, 인재관리, 서비스 지향성과 고객 서비스까지 모금가들에게 필요한

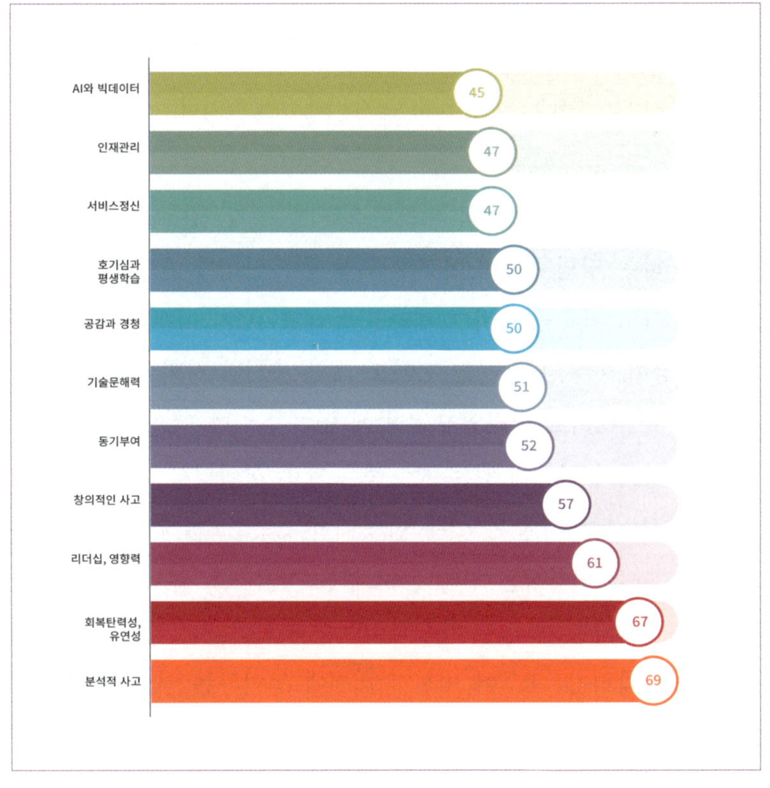

세계경제포럼 미래 일자리 보고서에 수록된 핵심 역량 순위
해당 기술을 직원들의 핵심 역량으로 간주하는 고용주의 비율

역량과 꽤 맞닿아 있다.

또한 모금가는 사회 문제를 해결하기 위해 기부자를 어떻게 설득할 것인지, 어떤 서사를 만들 것인지, 무엇을 우선 순위로 놓을 것인지 판단하는 사람이다. 기술이 아무리 정교해진다 한들, 사회 문제는 더욱 복잡해지고, 사업을 기획하는 능력은 자동화될 수 없다. 모금가가 이 역량을 잃는다는 것은 정체성을 잃는 것과 같다. AI가 기술의 평준화를 가속화하는 시대일수록 모금가의 기획력과 문제 정의 능력, 그리고 소통 능력은 더욱 중요한 차별 요소로 자리매김할 것이다.

> 리소스가 없으면 결국 퍼포먼스를 낼 수가 없어요. 기업 모금을 하는 담당자들이 아무리 똑똑해도 사업에 대한 이해가 없고 사업 기획을 못하면 제안을 못해요. AI가 아무리 똑똑하고 세상이 아무리 빨리 바뀌어도 그와 동시에 사회 문제는 점점 더 복합적이고 어려워질 수밖에 없다 보니까 (중략) 자기 영역과 자기의 역량이 있는 친구들은 계속 살아남을 거고요. 이게 안되는 담당자들은 이제 아웃데이티드[쓸모없게] 되겠죠. (중략) 사실 비영리는 원래 돈이 없는 거잖아요. 무에서 유를 만들어야 되는 게 정말 가혹하리만큼 저희의 본질적인 역할이라고 생각하거든요. 이 미션과 비전에 동의하는 사람들을 찾아내는 것부터 저희가 해야 되는 역할이에요.
>
> — 이정민/모금활동가(중소형조직), 40대, 여.

Insights

1. 고도화와 차별화, 복수 채널을 믹스한 효율화 전략을 마련하라.

기존의 모금 채널에 큰 변화가 없고 대부분 채널에서 외주 대행사를 활용하면서 유사한 모금 콘텐츠가 양산되고 있다. 대행사에만 맡기면 성공하기 어렵다. 정체의 다음 단계인 고도화, 차별화 전략이 필요한 시점이다. 판매, 체험, 브랜딩이 결합된 차별화, 복수 채널을 믹스한 옴니채널 구조로 효율화를 시도해 보자.

2. 새로운 시도는 성과를 만든다. 시도하라!

기술의 평준화는 중소형 조직에게 기회가 된다. 기존에 하지 않았던 새로운 채널을 시도해 보자. 새로운 시도가 성과를 만든다. 중소 규모의 모금 조직은 여전히 디지털 모금에 희망이 있다. 데이터를 축척할 수 있는 시스템을 만들고, 모아진 데이터를 모금에 활용해 보자. 조직의 새로운 액션에 반응이 올 것이다.

3. AI 격차를 만드는 것은 기획력 있는 모금가, 조직의 적극성이다.

거의 모든 모금가가 AI를 업무에 활용하고 있지만, 조직적으로 어떻게 대응하고, 활용하느냐에 따라 결과물의 격차는 벌어진다. 사람의 기획력과 창의력이 격차의 핵심이다. 시스템 차원으로 받아들이고 조직 운영 전반을 재설계하면 격차는 더욱 커질 것이다. 빠르게 학습하고 실험하는 조직이 승자가 된다.

4. 암호화폐가 '화폐'가 되는 순간 새로운 장이 펼쳐질 것이다.

비영리 조직이 가상자산을 기부로 받을 수 있는 법적 근거가 마련되었지만, 아직 갈 길이 멀다. 현재는 소수의 대형 모금 조직에서만 시도하고 있지만, 암호화폐가 '자산'이 아닌 '화폐'가 되는 순간, 새로운 장이 펼쳐질 것이다. 예의 주시하며 인프라를 미리 준비하라.

5. 격차를 만드는 것은 결국 사람, 모금가이다. 모금가에 투자하라.

보편화된 기술을 차별화할 수 있는 역량은 모금가와 조직에게 있다. 사회 문제를 해결하기 위해 기부자와 조직 내부를 설득하고 가치에 기반한 사업을 기획하는 모금가의 핵심 역량에 투자하라.

4

스토리텔링에서
스토리두잉까지

잠재 기부자는 하루에도 수십 개의 비슷한 기부 캠페인에 노출된다. 따라서 기부자의 기억에 남기 위해 콘텐츠의 중요성이 부각된다. 그동안 광고나 커뮤니케이션에서 서사가 담긴 이야기를 전달하는 스토리텔링이 중요한 요소였다면, 최근에는 체험과 물성의 트렌드와 스토리텔링이 결합한 스토리두잉 Storydoing이 떠오르는 추세다. 체험의 가장 대표적인 프로그램은 '기부런'이다. 마라톤, 러닝, 걷기와 같은 운동의 인기가 계속되면서 달리기나 걷기 이벤트를 하는 주체가 셀 수 없이 많아졌다. 비영리, 동호회, 기업, 정부까지 모두가 달리고 있는 시대에 성공하는 기부런은 단순한 이벤트가 아니다. 온오프를 넘나들며 참여자가 직접 경험을 설계하고 공유하는, 서사 기반 참여형 캠페인으로 확장되고 있다.

『기부트렌드 2019』에서 처음 굿굿즈Good Goods에 주목한 후 굿즈의 유행은 지금까지 이어지고 있다. 현재 굿즈는 물성 매력을 넘어 서사와 정체성을 입으면서 발전하고 있다. 품질의 완성도를 높이면서, 굿즈의 의미와 세계관 등의 소구점을 강조하는 형태로 나아가는 중이다. 이뿐 아니라 기업 제휴형 리워드 캠페인이 소비와 기부의 경계에서 신규 기부자의 유입 수단이 되고 있다. 그러나 기부자를 머물게 하는 힘은 굿즈 자체가 아니라, 사업에 담긴 문제 해결의 서사에 있다.

스토리두잉의 본질은 사업이다. 사업을 잘 하는 조직이 기부자의 신뢰를 얻고 선택받을 수 있게 하기 위해서는 세분화된 기부자의 취향과 기준에 맞춘 차별화된 콘텐츠로 소통해야 한다. 그리고 이 모든 흐름이 시작되는 곳이 바로 현장이다. 온라인과 오프라인을 오가며 이벤트, 굿즈, 감성 콘텐츠의 유행은 계속 바뀐다. 하지만 기부자의 마음을 움직이고 머물게 하는 것은 진정성 있는 콘텐츠이며, 현장의 필요와 변화를 담는 이야기다. 현장에 대한 이해와 철학은 기부자뿐 아니라 모금가를 '기술자'에 머무르지 않게 하는 핵심이 된다.

이벤트에서 캠페인으로
확장된 기부런

고유명사가 된 스토리두잉 Storydoing[20] 의 대표 프로그램

달리기의 인기는 날이 갈수록 뜨거워지고 있다. 관련 제품을 생산, 판매하는 러닝 업계까지 호황을 누린다는 이야기도 전해진다. 2024년 말에 시행한 국민생활체육조사에 따르면,[21] 참여 경험이 있는 체육 활동을 묻는 질문에 달리기는 전년대비 6.3% 상승해 모든 종목 중 가장 큰 증가폭을 기록했다.

『기부트렌드 2024』와 『기부트렌드 2025』도 연이어 기부런 열풍을 비중 있게 다뤘다. 이제 비영리 섹터에서 달리기는 '기부런'이라는 이름

---

20 브랜드의 핵심 가치를 이야기로 전달하는 것을 넘어서, 기업 활동에 소비자가 직접 참여하도록 하는 마케팅 전략을 말한다.

21 〈2024 국민생활체육조사〉, 문화체육관광부, 2024.12.

으로 자리매김했다. 기부런은 인력을 포함해서 후원사, 협력업체, 미디어, 지자체 등 광범한 파트너십을 필요로 하고, 조직 내부적으로도 인력과 재정을 규모있게 투입해야 하는 꽤 큰 사업이다. 그럼에도 기부런은 몇몇 대형 조직만이 점유하는 단어가 아니다. 미디어나 지자체, 기업 등이 수익금을 기부하는 형태, 나아가 '러닝 크루'가 참가비를 기부하는 자체 행사도 기부런이라는 명칭을 쓴다. 수도권 일변도의 과거 기부런과 달리 전국에서 뛰고 있다.

참가비를 기부하는 러닝크루
Motionforgive 인스타그램 계정 캡쳐

안양시지역사회보장협의회 주최 기부런
안양시는 참여자가 아닌 기업이 지역 사회에 현물 기부를 하는 두 번의 행사를 진행했는데, 모두 기부런이라는 이름으로 참가자들을 모집했다

기부런은 F2F, 디지털, TV 광고 등 전통적 모금 채널과는 접점이 없는 잠재 기부자들을 만날 수 있는 좋은 기회이다. 참여자들이 자신의 경험을 소셜에 공유하면, 비영리 모금 조직은 자연스럽게 브랜드 홍보 효과를 얻게 된다. 기부런 참여자들은 참여하고, 경험하며, 마침내 자신이 스토리를 생산함으로써 '스토리두잉'의 주체가 된다.

다양한 콘텐츠를 활용하여 잠재 기부자를 기부자로 전환시키는 콘텐츠 마케팅의 중요성이 부상하고 있는 것도 스토리두잉과 연관이 있다. 콘텐츠 마케팅을 활용하는 비영리 모금 조직은 스토리텔링으로 브랜드나 캠페인의 서사를 전달하고, 스토리두잉으로 기부자가 그 가치를 체험하게 한다. 이 같은 체험은 기부자의 기억 속에 남아 조직과 경험적이고 감정적인 관계를 맺게 한다. 기부런은 스토리두잉의 대표적인 프로그램으로 사회적 트렌드와 맞물려 확산되고 있다.

서사로 무장하고 온오프를 누빈다

기부런은 단발성 이벤트가 아니라 여러 해를 거듭하며 다양한 형태로 변주되고 있다. 연예인이나 인플루언서가 팬덤과 함께 뛰며 자발적인 피어투피어Peer to Peer 22 모금 방식으로 확산되기도 하고, 지방 연계 러닝이나 버추얼 런으로 더 많은 참가자의 참여를 유도한다. 특정 날짜

---

22 개인이 자신의 네트워크를 활용해 지인의 기부 참여를 유도하는 방식을 말한다.

에 캠페인과 행사를 연결하여 해당 날짜가 되면 자연스럽게 기부런을
떠올리게 하면서 개인뿐 아니라 가족단위로 참여할 수 있는 기념일 행
사의 위상을 획득하기도 한다.

〈글로벌 6K〉는 버추얼 런, 지역 확장에 연예인의 자발적 참여까지 더
해져 검색 키워드에 영향을 미칠 정도로 파급력을 확장하고 있다. 여
기에 깨끗한 물을 얻기 위해 개발 도상국의 어린이가 매일 걸어야 하
는 6km를 대신 달려 물을 기부한다는 메시지가 캠페인의 핵심 서사
로 작동한다. 또한 〈815런〉은 광복절이라는 날짜와 독립 유공자 후손
지원을 연결하여 캠페인의 서사를 강력하게 전달한다. 더불어 연예인
션의 참여가 더해져 완성도를 보여주는 대형 캠페인으로 자리잡았다.
이처럼 성공한 기부런은 명확한 스토리를 담은 하이브리드 캠페인으
로 변주되면서 단단한 브랜드로 거듭나고 있다.

> 이번 〈6K런〉에 5천 명이 모였더라고요. "정말 이렇게 많이 모
> 였다고?" 막 그랬어요. 그런데 그게 대중들에게 어필이 될 것
> 같았어요. 많은 사람이 모였다는 거요. 그리고 그걸 베리에이
> 션해서 60km, 실제 마라톤처럼 뛰는 그런 행사를 지금 홍보
> 하고 있더라고요. 그래서 그렇게 베리에이션을 할 수 있구나
> [라고 생각을 했죠]. ─ 최혜진/모금가패널, 40대, 여.

> 저는 해비타트의 〈815런〉이 날짜도 딱 맞고, 선이 81.5km를
> 하고 나머지 8.5km[는 참여자들이 해서 좋았습니다.] 요즘 런

이 워낙 유행인데 또 이렇게 km 수를 정하는 것도 좋고요. 그
렇게 날짜랑 애국심과 연결하고 모금한 다음에 독립유공자
집 지어주는 것까지 쭉 이어지는 거라서 스토리가 너무 좋았
어요. ─ 유상현/모금가패널, 40대, 남.

〈어린이마라톤〉은 가족이 함께 할 수 있는 포맷이에요. (중략)
참가자들은 '이때쯤 할 텐데… 우리 아이와 5월 5일 어린이날
에 좀 의미 있는 걸 하고 싶은데'라는 마음으로 기다리는 것
같아요. ─ 박성우/모금활동가(대형조직), 40대, 남.

하지만 모든 기부런이 목적을 달성하는 것은 아니다. 뒤늦게 뛰어든 단
체들은 사회 공헌 기금이나 협찬으로 행사비를 마련하더라도 참석자
모집과 홍보에서 어려움을 겪는다. 초기에 포지셔닝한 기부런 브랜드
들이 존재하기 때문에, 잠재 기부자들의 눈길을 끌 만큼 강력한 서사
나 팬덤의 참여와 같은 요소 없이는 기대하는 결과를 만들기가 쉽지
않은 것이다. 나아가 행사의 목적과 실제 운영이 부조화를 이룰 때, 기
부런은 오히려 비난의 대상이 되기도 한다. 최근 환경을 내세운 마라
톤 행사에서 재활용이 되지 않는 쓰레기가 대량으로 발생했다는 논란
이 일었다. 이는 서사가 행사 전반에 일관되게 작동하지 않을 때 비영
리 조직의 진정성에 의문이 제기됨을 보여준다.

성공하는 기부런에는 공통적인 공식이 발견된다. 강력하고 일관된 브
랜드 서사, 온오프라인을 연결하는 옴니채널 구조, 달리는 행위 외에

도 참여자가 변주하고 즐길 경험을 제공해 주는 것 등의 다양한 요소가 성공을 만들어 내는 것이다. 단순히 달리는 행사가 아니라 참여자 각자가 이야기의 주인공이 되는 서사적 경험을 제공하고, 오프라인에서의 달리는 행위와 온라인에서의 인증, 가족·팬덤·커뮤니티 등 다양한 접점이 연결되면서 개인적인 경험이 사회적인 의미로 확장된다. 비영리 모금 조직들은 이제 스토리텔링과 스토리두잉을 어떻게 결합하여 효과를 낼 수 있는지 스스로 터득하고 발전해 나가고 있다.

콘텐츠에 감성적
차별화를 더하기

콘텐츠를 차별화하라

과거 디지털 모금이 부상하며 퍼포먼스 마케팅을 잘 하기 위한 기술이 모금가에게 요구되었다. 타깃팅을 정교화하고, 광고 효율을 극대화하기 위해 플랫폼과 예산을 최적화하며, 기부 전환율을 높이기 위한 여정 설계가 중요했다. 그러나 이러한 기술은 이제 평준화되었다. 남보다 뛰어난 퍼포먼스 마케팅이 무엇인지 대답하기 어렵게 되어버린 것이다. 알고리즘이 타깃팅을 대신하게 되었고, GA4(구글 애널리틱스)를 비롯해 AI 기반 분석 도구가 보편화되면서 기술의 우위를 구분하는 의미는 쇠퇴해 가고 있다. 이러한 변화는 자연스럽게 퍼포먼스에서 콘텐츠 마케팅이 강조되는 흐름으로 이어진다.

평범해진 퍼포먼스 마케팅 속에서 잠재 기부자는 소셜 미디어나 애플

리케이션, 방문하는 사이트마다 여러 비영리 모금 조직의 캠페인 광고에 하루에도 수십 건씩 노출되고 있다. 이렇게 과잉 정보 환경 속에서 비영리 모금 조직의 브랜드나 캠페인을 기억하게 만들기 위해서는 차별적인 콘텐츠가 강력한 경쟁력이 된다.

2025년에 인상적이거나 차별성 있는 캠페인 콘텐츠를 물었을 때 많은 모금가패널이 〈6배 슬기로운 후원 생활 캠페인〉을 꼽았다. 이 캠페인은 감정적 호소가 주류인 기부 콘텐츠 사이에서 1만 원 기부하면 '디딤돌씨앗통장'에 6만 원이 채워진다는, 효율을 강조하는 이성적인 만족감을 주어 차별성을 드러냈다.

6배 슬기로운 후원생활
(초록우산 홈페이지)

그러나 타깃과 메시지가 불일치하거나, 전체적인 서사의 흐름이 공감되지 않는다면, 광고비를 투입해도 성과를 내기 어렵다. 기부자들은 이제 비영리 모금 조직들이 전달하고자 하는 전체적인 맥락에 공감하지 않는다면 광고 노출이나 굿즈에 반응하지 않는다. 요즘 기부자들은 자신의 취향에 맞는 콘텐츠를 선별해 내는 섬세한 안테나를 지녔다.

> [실패한] 캠페인이 수혜자를 돕자는 건지 아니면 협업하는 파트너를 돕자는 건지..., 이게 타깃층을 흐리면서는 갖은 방법을 다 써서 홍보를 해도 안 되더라고요. (중략) 이 캠페인을 하면서 되게 많이 배웠어요. 사실 광고, 굿즈 다 있지만, 스토리와 전체적인 맥락이나 흐름이 정말 공감이 되어야 하는구나, 그게 아니면 안되는구나… ― 박민지/모금가패널, 30대, 여.

콘텐츠가 화려하고 세련되어야만 차별적이라거나 잘 만늘어졌다고 말할 수는 없다. 서사적 매력이 더 필요하다. 그래야만 잠재 기부자를 결심하게 만들고, 오래 머무르게 한다. 그러나 아직 많은 비영리 조직은 기부자의 언어로 이야기하는 것조차 익숙하지 않다. 그럼에도 메시지와 이미지로 조직의 브랜드와 사업을 어떻게 기부자의 기억 속에 남게 할 것인지 중요한 시대이다. 기부자의 언어와 기부자의 시선으로 우리만의 전문성과 진정성을 드러내는 것이 콘텐츠의 차이를 만들수 있다.

> 퍼포먼스는 어느 정도 다 비슷한 수준에 올랐어요. 그러니까 이제는 우리 상품을 좀 돋보이게 해야 되는 거죠. 돋보이는 첫

번째는 글쓰기니까 후킹도 해야 되고요. 소셜, 매체에서 대부분 많은 수입이 이루어지니까 짧은 시간 안에 사람들을 잡아야 돼요. 카피라이팅이나 카피라이터의 중요도가 점점 높아지는 것 같아요. ― 최민석/모금활동가(대형조직), 40대, 남.

퍼포먼스는 한계가 있어요. 우리가 흔히 푸시 마케팅[광고, 문자 등 노출로 즉각적 행동을 유도]이라고 하는데 돈으로 노출시켜서 끌어오는 거예요. 이 푸시 마케팅을 언제까지 할 것이냐, 이제는 풀 마케팅[소비자가 스스로 찾아오게 만드는 방식]으로 전환시켜야 되고, 결국은 사람들이 우리를 인지하고 찾아오게끔 만들어야 해요. 그 찾아오게 만드는 것이 콘텐츠거든요. 그런데 우리들은 SNS를 올리더라도 굉장히 우리스럽게 올리잖아요. NGO스럽게 "우리 사업 이렇게 했습니다."라고 올려요. 그런데 사람들이 관심 있는 SNS 게시물은 흥미롭거나 재미있거나 나한테 도움이 되거나예요. 사람들이 '이게 뭐야?' 궁금하게끔 만들어야지 오게 되는데, 지금은 대부분 저 퍼포먼스에 많이 집중해 있다 보니까 그런 것들에 대한 기획이나 연구가 없어요. ― 박성우/모금활동가(대형조직), 40대, 남.

기부의 가치를 느끼게 하는 모금 메시지

앞서 트렌드 1에서도 다루었듯, 기부자는 기부를 통해 자신의 기분과

정서를 관리하고 재구성하며, 나에게 맞는 기분을 느끼게 해 주는 기부를 선택한다. 비영리 모금 조직은 사실의 전달을 넘어 어떻게 그 기부의 가치와 변화를 '느끼게' 할 것인가라는 새로운 과제를 받았다. 여기에는 단순히 기분을 좋게 만드는 것을 넘어서, 불안이나 두려움과 같은 감정을 관리하고 통제할 수 있는 메시지도 포함한다. 나아가 현대인의 취향은 짧고, 잘게 쪼개져 마케팅 역시 고도의 맞춤형 경험과 서비스를 제공하는 초개인화 방식으로 변화하고 있다. 타깃이 되는 대상의 특성을 고려한 형태와 메시지의 개발, 전달 방식을 고민해야 하는 것이다.

예를 들면 유산기부는 죽음과 같은 자칫 부정적일 수 있는 메시지를 다루는 데다가 참여 가능한 잠재 기부자 집단이 제한적이다. 이로 인해 불특정 다수를 대상으로 하는 일방적인 커뮤니케이션은 잠재 기부자에게 기부의 가치를 느끼게 하는데 한계가 명확하다. 비영리 조직은 한계를 극복하기 위해 잠재 기부자의 욕구를 이해하고, 다가갈 수 있도록 다양한 메시지와 방법을 고민한다. 유산 기부 전시회는 이러한 고민을 효과적으로 풀어낸 사례다. 전시의 출발점은 유산 기부자의 뇌가 시각 자극에 반응한다는 의학적인 연구 결과였다. 의학 연구라는 논리적인 사실은 보고, 걷고, 머무르며 체험할 수 있는 전시 공간으로 구현되었다. 전시에 참여한 잠재 기부자는 관련 정보를 이해하는 데에서 그치지 않고, 공간 안에 머무르며 유산 기부를 미리 상상하고 체험할 수 있었으며, 그 결과 유산 기부에 관심을 가지고 있던 다수의 잠재 기부자들이 바로 현장에서 약정을 했다. 이렇듯 오랜 기간 관계 구축이 필요하고, 설득이 어려운 기부라고 할 지라도 잠재 기부자가 어떤 요소에 공감하는지 이해하고 메시지를 설계한다면, 기부자의 행동을 이끌어낼 수 있다.

'희망친구 기아대책' 헤리티지클럽 10주년 기념 전시회(기아대책 홈페이지)

한편, 많은 경우 기부자들은 감성 코드나 감정적 호소가 담긴 모금 메시지로 기부의 가치를 느끼고 반응한다. 감정적 호소가 자극적일 필요는 없다. 아동 학대나 기후 위기 등 사회 문제를 과감히 드러내고, 공감하는 이들을 문제 해결의 참여자로 초대하는 방식 역시 기부자들의 지지와 공감을 얻는다. 기부자들이 원하는 감정 경험은 사회 문제를 마주하는 용감한 마음, 그리고 동참한 사회 문제 해결을 확인하는 뿌듯함까지 포함하기 때문이다. 전통적인 감성 자극형 모금 메시지가 주로 동정심을 자극해 기부를 유도했다면, 기부자가 원하는 기분을 느끼게 하는 모금 메시지는 기부자의 욕구, 취향, 가치 등을 반영해 기부를 스스로 선택하는 내적 동기를 불러 일으키는데 핵심이 있다.

> 우리나라 민족성 자체가 어려운 것을 인지해야 마음이 열리는 거에요. 우리만의 정말 독특한 기부 문화가 있어요. 우리는 필요성이 있어야 공감이 되는데, 그 공감이라는 것은 "내가 어릴 때 저 물을 나도 마셔서" 라는 거에요. 대부분 WASH[식수 및 위생지원] 같은 경우는 50대 이상의 어머님들이 많이 반응을 한다고 들었어요. 최근의 애국 컨셉 캠페인들도 대부분 어르신들로부터 반응이 오다 보니 지금 성장하고 있고요.
>
> —박성우/모금활동가(대형조직), 40대, 남.

감정적 자극을 주는 콘텐츠가 기부자의 반응을 이끌어 내기노 하시만, 동시에 위험도 존재함을 잊지 말아야 한다. 그러나 실무를 하는 모금가 입장에서 성과가 나는 콘텐츠를 내려놓기가 쉽지 않다. 그렇다면 이미 생산한 콘텐츠를 꾸준히 모니터링하되, 기민하게 반응하는 것이 필수적이다. 감정 자극에 치우친 나머지 철학과 윤리가 결여된 콘텐츠는 비영리 섹터 전반의 신뢰에도 악영향을 미칠 수 있다.

> 장애 아동 사례도 눈에 보인다고 해서 다 잘 되는 것은 아니고…, 어린아이들이 조금 더 잘 되는 경우가 있고, 가정 형편이 어려우면 사람들이 좀 더 공감대가 있잖아요? '생계비가 더 필요할 것 같다'라는 게 있기 때문에, 그런 케이스를 저희가

조금 많이 찾아보죠. 하지만 부정 이슈도 상당히 있긴 해요. (중략) 그러면 초반에 광고 멘트나 사진이 좀 자극적이니까 순화해서 조금 더 부드럽게 광고 멘트를 바꾼다거나 사진을 교체 한다거나, 이런 식으로…. — 류아린/모금가패널, 40대, 여.

서사를 담은 굿즈

의미와 정체성: 굿즈의 새로운 여정

반복되어 온 굿즈 캠페인에 피로가 누적되는 가운데, 일부 비영리 조직들은 굿즈에 의미와 정체성을 부여하는 시도를 하고 있다. 그 과정에서 반지와 팔찌 일변도 굿즈에 '키링'이 등장했다. 키링은 「트렌드 코리아 2025」 키워드였던 '무해력'과 「트렌드 코리아 2026」 키워드 '필코노미'의 직접적인 예시가 되는 품목이다. 가방을 꾸민다는 것 외에 실용적인 이익은 없지만 커스텀으로 개성을 강조하며 나와의 특별한 관계성을 만든다. 무엇보다 무해하고 귀여워서 기분을 좋게 하는 아이템이다. 굿즈로서 한 가지 더 강점이 있다면 두 손에 낄 수 있는 반지의 수보다 가방에 달 수 있는 키링의 수가 많다는 점이다. 키링은 반지나 팔찌처럼 그 자체만으로 호응을 얻기는 어렵지만, 매달린 캐릭터에 서사와 의미를 부여함으로써 콘텐츠의 매력이 커지고 다양한 모금 채널과 방법에 활용될 수 있다.

〈사막여우 캠페인〉은 시리아 난민들이 핸드메이드로 만든 키링을 굿즈로 제공한다는 점을 강조해 왔다. 여기에 「어린 왕자」에 등장하는 여우를 모티브로, 거친 환경에서 강한 생명력으로 살아간다는 이미지를 덧입혀 위기에 처한 난민을 보호한다는 메시지를 기부자들에게 전달한다. 이 캠페인은 팝업 스토어로 콘텐츠를 확장했다. 팝업 스토어 방문자들은 행운의 상징인 '사막여우' 캐릭터가 안내하는 난민의 사연을 접하고, 현장에서 사용되는 구호품을 직접 만져보는 경험을 통해 기부의 필요성에 공감했다.

조혼 위기에 놓인 소녀들을 돕는 '위드베어' 키링은 학교에 다니는 소녀의 모습을 곰 캐릭터에 구현한다. 이 캠페인은 시즌제로 운영되는데 시즌 1에서 연예인을 통한 홍보에 중점을 두었다면, 시즌 2는 '위드베어'가 우간다 현장을 직접 방문하는 여정을 콘텐츠로 제작하여 캐릭터성을 한층 강화한다. 이처럼 굿즈는 캐릭터, 서사, 콘텐츠가 결합될 때 잠재 기부자의 관심을 끌어올리는 매개체가 된다. 이러한 변화는 하나의 아이템으로서 굿즈가 캠페인의 구조를 만드는 주체로 확장되고 있음을 보여준다.

UNHCR(유엔난민기구) 사막여우가 좋았다고 생각해요. 왜냐하면 초기에 핸드메이드로 현장에서 만들어서 온다는 것에 포커스를 했었을 때는 이렇게 매력적으로 다가오지 않았거든

요. 그런데 캐릭터화하고 브랜딩으로 녹여서 애니메이션으로
제작을 하고, 또 오프라인 굿즈 팝업 스토어도 여셨더라고요.
저희도 직접 가봤는데 사막여우라는 걸 가지고 스토리텔링을
할 수 있고, 베리에이션할 수 있는 게 되게 많겠더라고요.

— 최혜진/모금가패널, 40대, 여.

'위드베어 출장기', 위드베어 캐릭터가 현장
방문을 하는 콘텐츠(월드비전 인스타그램)

'사막여우' 캐릭터를 활용한 팝업스토어
(유엔난민기구 홈페이지)

기부 굿즈는 콘텐츠로 재생산되는 재료이자 통합 캠페인의 한 요소로
활약하고 있다. 기존에는 소속감, 브랜드, 품질을 강조했다면, 이제는
사업적인 의미와 잘 짜인 서사가 추가되었다. 모금가들은 굿즈의 스토
리텔링만으로도 부족하다고 이야기한다. 인플루언서나 연예인의 참
여, 관련 행사, 굿즈의 품질, 서사가 모두 갖추어진 통합형 캠페인으로

잠재 기부자들에게 소구한다. 참여한 기부자들에게 그들이 기여한 효과를 강조하며, 기부자의 관심을 사업으로 이끌어 만족도를 높이려는 구조이다. 굿즈에 의미와 정체성을 부여하고, 유명인이 타깃 잠재 기부자군에게 다양한 추가 콘텐츠로 홍보하며, 사업의 효과를 알리는 등, 현장에서 시도되는 통합 캠페인은 '굿즈의 여정'이 되어 모금가 사회에서 공식화되고 있다.

2년전쯤 굿즈 부상할 때는 사업 얘기는 없었잖아요. 처음에는 그냥 반지 얘기만 하고 목걸이 얘기만 했는데, 요즘은 그래도 이 반지가 어떻게 아이들을 변화시키는지 콘텐츠적으로 하려고 하는 이유도 저는 [기부지속율, 비용효과성] 그런 이유가 있다고 생각해요. (중략) 저희는 임팩트 보고서, 즉 '당신이 굿즈를 보고 왔더라도 이 사업은 굿즈 사업이 아닙니다. 한 아이를 살리는 아주 소중한 사업입니다. 그리고 당신이 굿즈를 보고 왔지만, 그 가치는 이런 임팩트를 이뤄냅니다'라고 보고서에서도 강조하고요 —최민석/모금활동가(대형조직), 40대, 남.

'페이커' 아세요? 가장, 굉장히, 되게 탁월한 모델이었다는 생각이 들었어요. 그러니까 기존에 보여줬었던 그런 모델들하고 다른, 되게 신선한 면이 있었고 또 남성이었고. 페이커 분 광고 굉장히 많이 찍으시는 거 보면서 되게 센세이션하다. 그리고 눈에도 확 띄어서 새로운 타깃에게 다가갔을 것 같아요. 똑같은 링이지만, 모델을 누굴 쓰느냐에 따라서 달라 보이는 그런

효과가 있어서, 그동안 피로도가 있으셨던 분들도 다시 한번
보게 되는 효과가 있는 것 같아요 ─ 최혜진/모금가패널, 40대, 여.

기부와 소비 사이

작년에 이어 눈에 띄는 굿즈 캠페인은 기업의 상품과 결합한 '기업 제
휴형 리워드' 캠페인이다. 협업을 하는 기업에게는 착한 상품으로서 홍
보 효과를 얻고, 동시에 현물 기부를 할 수 있는 장점이 있다. 잠재 기
부자 입장에서는 평소 구매를 계획하거나 희망하고 있던 물품을 기부
의 리워드로 받을 수 있다는 점이 기부 동기로 작용하는 것 같다. 기
부 동기가 일반 굿즈보다 더 소비에 가깝기 때문에, 물품이 잠재 기부
자 집단에서 얼마나 선호되는지에 따라서 성과의 차이가 발생한다.

사람들 심리에서 보자면 좋은 일 한번 할까 했는데 이번 기회
에 선물을 받았네, 이런 것 같고요. (중략) 아이들에게 그 물
품을 주면 한 번 주고 사라질 수 있지만, 후원자에게 그 물품
을 선물로 주면 계속 후원이 이루어진다고 설득하죠.

─이정호/모금활동가(대형조직), 40대, 남.

모금가패널에 참여한 다수의 모금가는 기업 제휴 리워드가 신규 잠재
기부자의 유입을 증가시킨다는 장점을 긍정적으로 평가한다. 그들도 리
워드 굿즈 캠페인을 시도하고 싶어했다. 조직 내부에서는 고가의 리워

드 굿즈를 승인해 주지는 않을 것 같다고 모금가들은 전망한다. 이런 전망이 사실이라면, 상품을 이용한 리워드 굿즈를 캠페인에 활용할 수 있는 조직들의 숫자는 제한적일 것이다. 그러나 내부 승인을 얻은 조직은 다양한 상품으로 이러한 캠페인을 계속 시도해 나갈 것으로 보인다.

> 저는 [기업 제휴 리워드 캠페인을]할 의향이 있어요. 기부자 분들에게 뭔가 예우할 수 있는 스페셜한 것들이 될 수 있잖아요. 그 대신 굿즈만 있는 것보다는 기업이 어떻게 기증하게 됐는지 같은 스토리들을 저희 스토리랑 잘 엮어서 만들긴 해야 될 것 같아요. ─ 최혜진/모금가패널, 40대, 여.

> 저희 단체는 리더십이 부정적이세요. 굿즈에 대해서…. 이제 오히려 그런 굿즈를 주는 게 우리 단체가 뭔가 이렇게 잘 운영되고 있지 못하다는 뜻으로 보일 수 있다, 기부자는 후원금을 받아서 좋은 곳에 쓰이는 걸 원하지 굿즈를 만드는 것에 비용을 들이는 건 오해를 불러일으킬 수 있다라는 생각으로 거절을 항상 하시더라고요. ─ 김윤호/모금가패널, 40대, 남.

> 일반적으로 팔찌나 반지를 하는데, C기관은 그 외의 상품들도 많이 선택을 해요. 눈여겨보고 있는 기관 중에 하나입니다. (중략) 굿즈 기부가 장기적이지 않을 수도 있긴 하지만, 신규 유입자를 증대시키는 효과가 있지 않을까요?
>
> ─ 류아린/모금가패널, 40대, 여.

현재 존재하는 가장 대표적인 리워드형 캠페인은 '고향사랑기부제'다. 고향사랑기부제의 답례품은 현금처럼 사용할 수 있는 지역사랑상품권이나 생필품인 쌀, 고기, 생선, 과일 위주로 구성되어 있다. 지자체들은 더 많은 기부를 유도하기 위해 가성비 좋은 답례품을 경쟁력으로 내세우며 홍보한다. 10만 원 세액 공제, 3만 원 답례품에 더해 1만 원 제휴 포인트를 추가하거나, 경품을 내거는 지자체도 있다. 고향사랑기부제의 목적에는 기부문화 활성화가 포함되어 있지만, 답례품에 대한 기대 심리를 키우는 것이 기부의 자발성을 약화시킬 수 있다는 우려도 적지 않다. 비영리 조직이 진행하는 다수의 기업 제휴형 리워드 캠페인은 고향사랑기부제의 답례품 기부 구조와 비슷하다.

리워드 캠페인이 과연 기부인가에 대해서는 의견이 분분하다. 리워드 캠페인은 시즌을 거듭하며 확장되고 진화하는 서사형 굿즈와는 달리 1회성으로 머무를 수밖에 없다. 사업의 스토리를 녹여내어 홍보한다 해도, 기부자는 사업이 아닌 상품에 더 관심이 있기 때문에, 일반 굿즈보다 기부자 유지율이 낮게 나타날 우려도 있다. 그럼에도 불구하고 비영리 모금 조직은 잠재 기부자의 시선을 끌 수 있는, 화제를 불러일으킬 수 있는 상품을 찾기 위해 노력할 것이다. 리워드 캠페인이 기부의 문을 여는 역할을 할지라도, 기부자를 머물게 하는 힘은 사업에 있다. 따라서 비영리 모금 조직은 리워드 캠페인으로 유입된 기부자를 문제 해결의 여정에 참여시키는 '다음 과정'을 정교하게 설계해야 한다.

한편 조직의 브랜드 상품을 판매하는 온라인 숍(브랜드 숍)도 등장했다. 이미 해외에서는 기존 기부자나 회원의 소속감을 강화하고, 기부 경험을 촉진하는 목적으로 운영되는 브랜드 숍이 보편화되어 있다. 국내 기부자의 관점에서는 비영리 모금 조직의 브랜드 상품 숍과 굿즈 캠페인의 차이가 명확하지 않다. 해외의 사례를 살펴보면, 브랜드 숍의 구매자는 일상에서 비영리 조직의 브랜드 물품을 노출하며 자신이 해당 조직의 문제 의식과 가치에 동의함을 타인에게 드러내고, 동시에 물품을 사용하며 소속감을 느낀다. 현재 널리 확산된 굿즈 캠페인이 신규 기부를 유도하는 매개체라면, 브랜드 숍은 이미 연대감을 가진 지지자들이 비영리 조직의 가치에 동참을 표시하는 행위에 더 방점이 찍혀 있다. 이러한 맥락에서 볼 때, 한국에서 유지율이 낮은 굿즈 기부자와 브랜드 숍 구매자 간에 어떤 차이가 있을지 살펴보는 것은 의미 있는 분석 작업이 될 것이다.

세이브더칠드런 코리아의 굿즈 온라인숍
'세이브더칠드런 크루'는 2024년 3월 마플샵과 협업해 출시되었다

세이브더칠드런 영국의 온라인 쇼핑몰

낮은 유지율을 타개하려면

모금가들은 반지나 팔찌 등 쥬얼리를 이용한 굿즈 캠페인을 하는 비영리 모금 조직의 홈페이지 메인 화면이 마치 온라인 쇼핑몰 같다는 자성의 목소리를 낸다. 고질적으로 지적되는 굿즈 기부자의 낮은 납입률과 유지율은 해결해야 할 어려운 과제다. 굿즈가 잠재 기부자에게 노출되는 것 자체가 치열한 경쟁이 되었고, 차별화가 되지 않은 굿즈는 기부자의 선택지에서 밀려나게 될 것이라는 우려도 여전하다. 이런 상황에서 신규 기부자들을 유치할 수 있는 수단으로서 당장의 성과를 보이는 굿즈를 포기할 수도 없는 것이 현실이다. 그렇기 때문에 비영리 모금 조직들은 정기 기부와 일시 기부, 굿즈의 종류 등 다양한 테스트를 하면서 최적화 노력을 하고 있다.

굿즈에 연예인을 활용한 마케팅 퍼포먼스만 반복하다 보면, 제
가 예상한 건데, 납입률이 떨어질 거고요, 지속률도 떨어질 거
에요. 처음에 사람들이 인지도 때문에 가입은 하겠지만, 결국
은 상품에 대한 매력, 차별화를 못 느끼기 때문에, 지속하지도
못하고 오래 가지 못한다고 생각하거든요. 저도 그런 경험이
있었고요. 그래서 그렇게 접근하는 것에는 한계가 금방 올 거
에요.(중략) 요즘 좀 심하다[고들 말해요]. 네이버 광고판에 너
무 다들 주얼리 광고만 하고 있으니까요. 그런데 들어가 보면
다 NGO에요. 이게 단순히 기부 굿즈가 아니라 소비재로 전
락하는 게 아닌가? 이유는 다 있죠. 왜냐하면 그것에 반응이
높으니까 단체들마다 다른 도전을 할 수 있는 비용이 없는 거
예요. ─최민석/모금활동가(대형조직), 40대, 남.

어떻게 해야 굿즈 기부자들이 기부를 지속할 수 있는가 고민
을 많이 했던 것 같아요. (중략) 이분들이 소비 위주로 링을
받기 위해서 했지만, 그럼에도 불구하고 사업에 대한 부분들
을 조금 더 어필해 보려고 하는 것 같아요.

─백진희/모금가패널, 30대, 여.

한 모금가패널은 굿즈로 유입된 기부자에게 아동 결연 등 조직 내 다
른 사업을 소개하고, 사업 후원으로 전환하거나 추가 기부를 유도하
는 시도를 하고 있다고 했다. 한번 조직과 관계를 형성한 기부자는 납
입률이나 유지율이 낮더라도 비영리 모금 조직의 이야기를 들어줄 마

음의 준비가 되어 있다. 비록 기부를 시작하는 단계에서 동기는 약할 지라도, 비영리 조직이 이들에게 사업의 가치를 알리고, 공감을 산다면, 굿즈 기부자는 더 강력한 기부 동기를 가지고 오래 관계를 이어갈 것이다. 반면 굿즈 캠페인이 쥬얼리 브랜드나 퀄리티, 혹은 연예인 홍보에만 기댄다면 차별성을 잃고 경쟁이 심화될 것이고, 그 결과 기부자의 유지율은 더욱 떨어지게 될 것이다. 결국 굿즈는 관계 형성의 첫 관문에 불과하다. 굿즈의 지속성은 기부자의 관심을 사업으로 옮겨가는 데 달려 있다.

현장에 기반한 스토리텔링

현장에 본질이 있다

성공하는 캠페인은 현장을 담아낸다. 사업의 생생한 현장과 실제 변화의 사례를 담은 콘텐츠는 기부자에게 공감과 참여를 이끌어 내기 때문이다. 현장성을 담은 콘텐츠란 단순한 숫자나 성과만을 기록하는 것이 아니라, 변화의 과정과 결과, 사람들의 감정을 그대로 전달하는 콘텐츠다. 진정성 있으며 과장되지 않은 실제의 이야기가 콘텐츠의 핵심이다.[23] 이런 캠페인은 별도의 굿즈나 리워드가 없어도 스토리 자체의 힘으로 기부자가 먼저 찾아오게 만든다. 기부자들은 현장의 필요와 기부금으로 바꾸어 낼 변화를 듣는 것만으로 충분히 만족한다.

---

23 "Nonprofit Digital Marketing Done Well: 10 Trends Driving Impact in 2025", 〈5WPR〉, 2025.

처음 방송을 탄 캠페인은 해외에 있는 정말 어려운 고려인들이었는데, 이 사업을 세팅하니까 국내에 있는 고려인 단체들도 국내에서는 이런 도움들이 필요하다[고 요청이 왔어요]. 고려인 아이들을 위한 학교도 있거든요. 학교 개보수가 너무 안되고 열악한 환경이어서 개보수에 고액 지정 기금이나 기업들을 매칭하고요. (중략) 캠페인의 모든 결과 보고가 홈페이지에 오픈되거든요. 그 결과 보고 페이지에 이러이러한 도움들이 진행되고 있고, 변화들이 있다는 걸 알리고. 굿즈나 다른 리워드가 있진 않아요. ㅡ 백진희/모금가패널, 30대, 여.

모금가는 기부자가 사업을 이해할 수 있도록 사실과 데이터를 해석하고, 원인과 해결 방법을 설명하며 설득해야 한다. 이를 위해서라도 모금가는 현장을 포장하고 마케팅의 언어로 구현해 내기에 앞서, 현장의 필요를 알아야 한다. 그래야 외부 자원을 동원할 수 있는 언어에 힘이 생긴다. 모금 업무를 하고 있을지라도, 현장을 아는 것은 비영리 조직이 가진 본업이며, 존재 이유이다. AI가 더 많은 영역을 대체하는 지금, 모금가들이 공통적으로 강조하는 단어는 결국 현장이다. 데이터 분석은 현장을 모르는 모금가보다 AI가 더 잘할 것이기에 현장을 모르는 모금가의 역할은 AI에 의해 대체될 것이다.

NGO도 현장에서 일하는 사람보다 그걸 관리하고 온라인 접근이나, 시스템에 접근하는 기획자들이 더 많았단 말이에요. 현장에서는 되게 작게 일하고. 그게 대형 NGO들의 지금의 문제점이라고 생각을 해요. (중략) 현장에서 일할 수 있는 사람을 대체하는 것에는 한계가 분명히 있죠. 어쩔 수 없이 사람이 가야 되고 사람이 일해야 되고, 그래서 지금은 그 내실화를 해야 될 필요가 있는 것 같아요.

— 이정호/모금활동가(대형조직), 40대, 남.

결국은 콘텐츠에 집중하게 되고, 콘텐츠도 제가 볼 때는 두 가지 중에 하나인데, NGO한테는 콘텐츠가 사업이잖아요? '어떤 일을 하는가, 진짜 현장에서 사업을 어떻게 하는가'가 한 면인 것 같고, 그것을 마케팅적으로 어떻게 디자인하고 포장하느냐가 또 한 영역인 것 같은데, 지금은 마케팅 단에서의 에너지를 많이 쓰는 시절이니까 마케팅의 포장 기술에 더 에너지를 쓸 수밖에 없는 것 같아요. — 최민석/모금활동가(대형조직), 40대, 남.

사회복지에서 흔히 하는 얘기 중에 모든 답은 현장에 있다고 하는데, 아마 점점 더 그렇게 되지 않을까 싶어요. 모든 답이 현장에 있다는 말에 다양한 시대적 배경에 따라서 해석 방법이 다를 것 같아요. 예전에는 현장에 가야 그분들의 욕구를 파악할 수 있다, 현장에 가야 사회 문제를 해결할 수 있다는 의미였다면, 지금은 비영리 조직의 존폐인 것 같아요. 사업을 잘 하는 데에 조직이 죽느냐 사느냐가 정해지는 것 같아요.

— 이정민/모금활동가(중소형조직), 40대, 여.

잘하는 일을 기부자의 언어로 알리기

기부자의 눈에는 모금의 방법뿐 아니라 모금의 목적이 되는 사업도 비슷해 보일 것이다. 실제 비영리 조직들이 비슷한 사업을 하고 있기도 하다. 예컨대 대상으로 보면 해외 사업, 빈곤 아동 청소년, 장애인, 자립 청년 등이 있다. 동일한 수혜자 집단을 대상으로 하는 비영리 모금 조직 중에서 왜 기부자가 우리 조직을 선택해야 하는가라는 물음에 답하고 기부자를 설득하기 위해서는, 감성적 콘텐츠를 넘어 사업의 명확성을 보여줄 수 있어야 한다. 특히 다른 조직들이 하지 못하는 영역이나 주제를 발굴한다면, 그 분야에 관심 있는 잠재 기부자들에게 비교 불가능한 조직으로 인식될 수 있다. 기업이 틈새 시장을 공략함으로써 경쟁을 줄이고, 충성도 높은 고객을 확보하는 것과 같은 맥락이다. 문제를 발굴하여 사업을 뾰족하게 하고, 발굴한 사회 문제의 해결 방안과 해당 문제에 대한 조직의 전문성을 알릴 때, 해당 영역에 관심을 가지고 있던 기부자의 선택을 받을 것이다.

> 기부자들은 이제 찾아다니면서 기부를 해요. 내가 기부하고 싶은 영역들이 요즘은 뾰족해졌다고 해야 되나? 그러니까 자기의 기부 욕망을 아시는 것 같아요. (중략) 그러다 보니까 사업을 잘하면 입소문이 나고 해서 연결이 되고 확장되는 것도 많은 것 같고요. (중략) 기부자들하고 소통하는 방법에 대한 고민은 분명히 해야 되는데, 저는 그게 콘텐츠인 것 같거든요. 그 콘텐츠를 가지고 결국은 브랜딩으로 갈 수밖에 없는 거니

까 사업으로 브랜딩을 하는 거죠. 옛날처럼 마케팅으로 브랜딩을 한다고 했을 때는 이제는 사업으로 브랜딩을 해야 되는 때가 온 것 같아요. — 이정민/모금활동가(중소형조직), 40대, 여.

전태일의료센터 건립위원회의 사례는 기부자의 언어로 모금 메시지가 전달되는 과정을 보여준다. 의료센터 건립기금 모금은 1년 이상 정체기를 겪다가 2024년 12월, 대통령 탄핵 촉구 시위와 농민들의 트랙터 시위를 계기로 전환점을 맞았다. 이후 10만 원 후원 릴레이가 SNS 플랫폼 X를 통해 빠르게 확산되어 2025년 7월, 50억 원의 목표액을 달성했다. 전태일의료센터 건립위원회가 발표한 주 기부자층은 2030 여성으로, 시위의 주 참여자층과 같았다. 이들은 계엄 선포가 기본권을 위협한다는 인식과, 과거 주요 집회에 참석하지 못했던 부채 의식을 가지고 집회에 참석했다.[24] 여기에 '안전하게 일할 권리'와 함께 병원에 이름이 새겨진다는 리워드에 크게 공감대가 형성되었다. 시위의 참여층은 X에서 포스팅과 리트윗을 하며 기금 모금의 필요성을 자신들의 언어로 재생산하고 전달했다.

전태일의료센터 건립위원회 소식

기부자를 모은 후에도 지속적인 소통이 필요하다. 이를테면 발굴한 사

---

24 최지향 외, "2030여성은 왜 광장으로 나갔으며, 광장은 이들을 어떻게 바꾸었나?", 〈언론과 사회〉 제 33권 제 3호, 2025.8

업을 잘할 수 있는 조직이라는 점을 지속적으로 알리고 소통하는 일은 기부자와의 관계 관리에 핵심적인 역할을 한다. 앞서 트렌드 3에서 소개했던, 사업 보고서를 내려받은 지지자들을 대상으로 전화 모금 캠페인을 진행해 신규 회원을 폭발적으로 확보할 수 있었던 성공 사례의 배경에는 지지자들과 소통하려는 지속적인 노력이 있다. 그 과정이 없다면 회원 가입 전환은 지금처럼 높지 않았을 것이다. 이처럼 비영리 모금 조직은 자신의 의제를 시민들에게 설득시키고, 참여를 유도해야 한다. 그러나 많은 조직이 '지지자'를 확보하는 것에 만족하고 다음 단계로 나아가지 못한다. 우리 의제는 너무 어려워서, 지지자가 기부 권유를 받으면 불쾌해할 것 같아서, 과거 기부 권유를 했던 경험이 긍정적이지 않아서 등 이유는 많다. 지지자들은 관심 있는 사회 문제 해결에 참여하고 싶어하고, 그것을 잘 해낼 조직을 찾고 싶어한다는 점을 잊지 말자. 우리 조직이 그것을 가장 잘해 낼 조직이라는 점을 꾸준히 알리는 작업, 그것이 브랜딩이다.

정말 기부를 하고 싶어서 오시는 분들을 진성 후원자라고 저희가 보통 얘기하잖아요. 그런 분들을 잡으려면 결국은 사업을 잘하는 것밖에 없더라고요. 사업을 잘하고 있다는 것을 그분들에게 어떻게 잘 알릴 것인가가 관건인 것 같아요. 우리가 해결하려고 하는 이 많은 사회 문제들이 기부자들이 보기에는 분명 어려운 말들이고 거대 담론들이 항상 깔려 있으니까, 이걸 어떻게 기부자들한테 잘 전달할 것인가? 그럼 결국 또 콘텐츠! 근데 그 콘텐츠가 사업을 기반으로 한 콘텐츠로 가는 것 같아요. ─ 이정민/모금활동가(중소형조직), 40대, 여.

중요한 모금이 시작되기 전에 [5만원 정기기부]기부자하고 사전에 주로 대표급에서 모금의 필요성이라든가 이런 것들을 [말씀드려요]. 그러면 그 기부자분이 성장하시는 기회가 되더라고요. (중략) 중소형 단체가 다루는 문제는 브로드하지 않고 굉장히 구체적으로 보이는 사안들이 있으니까, 모금을 요청하면서 그런 문제에 좀 더 이해도를 높이는 시간이 되기도 하고요. 그래서 그분이 실은 이 문제에 관심이 있어서 들어왔는데 요청을 하니까 바로 응답하시는 경우도 많더라고요.

─ 이상희/모금가패널, 50대, 여.

Insights

1. 기부런, 성공과 실패의 차이는 '서사'에 있다.

성공하는 기부런은 참여자에게 개인적 경험이 사회적 의미로 확장되는 서사적 경험을 제공한다. 기부런은 강력한 서사나 팬덤의 참여와 같은 요소 없이는 기대하는 결과를 만들기 쉽지 않고, 목적과 운영이 부조화를 이룰 때 진정성마저 의심받을 수 있다. 기부런, 그 자체가 중요한 게 아니라, 핵심은 그 속에 담긴 서사와 진정성이다.

2. 굿즈에 서사와 캐릭터를 입혀 우리 조직의 안내자로 만들자.

굿즈의 인기 또한 여전하다. 반지, 팔찌 일변도의 굿즈에서 키링처럼 정체성과 '기분 좋은 소비'를 드러내는 새로운 아이템이 굿즈로 부상하고 있다. 굿즈 캠페인은 캐릭터, 세계관, 스토리를 입힌 통합 캠페인으로 확장되고 있다. 기부 동기가 약한 굿즈 기부자에게 다른 사업으로의 기부를 안내하거나, 사업의 효과를 지속적으로 알려 계속 기부에 참여할 수 있도록 굿즈의 여정을 설계하라.

3. 콘텐츠에 긍정 감정을 부여하여 차별화하라.

기술 평준화로 인해 콘텐츠 자체의 차별성이 기부자의 선택을 좌우한다. 잠재 기부자의 기억에 남을 서사와 메시지, 톤이 핵심 경쟁력이다. 기부자가 공감할 수 있는 서사적 매력, 기부자의 언어로 말하는 메시지가 중요하다. 감성을 부여하는 것은 감성을 자극하는 것과는 다르다. 사회 문제를 직시하고 참여로 이어지게 하는 용기, 뿌듯함, 공감과 같은 긍정 감정을 구체적으로 설계하라.

4. 모금을 이끄는 서사는 결국 현장에서 나온다. 현장에 집중하라.

기술이나 AI가 콘텐츠 제작을 도와줄 수 있으나 현장을 대체할 수는 없다. AI가 하지 못하는 것, 그것은 바로 사람을 만나는 모금가이고, 기부자가 공감하고 참여하는 힘은 현장의 실제 이야기에서 나온다. 변화의 과정과 결과, 사람들의 감정을 기부자의 언어로 전달하라. 비영리 조직의 현장성 있는 콘텐츠가 바로 브랜딩이다.

트렌드

5

로컬 기빙:
대체할 수 없는 기부 경험

기부는 더 이상 먼 곳의 문제를 해결하기 위한 일방적 행위가 아니라, 지역 사회의 구성원으로서 공동의 문제를 함께 해결하는 연대의 경험으로 변모하고 있다. '로컬 기빙, 대체할 수 없는 기부 경험'은 단순히 지역에 기부하는 것을 넘어, 지역과 함께 성장하고 연대하는 새로운 나눔의 흐름이다. 경북 의성군 산불 피해 지역에 전국의 휴머니티가 모여 기적을 만들어 낸 것처럼, 아직은 제도적 개선이 필요한 고향사랑기부제가 지역 활성화의 가능성을 보여준 것처럼, 지역 기반 모금 조직들이 만들어가는 변화처럼, 2026년 기부는 더욱 로컬해질 것이다.

지역보다 더 세밀한 하이퍼로컬Hyper-Local 25 시대의 의미가 다시 떠오른다. AI 시대일수록 더욱 소중해지는 휴머니티는 실로 가까운 곳에 있다. 바로 우리 동네, 우리 커뮤니티 안에 있다. 기부금이 지역 경제로 순환되고, 기부자가 지역의 변화를 직접 목격하고, 지역민이 더 나은 삶을 살게 되는 이 선순환 구조가 우리 사회의 미래를 바꾸는 데 더 큰 역할을 할 것으로 보인다. 지역 사회 문제 해결에 대한 젊은 기부자층의 관심, 온라인 플랫폼에서 로컬 기부의 증가, 로컬을 중심으로 문제를 바라보는 기업과 정부의 정책적 지원이 함께 만드는 시너지는 향후 지속될 것으로 예상된다.

---

25 하이퍼로컬Hyper-Local의 전통적 개념은 '아주 좁은 지역의 특성에 맞춘'이라는 뜻으로 기존 로컬의 개념보다 더 좁은 동네 생활권을 뜻한다. 이 책에서 하이퍼로컬은 '시·군'단위의 로컬이 아닌 '동·리'단위의 더 작은 지역, 더 좁은 지역을 가리킨다. 로컬 기반의 기부가 더 작은 동네, 더 내 관심사와 연결되어지는 지역, 내가 직접 찾아가 경험하고 싶은 지역에 집중Focusing되어 나타난다는 의미로 사용되었다.

하이퍼로컬 시대,
심리적 거리감이 줄어든 나눔

나의 동네를 위한 작은 행동

사회적 거리두기를 통해 삶의 구조가 개인화, 독립성이 점점 강해지는 사회가 되면서 하이퍼로컬hyper-local 시대가 본격적으로 도래했다. 하이퍼로컬이라는 개념은 흔히 '슬세권'[26]처럼 내 주위의 동네만을 이야기하는 것이 아니다. 광역(시·도 단위)보다는 더 작은 동네, 나와 관심사가 일치하거나 내가 원하는 작은 동네, 변화를 체감할 수 있는 작고 한정된 지역을 일컫는다.

흥미로운 것은 이러한 지역 중심 기부가 기존 비영리 모금 조직의 새로운 모금 상품으로 개발되는 것이다. 온라인 기부 플랫폼에 등록된 모

---

26 슬세권은 '슬리퍼Slipper'와 '세권Sphere'의 합성어로, 슬리퍼를 신고 편하게 다닐 수 있을 정도로 집 가까이에 마트, 카페, 병원, 공원, 영화관 등 다양한 편의시설이 모여 있는 주거 지역을 의미하는 신조어이다.

금함 중에선 '지역'이나 '동네'를 제목으로 적어 놓은 모금함이 눈에 띈다. 예전에는 큰 문제를 해결하거나 기부로 일어나는 큰 변화가 더 많은 주목을 받았지만, 지금은 즉시 변화시킬 수 있고 나의 기부가 더 많은 역할을 할 수 있는 작은 동네가 기부자들의 심리를 더 움직인다.

사단법인 함께만드는세상의 〈힘내라, 우리동네 작은 가게〉, 사단법인 서울환경연합의 〈플라스틱방앗간이 동네로 찾아갑니다〉, 사회복지법인 월드비전의 〈저도 친구들과 함께 놀 수 있는 동네에 살고 싶어요〉 등의 모금함은 예전에는 대상이나 지원사업에 집중하였다면, 이제는 지역 특히 '작은 지역'에 집중된 제목들을 앞에 두고 있다. 지역 단위의 복지관이나 아동센터 등의 사업도 온라인 기부 플랫폼을 통해 전국의 기부자들에게 손을 내밀고 있다. 카카오 〈같이가치〉에 등록된 모금함을 들여다 보면 하이퍼로컬에서 이루어지는 사업을 쉽게 볼 수 있다.

카카오 〈같이가치〉에 등록된 지역 복지관의 모금함

지역 맞춤형 캠페인은 지역의 문제를 지역에 맞게 구상하고 설명하고 모금해서 해결한다는 점에서, 앞으로도 더욱 확산될 것으로 보인다. 각 지역은 자신의 고유한 문제, 문화, 특성을 반영한 캠페인을 기획할 수 있고, 기부자들은 기부 효능감을 더 쉽게 얻을 수 있기 때문이다. 다시 말해 기부자들은 자신이 원하는 지역의 변화에 직접 참여하는 경험을 통해 깊이 있는 연대감과 소속감을 형성할 수 있다.

> 네이버 해피빈을 통해서 그냥 〈생수가 필요합니다〉라는 모금함으로 모금을 한번 해봤더니 그냥 너무, 너무나 쉽게 500만 원이 넘게 모금이 되더라고요. 그러니까 누구든지 누리고 살 수 있는 그런 삶 속에서 그걸 누리지 못하는 사람들이 있다라는 것에 대해서 사람들이 동참했던 것 같고…
>
> — 김세현/모금활동가(지역단체), 40대, 남.

로컬 기빙, 변화의 중심에 서다

로컬 기빙local giving은 특정한 지역의 이름을 전면에 내세워, 기부자가 누구를 돕는지 직관적으로 떠올리게 한다. 이는 변화의 중심에 서고 싶어 하는 기부자에게, 자신의 기부로 변화하는 대상을 또렷하게 인지시키며 기부의 효과를 실감나게 한다. 로컬 기빙의 핵심은 『기부트렌드 2025』에서 강조했듯, '지역'이라는 공간을 매개로 기부의 감각이 연결되고 반복되며 견고해진다는 점이다. 이런 지역 기반의 기부 경험에 대한 호응은 2026년에도 지속될 것으로 보인다. 기부자는 명확히 상상할 수 있는 지역이라는 공간을 통해 수혜자와의 거리를 한층 더 가깝게 느끼고, 그래서 직접적인 변화를 만들 수 있다는 기대감을 갖게 되기 때문이다. 이 과정에서 로컬 기빙은 다른 방식으로는 대체할 수 없는 기부로 인식되며, 더욱 투명하고 효과적인 기부라는 신뢰를 얻게 된다.

실제로 로컬 기빙이 만드는 변화는 경제적 효과를 넘어 사회적 자본을 형성한다. 지역 경제 선순환 구조를 만들고, 로컬 기부로 형성된 사업들을 통해 주민 참여와 민주적 의사결정 구조를 강화한다. 로컬 기빙은 서로 다른 배경의 사람들을 공동의 목표 주변으로 모으고, 신뢰와 새로운 네트워크, 사회적 연결을 만들어 낸다. 이는 단순히 기부금의 집합이 아니라 관심 있는 사람 모두가 함께 하는 지역 공동체의 회복이자 재구성이다.

울진군은 2024년 12월부터 2025년 1월까지 61일간 〈희망2025 나눔 캠페인〉을 진행했다. "기부로 나를 가치있게, 기부로 울진을 가치있게"라는 슬로건 아래 5억 원의 목표를 넘어 10억 3천만 원을 모금하며 울진군 역대 최고 모금액을 기록했다. 이 캠페인이 성공할 수 있었던 것은 울진군청을 비롯한 읍·면사무소의 주차장·광장에서 유관기관 단체와 지역주민, 지역 기업이 함께 캠페인에 동참했기 때문이다. 지역주민뿐 아니라 울진을 찾은 관광객까지 동참했다. 이렇게 모인 성금은 경북사랑의열매에 기부되어 울진군 내 취약계층 지원과 복지 사업에 사용되었다. 울진군의 이 캠페인은 사람들이 자신이 살아가거나 방문한 지역의 사회문제 해결을 위한 모금 캠페인에 더 큰 공감과 참여 의지를 보인다는 것을 잘 보여준다. 동시에 로컬 기빙이 지역 사회 문제를 해결하고 공동체 의식을 강화하는 데 기여할 수 있음을 분명하게 드러내는 사례다.

울진군 "희망2025 나눔캠페인" (경북신문, 2025. 2. 3.)

제철기부로 트렌디하게

인스타그램에서 '제철음식' 해시태그가 포함된 게시물 수가 30.5만 건을 넘어서는 등 제철 음식 인증은 젊은 세대에게 있어 하나의 소비 문화로 자리잡았다. 지역 비영리 모금 조직들이 제철 특산품을 활용한 답례품이나 굿즈를 개발했을 때, 자연스럽게 SNS를 통해 확산되며 젊은 세대의 참여를 이끌어내는 이유다.

제철기부는 '제철 음식이나 농산물 또는 상품을 활용해 나눔을 실천하는 방식'을 말한다. 트렌드 2에서 살펴본 '적시 기부'와 연결되는 트렌드이다. 지금이라는 '시기의 중요성'과 '지금 가장 풍성한 것'을 나눈다는 의미가 결합된 기부다. 마천종합사회복지관의 모금캠페인 〈제철과일로 아이들의 영양과 건강을 지켜주세요〉는 성장기 아이들에게 제철과일을 보내기 위해 진행됐다. 복합적 위기에 놓여 있는 취약 계층 아이들 가정에 과일을 보내줌으로써 내가 지금 이 시기에 먹고 있는 과일을 아이들에게도 선물할 수 있도록 했다.

구립마천종합사회복지관의 과일드림지원사업, "제철 과일로 아이들의 영양과 건강을 지켜주세요"

봄의 딸기, 여름의 수박, 가을의 배, 겨울의 귤 등 계절마다 달라지는 지역 특산품이 기부의 매개가 되면서, 기부자들은 계절의 감각 속에서 자연스럽게 나눔에 참여하게 된다. 이는 철마다 돌아오는 모금행사와는 다르다. 김장기부, 연탄기부, 명절기부는 기부를 중심으로 때가 되면 하는 기부 행위인 반면, 지역을 중심에 두고 이야기 되는 제철기부는 기부자가 평소에 소비하던 제철 제품을 기부와 연결해 일상 속에서 자연스럽게 참여한다는 것에서 차이가 있다.

'제철기부'는 지역이라는 트렌드가 소비에서 멈추지 않고 사회문제 해
결로 확장되고 있음을 보여준다. 제철에 나는 상품을 구매하는 것만
아니라 지금 이 시기에만 가능한 상품으로 나눔을 실천하고, 바자회에
참여하거나 자원봉사에 함께하는 것 모두 제철기부로 부를 수 있다.
이렇게 기부 문화는 더욱 지역을 포용하며 생활 밀착형으로 진화하고
있다.

지역 안에서 같은 지향점을 바라보다

지역 안에서 같은 지향점을 바라보는 또 다른 시선이 있다. 바로 새로
운 가능성으로 로컬을 바라보고 있는 청년 창업자들의 시선이다. 이
와 함께 지역 사회 문제 해결에서 비영리 조직과 로컬 스타트업[27]의 협
업이 새로운 가능성의 영역으로 떠오르고 있다. 기부와 투자라는 서
로 다른 재원 접근 방식이 지역이라는 무대 위에서 같은 지향점을 향
해 움직이고 있는 현상은 매우 흥미롭다. 기부와 투자의 관점은 돈의
출처, 대가 여부, 지원 방식 등이 다르지만, 지역을 중심에 놓고 생각해
보면 지역 소멸에 대한 대응이라는 지향점에서 동일하다.

---

27 특정 지역(로컬)의 고유한 문제나 자원을 활용하여 혁신적인 비즈니스 모델을 구축하고, 그 지역 사회에 긍
정적인 사회적, 경제적 가치(임팩트)를 창출하는 초기 창업 기업을 가리킨다.

로컬 스타트업은 전통적인 지역 비영리 모금 조직에게 지역 문제 해결을 위한 기술 혁신과 창의적 접근 방식을 제시하고, 비영리 모금 조직은 이런 스타트업을 지원하거나 콜라보 사업을 통해 사회적 임팩트[28]를 배가시킬 수 있다. 이미 국내외 여러 단체가 이런 파트너십을 운영하며 지역 사회 문제 해결에 힘쓰고 있다.

사회 문제를 해결하는 사업의 초점이 지역에만 국한 되어 있는 것은 아니다. 하지만 스타트업들은 지역에 점점 더 많은 관심을 가지고 있다. 희망제작소의 〈SIR 모의투자대회〉나 국립강릉원주대학교 RISE사업단, 산학협력단 창업지원본부 및 대경강원권 SCOUT사업단이 함께 개최한 〈Local Startup Impact & Expansion 2025〉, 사회혁신 스타트업의 모임인 〈Impact Legacy〉 등을 통해 지역을 화두로 한 논의의 장이 확장되고 있다.

한때는 환경 문제를 해결하는 스타트업들이 많았고, 지금도 환경 문제가 주요한 아이템임에는 변함이 없다. 이제 스타트업과 소셜 벤처는 환경 문제 못지않게 지역 사회 문제 해결에도 관심을 기울이며, 그 관심을 더욱 구체화해 나가고 있다. 지역의 복잡한 사회문제를 해결하기 위해 다양한 접근법을 실험하고 문제를 입체적으로 바라보려는 시도가 이루어지고 있으며, 특정 지역에서 출발한 고민과 해법을 전국과 전

---

28 사회적 임팩트Social Impact는 우리 사회에 미치는 긍정적이고 지속 가능한 영향을 의미한다. 단순히 일회성 자선 활동이나 단기적인 결과물을 넘어, 사회 문제의 근본적인 해결을 통해 장기적이고 규모 있는 사회 변화를 창출하는 힘을 뜻한다.

세계의 문제 해결로 확장해 적용하려는 움직임으로 이어지고 있다. 이러한 관점의 확장은 오늘날 스타트업과 소셜 벤처가 공유하는 주요한 문제의식이기도 하다.

지역 기반 비영리 모금 조직의 눈으로 보면, 이런 변화는 지역 문제를 해결하는 주인공 자리에서 한 발 비켜나야 하는 것처럼 느껴지기도 한다. 예전에는 비영리 조직이 지역 문제 해결의 중심에 서 있었다면, 이제는 외지의 스타트업이 들어오고 지자체의 관심과 개입이 늘어나면서 새로운 방식의 해결 시도, 영리적 모델, 공공의 프로젝트가 동시에 등장하고 있기 때문이다. 그러나 동시에 이것은 서로 어떻게 협업하고 함께 문제를 풀어갈지, 새로운 파트너십을 상상하고 긍정적으로 고민해 볼 수 있는 중요한 기회이기도 하다.

그런 관점에서 지자체, 기업, 비영리 모금 조직, 스타트업이 한 지역의 문제 해결을 위해 협력하는 '공공-기업-비영리-지역활동가의 협업' 모델인 콜렉티브 임팩트Collective Impact29의 개념이 본격화되고 있다. 이는 고전적 기부 구조에서 벗어나 지역을 기반에 둔 생태계 전체의 혁신을 추동할 수 있는 접근이기 때문에 주목할 만하다.

정부나 지자체, 기업, 비영리 조직, 활동가 등 어느 한 주체만으로는 지

---

29 콜렉티브 임팩트Collective Impact는 특정 복잡한 사회 문제를 해결하기 위해 서로 다른 분야와 배경을 가진 여러 주체들(정부, 기업, 비영리 조직, 재단, 지역 활동가 등)이 공동의 목표와 전략을 중심으로 장기적이고 체계적으로 협력하여 의미 있는 사회 변화를 창출하는 접근 방식이자 방법론이다. 기존 전통적인 방법론이 느슨하거나 단기적인 연계였다면, 콜렉티브 임팩트는 구조화된 시스템과 전담 보직을 통해 장기적이고 실질적인 결과를 만들어 내는 데 집중하는 형태이다.

역 문제를 온전히 해결하기 어렵다. 지금까지는 한 주체가 사회문제 해결을 이야기하면 다른 주체는 도움을 주는 역할에 머무르면서, 깊이 있는 연계와 공동 책임으로 나아가지 못한 경우가 많았다. 하지만 지역을 기준으로 바라보면, 한 기관이나 개인이 홀로 해결하기에는 장기적이고 복합적인 문제들이 훨씬 더 많다. 이런 문제일수록 시간과 자원의 지속적인 투입, 그리고 여러 주체의 꾸준한 협력이 필수적이다. 이를 위해서는 공동의 목표와 상시적인 논의 구조, 실행 조직의 전문성, 서로가 인정할 수 있는 성과 측정이 함께 마련되어야 한다. 그래서 이를 통합한 개념으로 콜렉티브 임팩트가 관심을 받고 있는 것이다.

재난에 모이는 마음, 휴머니티의 회복

재난이 만들어 낸 기부 문화의 변화

2025년 초, 경북 의성에서 발생한 영남 산불은 한국 사회가 여전히 따뜻함을 잃지 않았음을 보여주는 사건이었다. 산불 발생 직후 나흘 만에 카카오 〈같이가치〉와 네이버 〈해피빈〉을 통해 약 55억 원이 모금되었다. 이 과정에서 무려 103만 명의 시민들이 참여했다. 이후 네이버 〈해피빈〉에서는 총 66개의 모금함을 통해 약 145억이 모여 최고 모금액을 기록하기도 했다.[30]

기업들도 발 빠르게 움직였다. 삼성, SK, 현대자동차, LG, 포스코 등 주요 대기업들이 총 90억 원의 성금을 기부했으며, 단순 기금 지원을

---

30 2025년 영남 산불 이전까지 가장 많은 모금액을 기록한건 2023년 튀르키예 지진으로, 당시 네이버 〈해피빈〉에 56개의 모금함이 개설되어 약 93억 원이 모금되었다.

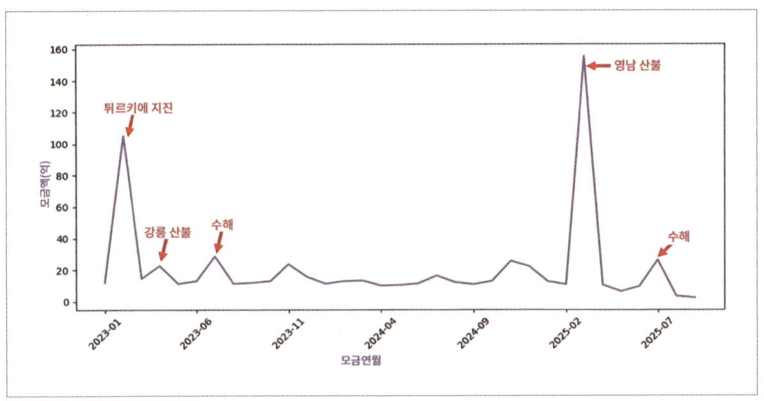

네이버 〈해피빈〉 모금함 빅데이터 분석을 통해 본 재난재해 모금액 추이(2023-2025)

넘어 구호물품과 인력 지원으로까지 확대되었다.

이 재난은 기부 문화에도 뚜렷한 변화를 가져왔다. 기부자들은 단순히 기금을 보내는 데서 그치지 않고, 산불 피해 지역을 직접 찾아 자원봉사를 하는 것으로 참여 범위를 넓혀 갔다. 기부 이후에도 현장을 방문해 피해 상황과 복구 과정을 체험하면서, 자신의 기부가 지닌 의미를 다시 확인하려는 움직임이 크게 늘어났다. 비영리 모금 조직들도 적극적으로 대응했다. 온라인 기부플랫폼들을 통해 빠르게 모금함이 개설되었다. 사랑의열매는 중앙과 경북 지역을 중심으로 긴급 모금 캠페인을 진행해 피해 지역 주민들의 긴급 생활 안정과 피해 복구를 도왔다. 굿네이버스는 카카오 〈같이가치〉의 '같이기부'를 통해 2억 원 이상을 모금했고, 이 기금으로 긴급 구호 물품 지원과 긴급 생계비 지원 사업을 진행했다.

기관명	모금액	비율	모금인원	비율
전국재해구호협회	8,638,162,000	60.4%	260,776	55.4%
사회복지공동모금회	1,550,331,000	10.8%	39,214	8.3%
대한적십자사	1,545,501,200	10.8%	40,009	8.5%
따뜻한 하루	710,458,000	5.0%	37,896	8.1%
구세군자선냄비본부	398,646,700	2.8%	12,504	2.7%
한국해비타트	316,400,300	2.2%	12,864	2.7%
굿피플	265,066,200	1.9%	15,753	3.3%
세이브더칠드런	199,717,800	1.4%	9,156	1.9%
초록우산	178,747,300	1.2%	6,074	1.3%
월드비젼	129,683,800	0.9%	3,594	0.8%
기아대책	126,985,300	0.9%	18,934	4.0%
밀알복지재단	121,233,700	0.8%	6,346	1.3%
굿네이버스	86,403,000	0.6%	2,410	0.5%
지파운데이션	37,783,300	0.3%	5,013	1.1%
종계	14,304,937,600	100.0%	470,543	100.0%

네이버 〈해피빈〉 모금함 빅데이터 분석을 통해 본 영남 산불 주요 단체 모금 현황

재난에 모이는 따뜻한 마음은 기술로 대체될 수 없는 인간의 본질을 보여준다. 기술이 발전할수록 우리는 더 깊이 있는 연대를 갈망하고, 진정한 변화를 만드는 공동의 노력을 믿는다. AI와 디지털 기술이 인간의 노동을 대체하는 시대, 역설적으로 기부 문화는 더욱 '인간적'이 되고 있다.

올해 산불이 났었잖아요. 저희가 이제 어르신들 기관 안에서 모금 활동을 했었어요. (중략) 저는 솔직히 어르신들이 마음을

모아주시는 것에 대해서 너무 감사드렸고, 여러 분들이 해 주셨는데 그중에 한 분 같은 경우에는 한 100만 원 정도를 해 주셨었어요. 그래서 왜 이렇게 많이 하시냐고 여쭤봤더니, 본인도 예전에 그런 아픔이 있다 그래서 정말 해주고 싶은 마음이 있어서 지원한다는 얘기를 해 주셨어서, 그게 제일 감동의 마음으로 많이 남아 있고요. ㅡ 장미선/모금활동가(지역단체), 50대, 여.

AI 시대, 지역에서 휴머니티가 선명하게 나타나는 이유

AI 시대의 휴머니티는 지역이라는 공간에서 가장 선명하게 드러난다. 왜 지역일까? 지역은 얼굴을 마주할 수 있는 공간이기 때문이다. AI가 아무리 발전해도 지역 카페에서 마주치는 이웃의 미소, 함께 나눈 봉사의 온기는 대체할 수 없다. 공간 중심의 기부가 성공하는 이유는 기술이 아니라 사람 간의 연결이 있기 때문이다. AI는 인간의 일에서 효율성을 높여 주긴 해도, 인간다움, 휴머니티를 만들어 내지는 못한다. 휴머니티는 관계 속에서만 생성되기 때문이다. 기부자들이 지역의 시설이나 기관을 직접 방문하고, 시간을 내 봉사활동을 하고, 손으로 필요한 물품을 건네는 행위. 그 순간 기부는 단순한 자원의 이동이 아니라 얼굴을 마주한 '관계 맺음'이 된다.

지역은 변화를 직접 목격할 수 있는 공간이기도 하다. AI가 제공하는 데이터와 분석도 중요하지만, 내 기부로 우리 동네에 소아과가 생기고,

마을 빨래방이 만들어지고, 청소년 탁구부가 전국대회에 나가는 것을 직접 보는 경험은 인공지능에 의해 대체할 수 없다. 이러한 즉각적이고 가시적인 변화는 기부자에게 깊은 만족감과 효능감을 제공한다. 누군가의 문제가 더욱 가깝게 체감되며 '우리의 문제'로 다가오는 공간이 지역이다. 그렇게 로컬 기빙은 지역의 연대와 신뢰를 회복시키며 함께 나누는 삶을 만들어 간다.

> 저희는 지역 기관이기 때문에 제가 지역 복지관 와서 한 10년 정도 모금에 대해서 계속 고민을 하긴 했는데, 처음에는 자꾸 외부로 돌았었거든요. (중략) 지금 한 해 한 해 지나면서 그 [복지관] 서비스를 이용하고 있는 이용자들의 기부가 자꾸자꾸 더 늘고 있어요. 그래서 이용자이긴 하지만, 또 같이 후원을 해주고 봉사를 할 수 있는 대상이라는 인식을 자꾸 확대시켜주고, 후원해 주신 것들이 기관에서 어떻게 쓰이는지 홍보하고 하니까, 어르신들이 스스로 돈을 들고 한 달에 한 번씩 사무실 찾아와서 내시는 분들이 조금 더 늘어나고 있어요.
>
> — 장미선/모금활동가(지역단체), 50대, 여.

영국커뮤니티재단UK Community Foundations, UKCF은 '지역 기반 자선 활동 모델Place-Based Philanthropy Model'을 운영하고 있다. 재단은 지역 주민이 직접 지역의 문제를 정의하고 해결 방안을 모색할 수 있도록 권한을 부여하며, 이 과정에 기부자도 함께 참여해 자신의 기부가 현장에서 어떤 변화를 만들어내는지 직접 확인할 수 있도록 한다. 이러한 방식은 기부를 단순한 금전적 행위에 머무르게 하지 않고, 기부자와 지역 사회 간의 깊은 유대감을 형성하는 데 초점을 둔다.

특히 단일한 사업이나 아이템만을 지원하는 것이 아니라, 국가를 포함한 전략적 파트너들과 협력하여 한 지역 사회의 건강과 복지, 공정성과 평등, 기후 행동, 지역 사회 결속, 지역 혁신 등 전반에 걸친 구조적 변화를 촉진하는 데 중점을 둔다. 이러한 방식은 기부자가 지역이 실제로 변화하는 과정에 함께하며 높은 효능감을 느끼게 하고, 그 지역의 다양한 의제에 더 깊게 관여하도록 만들며, 궁극적으로는 추가적인 기부와 참여로 이어지는 선순환을 만들어 낸다.

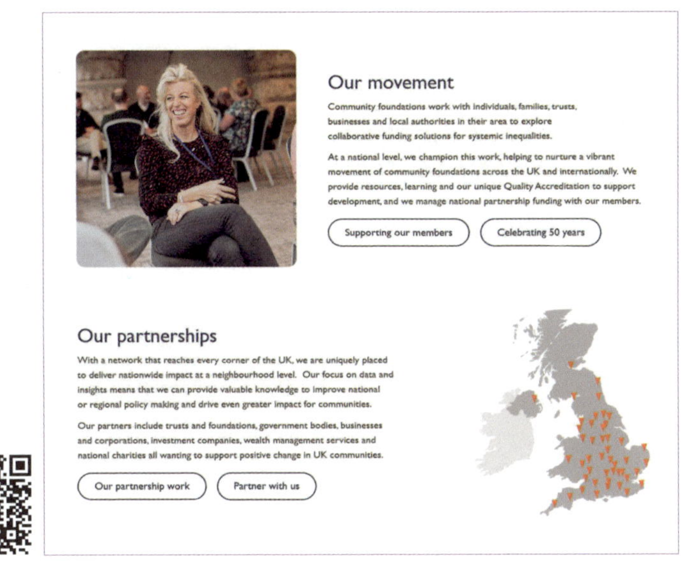

영국 커뮤니티 재단 네트워크의 운영 방법 소개
(UK Community Foundations)

AI 기술이 인간의 노동을 대체하고, 알고리즘이 의사결정을 주도하는 시대에 사람과 사람이 직접 만나 나누는 경험, 신뢰 기반의 관계, 공동의 문제를 함께 해결하려는 의지는 더욱 소중해진다. 로컬 기빙은 이러한 모든 요소를 포함한다. 기술이 발전할수록, 인간다움을 지키려는 노력은 지역을 중심으로 더욱 두드러지게 나타나게 될 것이다.

지역 순환형 기부 모델

기부자를 관계 인구로, 관계 인구를 기부자로

로컬 기빙의 중요성을 인식할수록 우리는 '지역 순환형 기부 모델'의 필요성을 마주하게 된다. 지역 순환형 기부 모델이란, 기부금이 다시 지역 경제 안에서 사용·재투자되도록 설계된 기부 방식을 말한다. 핵심은 기부금이 단순히 소비되는 것이 아니라 지역 경제로 다시 흐르도록 만드는 데 있다. 일반 기부나 지역 비영리 모금 조직을 중심으로 한 접근에서도 이미 이러한 원리가 작동하고 있다. 지역 상품권과 특산품의 활용은 기부자에게 물질적 가치를 제공하면서 동시에 지역 소상공인, 생산자, 로컬 브랜드에 직접적인 경제 효과를 가져오는 전략이다. 이는 기부가 어떤 보상을 기대하는 거래에서 시작되는 것이 아니라, 내가 직접 지역에 관심을 갖고 찾아가 체험하고, 또 다른 기부로 연결되는 형태로 지역 사회와의 감각적 연결을 만드는 수단이 되고 있음을 의미한다.

다시 말해 이 기부 모델에서 핵심은 '일회성 기부자'를 '관계(생활) 인구'[31]로 전환하고, 나아가 이 관계 인구가 '정기 기부자'로 순환되도록 만드는 데 있다. 통계청에 따르면 2025년 1분기 인구감소지역의 생활 인구는 약 2,361만 명으로, 이 가운데 체류 인구는 약 1,876만 명에 이르며 등록 인구 485만 명의 약 3.9배 수준이다. 우리가 기대하는 것은 이러한 생활·체류 인구가 단순한 방문자에 머무르지 않고, 지역과 지속적으로 관계를 맺는 관계 인구이자 정기 기부자로 점차 전환되는 흐름이다.

(단위: 천명, 배)

	25. 1월			25. 2월			25. 3월		
		동월	전월		동월	전월		동월	전월
생활인구	25,774	3,025	3,331	20,219	-5,650	-5,555	23,612	-1,363	3,393
등록인구(A)	4,860	-48	-7	4,850	-50	-10	4,851	-47	1
주민등록	4,720	-65	-6	4,710	-68	-10	4,709	-65	-1
와국인	140	17	-1	140	18	0	142	18	2
체류인구(B)	20,914	3,073	3,073	15,369	-5,600	-5,454	18,761	-1,316	3,392
배수(B/A)	4.3	0.7	0.7	3.2	-1.1	-1.1	-1.1	-0.2	0.7

각각 전년 동월 대비 증감, 전월 대비 증감을 의미함

2025년 1/4분기 관계(생활)인구 현황(통계청 보도자료)

---

31 관계(생활) 인구란 거주는 하지 않지만 지속적으로 지역과 관계를 맺는 사람들을 의미한다.

기부를 통해 지역을 알게 되고, 지역 상품을 구매하고, 지역을 방문하고, 다시 기부로 이어지는 이 순환 속에서 기부자는 더 이상 남이 아니라 지역의 팬이자 사실상 주민에 가까운 존재로 위치를 바꾸게 된다. 지역 관광, 봉사 활동, 체험 여행, 고향사랑기부제 답례품, 스탬프 투어와 같은 다양한 형식은 모두 이러한 순환 구조를 만들기 위한 장치이자 실험으로 볼 수 있다.

중요한 것은 이 과정이 지금보다 더 자연스러워져야 한다는 점이다. 기부가 마치 여행처럼, 쇼핑처럼, 일상의 일부로 느껴져야 한다. 그럼으로써 기부는 연결 방식 자체가 되어야 한다. 이런 기부 활동을 통해 기부 문화가 진정한 지역의 선순환을 만들어 내는 데 기여할 수 있을 것이다.

인제군의 〈하늘여울 소치마을 농촌봉사체험〉은 참여자가 2박 3일 동안 마을에 머물며 농촌 봉사 활동에 참여하는 프로그램이다. 계절과 시기에 따라 농가의 일손을 돕고, 주민 간담회를 통해 마을 사람들과 직접 대화하며 관계를 맺도록 구성되어 있다. 이 프로그램은 단순히 봉사활동을 경험하는 수준을 넘어, 참가비가 지역 농가의 수익이 되고 다시 마을에 재투자되어 지역 경제 안에서 순환되는 과정을 몸으로 느끼게 한다. 참가비가 기부금 영수증을 받는 전형적인 기부 형태는 아니지만, 이러한 경험을 통해 참여자는 지역과 지속적으로 관계를 맺는 관계 인구로 자리 잡게 되고, 이후에도 지역을 다시 찾고 기부와 소비로 이어지는 연결 구조가 만들어진다.

인제군 농촌봉사체험
프로그램 참여 모습
(인제투어 홈페이지)

일부 지역의 비영리 모금 조직들과 지자체는 지역사랑상품권과 연계한 기부 방식을 운영하고 있다. 전국 여러 지자체가 지역화폐[32]를 단순한 소비 수단을 넘어 나눔 플랫폼으로 확장하고 있다. 남양주시의 경우 지역화폐 앱을 통해 스마트 기부 서비스를 제공하며, 이렇게 모인 기부금은 남양주시복지재단에 전달된다. 기부자는 앱에서 이웃들의 다양한 사연과 복지재단의 기부 프로그램을 살펴본 뒤, 원하는 사연을 선택해 지역화폐 충전금으로 간편하게 기부할 수 있다.

남양주시 지역화폐 앱의 스마트 기부 서비스

---

32 지역화폐는 특정 지방자치단체(광역 또는 기초) 내에서만 발행하고 유통하며, 해당 지역의 소상공인이나 전통시장 등 가맹점에서만 사용할 수 있도록 만든 화폐 또는 결제 수단이다.

산불 피해 지역을 돕는 가장 좋은 자원봉사는 '관광'이라는 말이 있다. 기부보다 관광이 좋다는 의미로 해석하기 보다는, 관계맺음을 통해 지역에 관심을 갖고 더 나아가 그 지역의 지역의 사회문제 해결을 위한 기부로 이어지는 순환구조로 이해할 필요가 있다. 지역에 찾아오고, 소비하고, 관심을 갖고, 관계를 맺는 것이 지역의 기부자를 확보하는 일만큼 중요하다. 이를 통해 지역 생산자는 판로를 확보하며, 지역 비영리 모금 조직은 잠재 기부자를 모을 수 있다.

관계 인구가 만든 새로운 로컬 기부: 여행이 기부가 되다

지역 순환형 기부 모델이 한 단계 더 발전한 모습은, 기부를 매개로 지역과 지속적으로 연결된 관계(생활)인구를 만들어 내는 데서 나타난다. 이 모델은 온라인으로 대체할 수 없는, 그 지역에 직접 가야만 누릴 수 있는 고유한 경험을 제공하는 것을 핵심으로 삼는다. 예를 들어 제주 한라산에 내리는 첫눈을 함께 보거나, 장성 별내리 마을에서 별을 보는 일, 지역 소상공인이 운영하는 맛집에서 특별 할인과 환대를 받는 경험은 그 지역과의 관계 속에서만 가능한 것이다. 이러한 '대체할 수 없는 경험'은 기부자에게 깊은 만족감을 주고, 지역에 대한 애정과 소속감을 한층 더 강화한다.

그 지역 안에서만 할 수 있는 걸 하면 저는 되게 좋을 것 같다고 생각했거든요. 제가 경험했던 게 (중략) 호수를 바라보면서 음악을 감상하는 그런 프로그램이 있는데, 기부자들과 같이 그 지역에 있는 자연 명소를 찾아가서 음악을 감상한다거나, 아니면 자리를 만들어서 네트워킹하는 프로그램, 그런 게 있으면 좋을 것 같다고 생각했어요. — 정영훈/시민패널, 20대, 남.

관계(생활) 인구는 일회성 관광객도, 정주 인구도 아니다. 반복적으로 지역을 방문하고, 지역 상품을 구매하며, 지역의 문제에 관심을 갖는 사람들이다. 경상북도는 산불 피해 지역 관광 활성화를 위해 기부 여행을 출시했다. 관광객이 참가하면 1인당 1만 원씩 산불 피해 지역 복구 기부금으로 적립되는 상품이다. 산불 피해 지역에서의 자원봉사 활동과 관광지 탐방을 결합한 상품도 1주일만에 조기 마감됐다. 지역에 대한 관심을 확장해 직접 지역을 보고, 만나고, 체험하고, 기부하는 형태가 어떻게 가능할 수 있는지 보여주는 사례들이다.

경북 산불피해지역 여행기부 안내(행정안전부 보도자료)

지역 기반 비영리 모금 조직들의 기회와 도전

로컬 기빙이 확산되면서 지역 기반 비영리 모금 조직들은 동시에 새로운 기회와 도전을 마주하고 있다. 사람들은 점점 더 지역의 문제에 관심을 갖고, 기부를 통해 그 변화를 직접 확인하고자 한다. 이런 흐름은 지역 조직에게는 분명한 기회이지만, 이를 실제 성과와 지속 가능한 모금 기반으로 연결하기 위해서는 넘어야 할 과제도 적지 않다.

무엇보다 지역의 중소형 비영리 모금 조직들은 대형 조직에 비해 인지도가 낮다. 기부 의사가 있는 사람이라도, 자신이 사는 지역에 어떤 조직이 있고 어떤 사업을 진행하는지 잘 모르는 경우가 많다. 특정 지역의 역사와 맥락 속에서 생기는 문제들, 작지만 동네에서 반드시 해결되어야 하는 과제들까지 세세하게 살피고 대응하는 역할이 광범위한 문제를 해결해 나가는 대형 조직의 모금 뒤에 가려질 수 있다.

이 지점에서 지역 기반 비영리 모금 조직의 역할이 더욱 중요해진다. 지역 현장을 가장 가까운 곳에서 경험해 온 조직들이 자신의 이해와 경험을 바탕으로 모금 사업을 기획할 때, 로컬 기빙의 에너지는 구체적인 지역 문제 해결로 이어질 수 있다. 그렇게 될 때 비로소 로컬 기빙은 일시적인 트렌드를 넘어, 지역 사회를 지탱하는 지속 가능한 인프라로 자리 잡게 된다.

[기부자들이] '후원할 만하네'라고 느끼시는 게 많아지면 잠재

> 후원자 개발 측면에서 봤을 때... (중략) 바로 후원보다는 우리 활동들을 어떻게 체험하고 경험하고 후원과 연결시킬 수 있을까를 고민하면 조금 더 좋은 모델이 나오지 않을까 생각합니다. ─ 장태영/모금활동가(지역단체), 30대, 남.

지역 기반 비영리 모금 조직들은 자신의 활동을 더 적극적으로 알리고, 지역 주민들과 만나는 접점을 넓혀야 한다. 아무리 의미 있는 일을 하더라도 이를 제대로 알리지 못하면 지속적인 모금으로 이어지기 어렵기 때문이다. SNS, 지역 미디어, 커뮤니티 플랫폼 등 다양한 채널을 활용한 체계적인 홍보 전략이 요구된다. 지역 주민과의 친밀도를 높이는 지역 기반 네트워크를 구축하는 것 역시 중요한 홍보 자산이 된다. 결국 지역에서의 활동은 지역의 변화를 실제로 만들어 내는 것에 그치지 않고, 그 변화를 주민과 기부자에게 눈에 보이게 보여주는 단계까지 나아가야 한다.

> 지역에 있는 단체의 후원을 받아서 사업을 할 경우에는 충실성을 많이 갖추고 (중략) 우리가 이렇게 충실하게 하고 있다는 걸 보여주는 것도 굉장히 중요하다고 저는 생각이 듭니다.
>
> ─ 장미선/모금활동가(지역단체), 50대, 여.

전문성도 필요하다. 기부금을 모으는 것을 넘어, 지역 사회 문제를 진단하고 해결책을 제시하는 역할을 해야 한다. 예를 들어 부산 영도구 주민들로 구성된 〈영도희망21〉에서는 방과후 아이들의 돌봄을 위한 모금을 준비 중에 있다. 겉보기에는 흔한 돌봄 사업처럼 보일 수 있지만, 이들은 학원을 가기 위해 버스를 기다리는 짧은 시간조차 아이들에게는 돌봄의 공백이 될 수 있다는 점에 주목했다. 그래서 네 개 학교가 몰려 있는 언덕 위 사거리, 즉 학생들이 방과 후 버스를 기다리며 자연스럽게 모이는 생활 공간에 배고픔과 추위·더위를 피할 수 있는 안전한 쉼터를 만들기 위해 지자체·기업·주민이 함께 힘을 모으기 위해 준비중이다. 이 사례는 지역에 오래 살아온 주민들이 아니면 포착하기 어려운 '생활 밀착형 문제'를 기반으로 모금 사업이 설계되고 있다는 점에서 의미가 있다. 이렇게 지역의 일상과 동선을 세밀하게 이해하는 능력, 즉 지역 현장성과 전문성을 바탕으로 그 지역에 꼭 맞는 기부 모델과 사업을 만드는 것, 이것이야말로 지역 모금 단체가 갖는 가장 큰 경쟁력이자 강점이다.

> 사실 '후원자가 없다'라고 얘기하는데, 찾아보면 잠재적 후원자들은 되게 많이 있는데, 우리가 접근하지 못했다거나 접근 방법을 알지 못했던 부분들이 있지 않았을까라는 생각을 조금 하게 되는 것 같아요. ― 김세현/모금활동가(지역단체), 40대, 남.

인력과 자원 부족은 지역 기반 중소형 비영리 모금 조직이 직면한 대표적인 과제다. 〈기부트렌드 2026, 모금가 인식 조사〉에서 중소형 비영리 모금·홍보 담당자들에게 "2026년 모금 환경이 어떻게 될 것이라 보는가"를 물었다. 응답자의 64%가 "더 어려워질 것"이라고 답했다. 대형 조직에 비해 이들이 특히 어려움을 겪는 이유는 전담 인력이 턱

없이 부족한 데다, 모금을 뒷받침할 장비나 시스템, 홍보 여건도 충분하지 않기 때문이다. 이는 하루아침에 생긴 문제도 아니지만, 내일 당장 해결될 수 있는 성격의 문제도 아니다.

일부 조직은 AI 도입 등 새로운 도구를 활용해 인력난을 부분적으로 보완하고 있다. 특히 지역의 문제를 분석하고, 통계자료나 정책분석 등 지역의 연구자료를 쉽게 분석하는 데 사용하고 있다. 그러나 아직 구조적인 희망이나 뚜렷한 전환점으로 이어지는 단계까지 나아가지는 못한 상황이다.

> [AI에 대한 활용은] 모금과 관련된 영역보다는 지역 문제를 분석하고 정보를 정리하는 데 많이 사용하는 것 같고요. 요즘은 업무에 필요한 논문과 우리가 고민하고 있는 지역 문제, 이렇게 입력하면 거기에 대한 해답들을 얻는 데 사용하고 있고요. 그다음 검색으로 많이 사용하는 것 같습니다. 예전에는 아무래도 포털 위주로 그리고 논문 위주로 많이 검색을 했던 것을 요즘은 AI를 통해서 검색을 조금 더 하는 편인 것 같고요. ─ 한지훈/모금활동가(지역단체), 40대, 남.

지역에서의 모금은 기술만으로 해결할 수 없는 영역이다. 지금의 어려움을 단순한 위기가 아니라, 지역의 문제를 가장 잘 아는 주체로서 역할을 재정의할 기회로 삼아야 한다. 무엇보다 지역 기반 모금 단체들은 현장에 대한 이해를 바탕으로 '이 지역에서 우리가 아니면 안 되는 의제'를 선명하게 잡고, 그 의제를 중심으로 스토리텔링·참여 경험·데이터를 결합한 로컬 기빙 전략을 만들어 가야 한다. 관광·체험·자원봉사·로컬 소비를 촘촘히 엮는 지역순환형 기부 모델을 설계하는 것, 작은 조직이라도 활동과 성과를 꾸준히 기록하여 시각화해 보여주는 최소한의 홍보 인프라, 혼자가 아니라 지자체·기업·로컬 크리에이터와의 파트너십을 통해 '함께 기획하고 함께 모금하는' 구조를 만들어야 한다.

로컬 기빙이 일시적 유행에 그치지 않고 지역의 지속 가능한 인프라가 되기 위해서는, 이런 방향으로 움직이는 조직들이 더 많이 등장하는 것이 중요하다. 그렇게 될 때 지역 기반 모금 조직의 활동은 단순한 모금이 아니라, 지역 사회의 변화를 디자인하는 가장 트렌디한 실천으로 자리매김할 것이다.

고향사랑기부제와 로컬 기빙

'고향'에 반응하는 이유 : 가성비 기부와 '지역'이라는 이름

지역균형 발전, 지역경제와 기부문화를 함께 활성화하자는 목적으로 도입된 고향사랑기부제가 도입된 지 3년이 되었다. 2024년 총 모금액은 879억 원으로 전년 대비 35% 증가했으며, 평균 모금액도 군 4억7천만 원, 시 3억8천만 원으로 상승했다. 수치가 보여주듯 제도 자체는 뚜렷한 성장세를 보이고 있다.

사랑의열매 나눔문화연구소가 조사[33]한 바에 따르면, 한 해 동안 기부에 참여한 경험이 있는 일반국민 중 고향사랑기부로 기부한 경험을 가진 비율이 2023년 6.9%, 2024년 11.2%, 2025년 13.4%로 계속 증가

---

[33] 사랑의열매 나눔문화연구소가 매해 진행하고 있는 〈한국나눔문화인식조사〉의 2023~2025년도 결과

(천 건, 억 원, %)

지자체	24년			23년	
	모금액	전년대비	건수	모금액	건수
합계	879.3	135%	774	650.6	526
서울	31.2	126%	31	24.8	27
부산	19.5	153%	18	12.7	15
대구	8.9	118%	8	7.5	9
인천	10.2	131%	10	7.7	9
광주	45.3	299%	43	15.2	13
대전	19.9	317%	20	6.3	6
울산	15.2	155%	13	9.9	9
세종	3.0	206%	3	1.5	2
경기	53.6	137%	54	39.1	41
강원	69.9	132%	62	52.9	44
충북	42.7	137%	36	31.1	22
충남	63.5	147%	61	43.2	38
전북	93.2	110%	73	84.8	64
전남	187.5	131%	157	143.4	93
경북	103.9	115%	87	90.0	66
경남	75.9	121%	63	62.5	52
제주	35.9	197%	34	18.2	17

2023-2024 전국 17개 시·도별 고향사랑기부제 모금액 현황 (행정안전부)

하고 있다. 특히 2025년 조사결과에 따르면 30대 기부자의 26.3%가 고향사랑기부를 했다고 응답해 다른 세대에 비해 압도적으로 높은 비율을 보였다. 이는 고향사랑기부제가 연말 소득공제에 도움이 되고 리워드도 받을 수 있는 '가성비 기부'[34]로 입소문을 타며 사회초년생들에게 큰 호응을 얻었기 때문이다. 시민패널 역시 기부 자체의 의미에 더해 여러 효과를 얻을 수 있는 고향사랑기부제를 긍정적으로 받아들이고 있다.

---

34 "연말 소득공제 마지막 한 수… 고향사랑기부제 어때?", 〈데일리안〉, 2025. 12. 16.

젊은 친구들을 보면 맛있는 지역 특산물들을 그 리워드 형태
로 받아 간다거나, 지역 화폐를 받아 간다거나 그런 부분들이
충분히 매력적이기 때문에, 저는 이게 장벽도 낮고 누구나 부
담 없이 즐길 수 있다는 점에서 되게 좋은 도구라고 생각이
들어서. (중략) 주변에도 보니까 그런 거[세액공제] 잘 된대, 고
기 준대, 뭐 이렇게 해서 광고 효과가 컸던 것 같고.

— 김채영/시민패널, 20대, 여.

리워드도 빨리 왔고, 이렇게 이 기부금이 잘 쓰이고 있다는
것도 보내주시고 그래서 올해도 또 할 계획입니다.

— 송민석/시민패널, 30대, 남.

무엇보다 고향사랑기부제가 특히 주목되는 이유는 이 제도가 '지역'의
이름을 가장 직접적으로 불러내기 때문이다. 특정 지역명을 전면에 내
세워 '누구를 돕는지'를 직관적으로 상상하게 만드는 방식은 로컬 기
빙의 전형을 보여준다. 그래서 실제 고향에 대한 향수와 무관하더라
도, 지역 이슈를 중시하는 사람들에게는 고향에 기부하는 행위 자체
가 긍정적으로 받아들여지는 기부 방식으로 경험되기도 한다.

저는 고향사랑기부제를 저번 주에 처음 알았거든요. 근데 요
즘 지역균형이나 이런 이슈가 많기도 하고 그래서 고향에다
기부를 하는 게 저는 트렌디하다고 생각이 들어서…

— 김지윤/시민패널, 20대, 여.

확대되는 세제지원, 기부 문화도 확대될까?

2025년 영남 산불을 통해 고향사랑기부제는 유례없는 모금액을 달성했다. 기부자들의 긍정적 호응이 이어지고 있는 가운데, 2025년에는 10만 원 초과 20만 원 이하 구간의 세액공제율이 종전 약 16.5% 수준에서 40%(지방소득세 포함시 44%)로 크게 상향됐다. 이어 2026년 1월 1일 이후 기부분부터는 20만 원까지 전액 세액공제가 적용된다. 연간 총 기부 한도(2,000만 원)와 답례품 제공 비율(기부액의 30%, 최대 600만 원)은 2025년과 동일하게 유지된다.

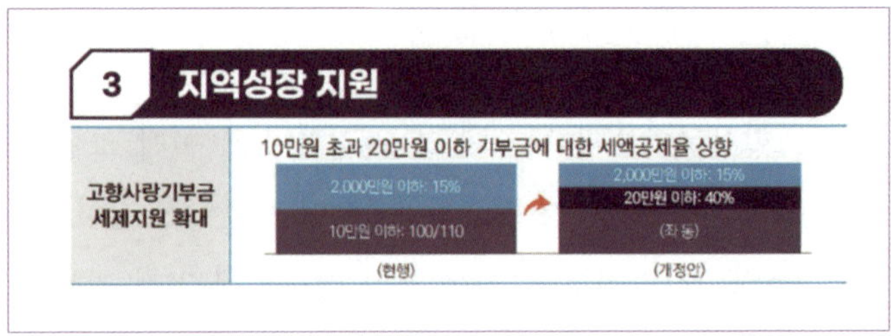

2025년 세제개편안 중 '고향사랑기부금 세제지원 확대'(기획재정부 2025년 세제개편안)

세액지원이 확대되면서 기부자들의 관심은 더욱 고향사랑기부제로 쏠릴 것으로 예상된다. 특히 특별재난지역에 대한 공제비율은 더 높기 때문에,[35] 재난재해 발생에 따라 그 관심은 더욱 커질 수 있다.

---

[35] 2025년도 기준, 10만원 초과 분에 대해서 일반 지역은 16.5%, 특별재난지역은 33%까지 공제된다.

그런데 지역 기반의 중소 규모 비영리 모금 조직들의 이야기를 들어보면, 고향사랑기부제는 지역의 모금 생태계에 가볍지 않은 영향을 미치고 있다. 기존에 향우회 등을 통해 지역의 비영리 모금 조직에 기부를 했던 기부자들이 모금 조직이 아닌 지자체에 기부하는 사례가 생기고 있다. 기부자 입장에서는 규모가 작은 조직에 직접 후원하는 것보다 지자체에 기부하는 편이 재원이 더 투명하고 체계적으로 쓰일 것이라 기대했을 것이다. 동시에 지자체와의 관계, 향후 지역 활동과의 연결 가능성을 염두에 두었을 가능성도 있다. 그러나 이러한 변화가 지역 비영리 모금 조직에게는 큰 타격이 되고 있다. 고향사랑기부제가 도입되기 전부터 우려되었던 지역 모금 조직과 지자체간의 모금 상충효과trade-off effect가 현실화된 것이다.

> 고향사랑기부제라는 게 또 생겼잖아요. 이게 고향사랑기부제 생기면서 지역에서 모금하는 게 더 힘들어진 같아요. (중략) 일단 고향사랑기부제, 인재 육성 장학금에 먼저 기부를 하고 나서 지역 소규모 복지단체들을 둘러보니까… '이미 지자체에 기부했는데, 내년에나 찾아와라. 올해는 난 기부했다'는 이야기를 듣기도 했습니다. ─ 김세현/모금활동가(지역단체), 40대, 남.

실제로 지역에서 어떤 성과를 가져오는지 더 면밀한 검토도 필요하다. 고향사랑기부제를 통해 지역의 주민복리를 향상하겠다는 목적에 맞춰 지역에서 활동하는 다양한 비영리 조직들과의 협업도 기대되는 바였지만 현실은 그렇지 않다. 모금된 기부금을 어디에 사용하고 있는지 알기 어렵고, 이를 알려야 하는 의무도 규정되어 있지 않은 상태다. 실제 2025년에는 여러 지자체가 기부금을 제도 취지와 동떨어진 용도로 사용했다고 지적을 받기도 했다.[36]

특히 법인(기업)의 고향사랑기부제 허용 추진에 대해서는 더욱 신중한 시선이 필요하다. 기금을 해당 지자체의 주민 참여 예산으로 활용하겠다는 긍정적 취지라고 이야기하지만, 다른 면에서 보면 이미 포화되어 있는 모금 시장에 흔히 '나눠먹기'식의 참여가 될 우려가 있다. 이는 지역의 비영리 모금 조직에게 큰 기부자 역할을 해 온 기업들의 기부가 줄어들 게 뻔하다는 현장의 걱정을 심화한다.

> 후원해 주시는 사람 입장에서는 이제 누구한테 후원을 할 것이냐? 이거에 대한 고민을 하시기 시작하면 머리가 아프시기 때문에. 그래서 이게 지역 단위가 작을수록 사실은 서로 누가 땅 따먹기 하느냐, 약간 그런 문제가 좀 있는 것 같아요.
>
> — 장미선/모금활동가(지역단체), 50대, 여.

무엇보다 우리는 여전히 기부의 본질을 상기할 필요가 있다. 기부자들 역시 고향사랑기부제를 통해 '지역에 기부하면 더 많은 것을 얻을 수 있다'는 인식이 퍼지고 있다고 느끼면서도, 기부를 하고 꼭 무언가를 받아야만 하는가라는 의문이 생긴다.

---

36 "고향사랑기부금 잘 써야 많이 모인다", 〈내일신문〉, 2025. 12. 15.

저는 고향사랑기부제를 좀 알아봤었는데, 하니까 막 뭘 계속 주더라고요. 특산품도 주고, 상품권도 주고. 그러니까 오히려 지역에 기부를 하면은 '너는 더 많이 얻어갈 수 있어'라는 이미지가 지금 좀 형성되고 있는 것 같아서 (중략) 근데 저는 개인적으로는 굳이 기관이 뭔가를 줘야 될 것 같지는 않고요. 굳이 준다면 정말 피드백? 감사의 피드백 그냥.

— 정연수/시민패널, 20대, 여.

답례품과 세제 혜택이 기부의 중요한 이유가 되는 것이 사실이다. 하지만 기부의 원래 의미를 되새겨 본다면, 다시 말해 '대가를 바라지 않고 공공의 이익을 위해 돈, 물품, 재능 등을 내놓는 행위'라는 기부의 의미에서 본다면 답례품과 세제 혜택을 통한 기부 유도는 고향사랑기부제가 올바른 기부 문화를 만들어 내는 데 어떤 도움이 되는지 다시금 생각해 보게 한다.

고향사랑기부제는 도입 초기부터 매년 제도가 변경되며 '실험기'에서 차츰 벗어나고 있다. 세제 혜택 구간 확대, 홍보 채널의 다양화와 홍보비 증가, 그리고 기업이 지역과 무관하게 참여할 수 있도록 허용하는 방안 등이 추진되고 있다. 이러한 일련의 변화를 보면 고향사랑기부제에 더 많은 기부금이 모이도록 하는 쪽으로 방향이 설정된 것으로 보인다. 강력한 세제 혜택과 대형 홍보채널을 기반으로 빠르게 성장하며, 기부자의 관심과 기부 여력이 고향사랑기부제로 이동하고 있는 중이다. 기부금액의 30%에 해당하는 답례품과 15%의 법정 홍보비를 제외하면, 실제 지역에 모이는 기금은 기부금의 55%에 불과하지만, 기부자들은 크게 아랑곳하지 않아 보인다. 이런 방식으로 지역 기반 비영리 모금 조직과의 모금경쟁에서 우위를 점하게 된다면 지역 기반의 작은 단체들은 점점 더 설 자리가 없어질 것이다.

지역 기반 비영리 모금 조직들은 고향사랑기부제가 이야기하지 못하는 더 세밀한 의제 선정 등, 고향사랑기부제로 모금이 쏠리는 현상에 대응한 전략적 고민이 더 많아질 것으로 보인다. 지역을 중심으로 명확하고 효용성이 높은 모금 캠페인을 기획하고, 기부자가 직접 참여하며 관계를 만들어갈 수 있는 기회를 마련해 로컬 기빙의 의미를 살릴 수 있는 방향으로의 전략이 필요할 것이다.

고향사랑기부제는 이제 제도 도입의 실험기를 지나, 지역의 자원과 시민 참여 방식을 새롭게 바꾸는 제도로 자리잡아가고 있다. 하지만 그 성장이 지역의 다양한 비영리 조직을 약화시키지 않으려면, 제도의 설계와 운영 과정에서 '협력'이 꼭 함께해야 한다. 로컬 기빙이 단순히 기부금을 더 모으는 것을 넘어, 지역의 삶을 함께 돌보고 키워가는 의미를 가지려면 앞으로의 과제는 명확하다 — '더 모으는 것'이 아니라 '함께 나누는 방식'을 설계하는 것이다.

Insights

1. '하이퍼 로컬'시대이다. 심리적 거리감을 확실히 줄여보자.

로컬이 트렌드이다. 사람들은 거대하고 추상적인 문제보다 내 주변, 나와 관계 있는, 내가 체감할 수 있는 실질적인 변화에 더 강하게 반응한다. 사회 문제의 심리적 거리감을 줄이는 '우리 동네', '우리 가게', '우리 학교'를 설계해 보자. 지역을 중심으로 정서적 연결을 강화해 보자. 영향력의 가시성과 직접성을 전면에 내세우자.

2. 핵심은 휴머니티의 회복이자 지역성의 부활이다.

2025년 역대 최대 규모의 기부금이 영남 산불을 계기로 모아졌다. 기부금뿐아니라, 자원봉사, 지역방문, 체험 등 다방면으로 참여와 관계의 폭이 확장되고 있다. 재난 '지역'은 실체성을 갖는다. 단순히 재난이 발생한 지역을 넘어, 다양한 방식으로 얼굴을 마주하고 지속적인 관계 맺음을 이어갈 수 있는 공간, 직접적 경험의 공간으로 확장하는 것이 핵심이다.

3. 지역 문제 해결의 연결통로로 진화하라.

고향사랑기부제가 답례품과 세제 혜택으로 승부한다면, 지역 사회 기관들은 지역 문제 해결의 주체로서의 모습을 보이자. 기부자와의 커뮤니케이션에서 지역성과 현장성을 기반을 한 메시지와 피드백을 보내 기부자의 맞춤형 연결 통로로 자리매김하자.

4. 지역 모금, 시작의 경험과 성공의 경험을 모두 고려하라.

고민보다는 시작하는 게 중요하다. 성공적인 모금을 상상하고 준비하자. 구성원을 설득해 함께 적절한 목표를 설정하고 대상을 찾아 보자. 그 대상에는 온라인 플랫폼과 로컬 스타트업도 포함시키자. 기부자들의 반응을 확인하자. 그러기 위해서라도 일단 시작하는 경험을 갖자.

트렌드

6

따뜻한 AI, CSR의 새로운 동력

한국인들의 기억 속에 인공지능이 자리잡은 것이 2016년 이세돌과 알파고의 대국이니, AI가 우리의 관심 키워드로 자리잡기 시작한지 꼭 10년이 지났다. 특히 최근 1년 동안 AI기술은 폭발적으로 발전했고 앞서 트렌드1에서 살펴보았듯이 AI는 이제 하나의 기술을 넘어 우리의 '반려'가 되어 가고 있다. 이런 흐름 속에서 AI가 CSR(기업의 사회적 책임활동)[37] 에는 어떠한 변화를 가져오고, 어떠한 기대를 받고 있을까.

이 장에서는 AI가 CSR의 새로운 동력이 되고 있음을 보여준다. 사회 문제 해결을 위해 새로운 기술을 접목하는 '선도적 시범 사업'이 아닌, CSR 활동의 재구조화 과정에서 AI가 적극적으로 활용될 것으로 예측된다. AI는 자원 배분을 최적화하고, 관리 효율성을 높이며, 맞춤형 서비스를 제공하고, 데이터를 기반으로 한 임팩트의 실시간 측정을 가능하게 하는 새로운 '치트키'로 부상하고 있다. 더불어 본격적으로 AI 대전환기에 들어선 상황에서, AI가 야기할 다양한 문제를 해결하는데 CSR이 중요한 역할을 하게 될 것이라고 전망한다. 그러기 위해 CSR은 인공지능이 갖고 있지 않은 '따뜻함', '인류애', '인간다움', '진정성', 즉 '휴머니티'의 옷을 입어야 한다.

---

[37] CSR(기업의 사회적 책임), 사회공헌의 의미를 엄격히 구분하여 사용할 수도 있으나 이하에서는 이 둘을 엄격히 구분하지 않고 CSR로 통칭한다. 다만, 인용문에서는 연구참여자가 사용한 단어를 그대로 적었다.

임직원 참여에서도 마찬가지다. 기업의 사회적 책임 활동에서 임직원 참여는 오랫동안 조직의 사회적 가치 실현과 내부 결속을 다지는 핵심 동력으로 여겨져 왔다. 그러나 KPI key performance index(핵심 성과 지표) 달성에 초점을 맞춘 전통적 참여 모델은 임직원의 특성 변화와 급변하는 업무 환경 속에서 심각한 위기에 직면했다. 더 이상 하향식 지시나 의무감에 기댄 참여 방식으로는 젊은 임직원의 자발성을 이끌어 내지 못한다. 이러한 위기 속에서, 기술이나 시스템이 아닌 인간적인 교감과 진정성에 주목하는 새로운 패러다임, 바로 '휴먼터치 Human Touch'가 지속 가능한 임직원 참여를 이끄는 핵심 트렌드로 등장한다.

AI, CSR의 새로운 지평을 열다

CSR의 핵심 동력이 된 기술

[CSR]사업을 평가를 할 때 회사의 기술력이 쓰이냐 안 쓰이냐를 굉장히 중요하게 봐요. — 신우진/CSR 담당자(제조업), 30대, 남.

저희가 AICT라는 용어를 만들었는데 [우리 기업은] AI와 ICT 기업이다[라는 거에요]. 그래서 모든 활동에 AI 또는 ICT를 계속 접목해 나가려고 하고, 사람들이 그 기술을 더 많이 잘 쓸 수 있게 활동을 하자는 게 추세예요.

— 신예린/CSR 담당자(정보통신업), 30대, 여.

자사 기술력을 활용한 CSR 사업이 주목받기 시작한 것은 최근 일이 아니다. 시민 패널이 인상적인 사회 공헌 활동으로 꼽는 사업은 '그 기업이 가장 잘하는 것을 활용하는 것'인데, 기업이 가장 잘하는 것의 대표적 예가 바로 기업이 자체적으로 보유한 '기술력'이다. 이것은 『기부트렌드 2025』에서 강조했던 '자신의 지문을 남기고 싶은 CSR'의 대표적 예시이기도 하다. 자신만의 색깔과 정체성을 드러낼 수 있는 가장 강력한 아이템이 바로 기술력인 것이다. 기업의 사회적 책임 활동에 자체 기술력을 융합하는 것은 브랜딩에도 좋고 경쟁력 강화에도 이롭다. 새로운 사업을 위한 테스트 베드 기능도 가능하다. 그래서 자사 기술력을 이용해 CSR 활동을 하는 것은 비즈니스에도 도움이 되는 전략적 도구로 인식되는 경향이 더욱 커지고 있다.

이러한 경향은 특히 ICT 분야에서 두드러지며, 제조업이나 금융업에서도 강화되고 있다. ICT 기업들은 위성 및 이동 통신망, 모바일 통신 기술을 포함한 ICT 기술을 활용하여 교육, 의료, 환경 분야 등의 사회 문제를 해결하기 위한 사업을 진행하고 있다. 상당히 오래된 사업이지만 2015년 메르스MERS 발발로 진행된 KT의 '감염병 확산 방지 프로젝트GEPP'가 대표적이다. 이 사업은 KT의 통신 빅데이터, 즉 해외 로밍 데이터, 모바일 위치 데이터를 이용해 위험 지역을 방문한 사람들에게 감염병 정보, 신고 요령 등을 문자 메시지로 안내한 사업이다. KT 입장에서는 기업이 이미 갖고 있는 통신망과 위치 정보 데이터를 활용한 사업으로 건당 30원의 문자 발송 비용만 소요된 생각보다 큰 비용이 들지 않는 사업이었다. 이 사업은 2016년 민관협력 우수 사업

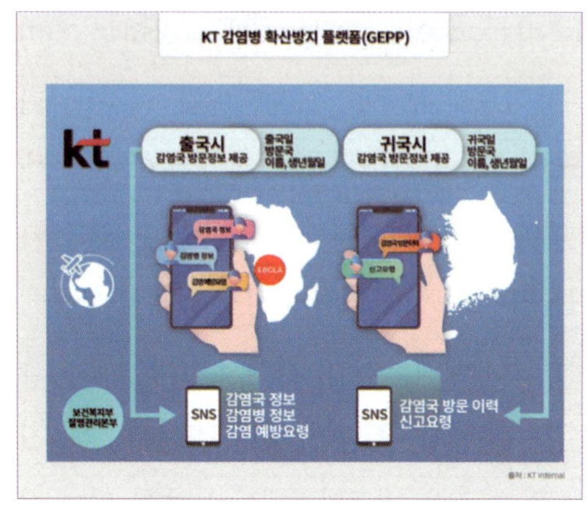

감염병 예방을 위한 ICT 활용
소개(KT Enterprise 홈페이지)

으로 선정되고, 이후에도 아프리카 및 아시아 국가로 확대 중이다.[38]

자사의 기술력을 활용해 CSR 사업을 진행한 사례는 제조업 분야에서
도 쉽게 찾아볼 수 있다. 현대차그룹의 경우 차량 정비과정에서 문서
전산화를 위해 사용한 OCR(광학문자인식)과 AI 기술을 활용해 독립
80주년을 기념하여 독립 운동 사료를 전산화하는 사업을 진행한 바
있다. 독립운동 사료가 대부분 종이로 되어 있어 보존과 활용에 어려
움을 겪는 문제를 자사의 기술력으로 해결하려고 한 것이다.[39] 비즈니
스에서 일상적으로 사용하는 기술을 공익목적을 위해 사용한 사례라
할 수 있다. 이 외에도 현대차는 교통약자의 이동문제를 해결하기 위

---

[38] "KT, 동아프리카 허브 케냐에서 'GEPP' 개시… 감염병 예방 나선다", KT 보도자료, 2019. 12. 9.

[39] "차량 정비에 쓰던 기술로 독립운동 사료 전산화한다", 〈한국일보〉, 2025. 8. 8.
OCR 기술은 이미지를 스캔해 문자 정보를 인식하고 구조화하는 기술이다. 현대차는 차량 정비 과정에서 이 기
술을 활용해 차량에 대한 정보(번호판, 계기판, 차량등록증 등)를 자동으로 추출한다.

해 인공지능 기반 수요 응답 교통 서비스인 셔클shucle 플랫폼을 개발
하여 2020년부터 운영하고 있다. 이 사업은 모바일 앱이나 전화로 차
량을 호출하면 최적 경로에 따라 도착지까지 이동하는 수요 응답형 AI
버스이다. 농산어촌 같은 교통 취약 지역의 교통 문제와 교통 약자의
이동 편의성 문제를 해결하기 위한 것이다.[40]

이처럼 사회 문제 해결을 위해 비즈니스에서 일상적으로 사용하던 기
술을 적용하거나, 비즈니스와 관련된 문제를 해결하기 위해 새로운 기
술을 개발하는 방식으로 기업 CSR 활동은 진화하고 있다.

기술은 사회 문제 해결을 위한 중요 도구로 주목 받아왔다. 새로운 기
술을 접목하여 사회문제를 해결하는 '혁신 사례'에 여전히 큰 관심이
쏠린다. 그러나 CSR에서 기술의 활용은 단순한 혁신 사례를 뛰어넘는
다. KT와 현대차의 사례에서 살펴보았듯이 활용한 기술이나 대응하
는 사회 문제가 기업의 정체성과 밀접히 맞닿아 있기에, '그 기업이라
면 잘 할 수 있겠어!' 라는 신뢰감을 준다. 기술은 단순한 자선 활동이
아닌, 사회 문제 해결과 지속 가능한 발전을 추구하는 CSR 활동의 핵
심 동력이 되고 있는 것이다.[41]

---

40 "AI 기반 수요 응답 서비스로 신체적 교통 약자 이동성 높여", 〈조선일보〉, 2025. 9. 29.

41 Gaurav, Khan, H., Pandey, S., Kumar, B. V., Akram, S., & Pal, P. "Artificial Intelligence (AI) in the Field of Corporate Social Responsibility", 〈2024 3rd International Conference on Sentiment Analysis and Deep Learning (ICSADL)〉, 2024.

AI-for-Impact : 사회문제 해결을 위한 AI

사회 문제 해결에 기술을 활용하고자 하는 움직임은 2010년대 중반[42]부터 이어져 오고 있다. 기술로 사회를 돕는 활동을 일컫는 'Tech-for-Good', 사회를 돕는 수준을 넘어 임팩트, 즉 실질적인 변화를 창출하는 활동을 일컫는 'Tech-for-Impact'가 같은 맥락에 있다. 그리고 이제 Tech 전반이 아닌 AI 기술에 초점을 맞춘 AI-for-Impact가 주목을 받고 있다.

국내에서는 기술 기반 스타트업과 이들을 지원하는 기업 재단, 그리고 교육 기관을 중심으로 이러한 흐름이 확산되고 있다. 그 주축에는 카카오 임팩트의 〈테크포임팩트〉가 있다. 〈테크포임팩트〉는 기술이 단순한 도구를 넘어 사회 문제 해결의 강력한 촉매제가 될 수 있다는 생각으로 2023년 시범 사업을 시작했다. 개발자와 사회 혁신가가 함께 '사회 문제 해결을 위한 기술을 만드는 프로그램'을 모토로, 시범 사업을 포함하여 2년 동안 435명의 개발자와 32명의 사회 혁신가가 참여하여 48개의 프로젝트를 진행하였다. Vision AI 기반 돌고래 보호 선박 모니터링 시스템, 저사양 스마트폰용 AI 백내장 진단앱, 다제약물 복약관리를 위한 마을 약사 통합 복약 관리 시스템, AI 기반 인공와우

---

[42] 2015년 UN SDGs(지속가능발전목표)가 채택된 후, '지속 가능 개발 목표를 위한 과학 기술 혁신 이해관계자 포럼(이하 STI 포럼)'이 출범하면서 'Tech-for-Good' 이니셔티브가 촉진되었다. UN 총회에서는 과학 기술 혁신Science, Technology and Innovation을 SDGs 실행을 위한 핵심 수단으로 지정하고, 매년 포럼을 개최하여 세상을 돕는 과학 기술 혁신의 구체적인 사례와 아이디어를 교류하고 있다. 2017년에는 유엔UN 산하 디지털 기술 분야 선도 기구인 국제전기통신연합ITU이 인공지능의 잠재력을 최대한 활용하여 인류에 기여할 수 있도록 'AI-for-Good' 을 설립하였다.

재활훈련 도구 등 사회 문제를 해결하기 위한 기술 개발 사례가 흥미롭다.

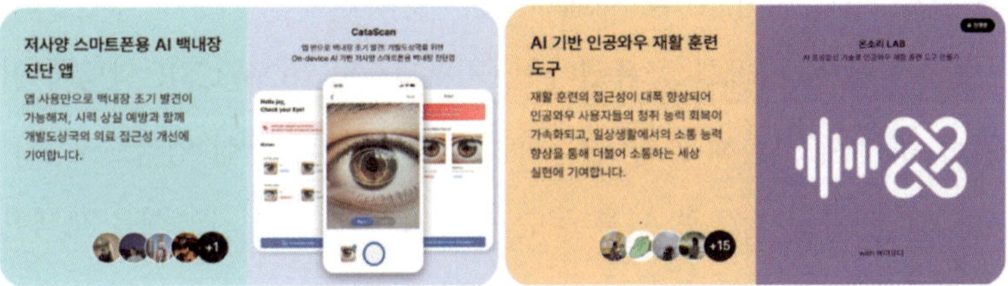

테크포임팩트 홈페이지

2025년 생성형 AI가 전 세계를 뒤흔들었 듯이 '돕는 기술' 영역에서도 AI가 중심에 서 있다. 2023년에서 2025년 11월까지, '기부' 키워드가 포함된 언론기사를 분석한 결과를 보면(부록 참고), 2023년 500위권 밖에 있던 'AI'가 446위(2024년), 253위(2025년)으로 순위가 급등하고 있다. 또한 '사회공헌', 'ESG'가 포함된 언론기사 분식결과에서도 ESG

와 사회공헌의 주요 연결고리로 AI가 2025년에 처음으로 등장한다.

2025년 8월 말, 대한상공회의소가 주관한 〈대한민국 사회적 가치 페스타〉에서도 AI 관련 다양한 세션이 구성되어 큰 관심을 끌었다. SK하이닉스는 'AI for Impact' 포럼을 개최하여 AI를 핵심 도구로 활용해 변화를 만들어 낸 우수 사례를 공유했다. 1인 가구 안전망을 위한 AI 기반 '안심지도' 서비스, 농인 웹툰 창작자를 위한 AI 기반 스토리 및 스크립트 작성 도우미, AI 기반 지역 사회 맞춤형 발전 전략 보고서 자동화, 생물 다양성 AI 모니터링 앱 등의 사례가 소개되었다.[43] 카카오임팩트는 같은 행사에서 '돕는 AI 콘퍼런스'를 개최했는데, AI가 의료 격차, 정보 격차, 돌봄, 생태계 보존 등의 문제를 어떻게 해결할 수 있는지 다양한 사례를 공유했다.[44] 〈기부트렌드 2026, CSR 담당자 인식 조사〉에서도 올해 가장 인상적인 CSR 활동과 관심 영역으로 'AI'가 다수 언급될 정도로 AI를 통한 사회 문제 해결의 가능성을 모색한 것에 많은 관심을 받았다.

빅데이터, IoT, 블록체인, AI 등의 최신 기술을 의료, 교육, 기후, 복지 등의 사회 문제 해결에 활용하고자 하는 임팩트 기술 생태계가 확장되고 있고, AI는 이러한 기술을 사용한 사회 문제 해결 흐름을 더욱 가속화시키고 있다. 이는 AI가 특정한 산업에만 적용되는 특정한 기술이

---

43 "SK하이닉스, 'AI for Impact' 포럼 통해 AI 기술 기반 사회적 가치 창출 기여 방안 모색", SK하이닉스 뉴스룸, 2025. 8. 26.

44 "기술은 사라져도 사람은 남는다 ⋯ 테크포임팩트의 실험", 〈더나은미래〉, 2025. 8. 29.

아니라, 산업 전반에 걸쳐 영향을 미치고 활용되는 '범용 기술'이기 때문이다. 이로 인해 기존의 기술기반 CSR이 ICT 기업 등 테크기업 중심으로 고도화된 반면, AI-CSR은 산업군에 상관없이 모든 기업에서 적용이 가능하다는 점에서 확장가능성이 매우 크다.

여기에 사회 문제 해결에 기여할 고급 기술 인력 양성을 위한 교육 및 지원 프로그램이 확장되고 있다는 점,[45] 기술력을 가진 청년 세대에서 사회 문제 해결에 대한 관심이 커지고 있다는 점, 기술의 발전이 인간의 일상을 어떻게 바꾸고 있는지를 체감하는 사람들이 증가하고 있다는 점으로 인해 이런 흐름은 더욱 가속화될 것이다. 이에 따라 2026년에는 하루하루 다르게 발전하고 있는 AI를 활용하여 CSR을 전반적으로 재구조화, 고도화되는 진화의 과정을 거칠 것으로 예상된다.

> 저는 사회문제 해결을 할 때 IT 역량이 발휘되면 풀리는 문제들이 많다고 생각하는데, 그런 것들을 [테크포임팩트]가 짚어주는 게 되게 인상적이었어요. — 이선우/CSR패널, 30대, 남.

2026년은 AI가 CSR 영역으로 깊숙이 들어오는 한 해가 될 것이다. 하루가 멀다 하고 업그레이드되거나 신제품이 쏟아져 나왔던 2025년에는 그것을 탐색하고 쫓아가기에 바빴다. 신제품을 써 보기에도 바쁜 한 해였다. 그러나 2026년은 AI를 실제 사업에 적용하고 구현하는 한

---

45 대표 사례로 삼성청년SW·AI아카데미SSAFY, 테크포임팩트 캠퍼스 및 랩 등이 있다.

해가 될 것이다. 그 방향은 1단계 CSR의 효율화, 2단계 AI를 중심으로 한 CSR의 재구조화, 3단계 AI가 갖고 있지 않은 '인간다움'을 입고 새로운 단계로 퀀텀 점프Quantum Jump 하는 것이다.

AI로 스마트하게 효율화

AI 기술이 가진 대규모 데이터 처리 능력, 빠른 실행력, 예측력, 자동화와 같은 능력은 CSR 사업의 효율성을 높이는데 기여할 것으로 기대된다. 정보의 수집과 분석에서부터, 사업의 효율적 관리와 임팩트 측정까지, CSR 업무 전반의 의사결정과 문제해결의 과정에 전반적으로 적용될 것으로 기대되고 있다.

자원 배분 최적화

CSR 담당자들은 사업 기획을 위한 현황 파악, 자원의 규모와 지원방식, 그리고 파트너 기관 선정에 상당한 에너지를 쏟는다. 재난재해와 같이 시급한 대응이 필요할 때에는 더욱 촉각이 곤두선다. 어디에 얼마를 기부하면 좋을지 결정하기 위해서는 관련 재난 정보, 도움이 필

요한 곳의 현황, 타 기업의 대응 상황 등 관련 정보를 빠르게 취득해야
하는데 그것이 쉽지 않기 때문이다. 알음알음 정보를 파악하거나, 의
례적으로 해왔던 잘 알려진 모금 조직에 기부하는 수 밖에 없다. 이로
인해 특정 기관에 자원이 몰리거나 불필요한 자원이 기부되는 상황이
반복적으로 나타나고 있다. 그래서 AI를 활용한 실시간 정보를 취합
하고 공유하는 시스템이 있다면, 자원의 최적 배분에 크게 기여할 것
이라는 기대감이 있다. 긴급한 상황에서 정보를 찾느라 귀한 시간과
자원을 낭비하는 것을 방지할 수 있다는 것이다.

> 저는 AI가 후원 규모도 좀 정해줬으면 좋겠어요. (다같이 웃으
> 며) 이걸 어떻게… 다른 회사들 [얼마 기부하는지] 다 제가 알
> 아보고… ─ 조유진/CSR패널, 30대, 여.

AI를 활용해서 이제 뭔가 좀 매칭하는 플랫폼을 그냥 개인적
으로 준비를 하고 있는데요. 제가 휴가간 사이에 (한국에) 비
가 엄청 왔잖아요. [CSR담당자들 모이는] 카카오톡 단톡방에
누군가 글을 올리면서 '저희 전문적으로 지원하는 곳이니까
연락 주세요'라고 하는 것이 있었고, 오늘 [패널 활동]자리에
와보니 특별재난지역 선포됐기 때문에 지금 갑자기 두 분[의
CSR팀장]이 여기서 막 일을 해야 되는 이런 상황들이 생기잖
아요. 저는 이런 부분들을 AI가 상당히 상당히 해결할 수 있
다고 봅니다. (중략) 기업과 비영리의 연계를 통해서 좀 시너지
날 수 있도록 하는 걸 만들려고 하는데 시간이 좀 많이 걸리

겠지만. 근데 그런 부분들을 충분히 AI가 좀 효용성 있게 다가오지 않을까 생각이 들고요. ― 한현우/CSR패널, 40대, 남.

AI로 스마트하게 고도화

사회 문제 해결을 위해 특별한 기술을 활용하고 개발하는 것까지는 아니더라도, AI를 활용하여 기존 CSR 사업을 고도화하는 것은 상대적으로 쉽게 시도할 수 있는 부분이다. 예를 들어 기존 CSR 사업에 AI 기술을 활용한 재활 언어 치료를 접목하여 고도화하거나, 청력 검사 키오스크를 활용해 시니어 대상 청력 검사 및 상담 활동을 추가하는 등, 기존 사업의 콘텐츠와 방법을 AI를 기반으로 확장하는 경우이다.

OO사업에서 기존에는 그냥 강사들이 와서 애들 가르치고 이런 걸 했다면, 조금 더 고도화해서 요즘엔 AI 기술로 이런 재활, 언어 치료하는 것도 생기고, 그 외에도 AI 기술로 이 친구들을 도와줄 수 있는 방법들이 있는데 그걸 좀 적용해서 사업을 고도화해 보자, 뭐 이런 고민도 계속하고 있고. 그리고 최근에는 [AI기술을 활용해] 청력 검사 키오스크를 개발한 곳이 있더라고요. (중략) 시니어 관련 활동할 때 키오스크 가지고 가서 같이 청력검사 해 드리고, 청각사들이 상담해 드리고, 이런 활동에서 뭐라도 조금 디지털 관련 기술과 엮어서 사업 활동을 확장하고 있어요. ― 신예린/CSR 담당자(정보통신업), 30대, 여.

AI를 활용하여 사업을 고도화하는 것은 돌봄 영역에서 가장 활발하게 진행되고 있다. 2010년대 후반부터 시작되어 코로나 이후 크게 확대되었고, AI뿐만 아니라 IoT, 로봇을 접목해 24시간 안전 모니터링, 맞춤형 건강관리, 정서 관리까지 확대되고 있다. 대표적인 사례는 SKT, KT, LGU+의 AI를 활용한 돌봄 안전망 사업이다. 이들은 모두 전용 스피커, TV, CCTV, 전용장비 등에 AI를 접목해 독거노인 등의 취약계층에게 말벗서비스와 같은 심리상담 서비스를 제공하고, 치매노인, 발달장애인 등에게는 신체 반응 위험 감지를 통한 출동서비스 등을 제공하고 있다.[46] 이와 같이 돌봄영역에 AI를 활용하는 것은 이재명 정부의 'AI복지 돌봄 혁신 로드맵'에 따라 더욱 확대될 예정이다. [47]

사업 관리 및 커뮤니케이션 효율화

커뮤니케이션은 CSR 담당자들이 비영리와 일할 때 대표적으로 어려움을 호소하는 지점이다. 사업 진행과 관련하여 궁금한 내용을 '빠르게' 확인하고 싶은데, 사업을 수행하는 파트너 기관에 물어보고 대답을 듣기까지 시간이 너무 오래 걸린다는 것이다. 파트너 기관의 입장에서는 최대한 빠르게 대답을 하지만, 그 '빠름의 정도'에서 기업과 비영리의 속도 차이가 있다. 이로 인해 서로 간에 불신과 불만이 생겨난

---

46 "통신 3사, AI 기술로 사회 공헌 '드라이브'". 〈한경ESG〉;, 2023. 11. 6.

47 "AI가 만든 시니어 친화 기술 생태계… 정부 AI돌봄 로드맵 발표 예정", 〈브라보마이라이프〉, 2025. 11. 17.

다. 이것이 파트너십을 해치는 결과를 초래하기도 한다. 담당자들은 이런 상황에서 AI가 도움을 줄 수 있을 것으로 기대하고 있었다.

AI나 노션Notion과 같은 소프트웨어를 활용하여 쉽게 페이지(사이트)를 만들 수 있고 이런 소통사이트를 통해 사업이 진행되는 과정을 실시간으로 공유할 수 있다면, 커뮤니케이션 효율성이 높아지고 비용은 낮아질 것이다. 특히 사업의 진행과 그 과정에서 축적되는 데이터를 AI를 활용해 자동으로 취합·분석하면 사업의 진행 과정과 의사 결정 과정을 더욱 효율화할 수 있을 것으로 기대된다.

요즘 AI나 노션Notion이 들어왔기 때문에, 제가 우리 사이트도 그냥 만들었던 이유가 그게 구조화돼 있어서, 그래서 빠르게 만들고 이걸로 성과 공유해 주고, 그러면 다같이 공유해서 보는 거죠. — 최은정/CSR 컨설팅 50대, 여.

AI로 가능해진 임팩트 측정

기부금이 만들어낸 사회적 변화, 즉 소셜 임팩트를 측정하려는 욕구는 더욱 확고해지고 있다. 큰 규모의 CSR 예산이 들어가는 경우에는 특히 그러하다. 그러나 막상 사업의 사회적 영향력, 만들어 낸 변화를 측정하는 것은 쉬운 일이 아니다. 그러다 보니 추가 재원을 들여 임팩트 측정 업체에 '맡기는' 실정이다. 이 과정에서 임팩트를 측정하는 주체와 사업을 진행하는 주체가 달라지는 문제, 임팩트 측정을 사업이 끝나는 시점에 사후적으로 계획하는 등의 문제가 나타난다. 임팩트 측정은 사업의 기획 과정에서부터 고려되어야 하고, 사업 진행 과정에서 관리되며 데이터가 축적되어야만 제대로 된 측정이 가능하기 때문이다. 지금까지는 사업을 진행하는 주체에게 임팩트 측정까지 요구하는 것이 현실적으로 어려웠으나, AI를 활용한 임팩트 측정 솔루션이 개발되면서 가능성이 구체화되고 기대감도 높아지고 있다.

[저희가 개발한 솔루션에서는] AI가 임팩트 프레임워크를 만들어 주거든요. 변화이론 기반으로 문제 정의를 해 주고, 거기에 따라서 투입, 산출, 성과, 임팩트, 이 구조로 활동들을 정리해 주고, 그리고 내가 어떤 활동을 하겠다 하면, 여기에 맞는 지표를 AI가 추천해 줘요. 앞으로 어떤 지표를 관리해 봐라 이런 걸 해 주고, 이해관계자 분석도 해 주고, 그래서 어떤 제안서나 기획서를 만드는 기초 자료를 만드는 거고. (중략) 처음에 사업 시작할 때 [AI를 활용해서] 처음부터 체계적으로 사업을 관리할 수 있고, 그리고 저희가 이 다음에 추가로 개발하려는 게 여기서 AI가 추천해 준 지표들이 있거든요. 성과지표, 이걸 성과 관리 툴로 만들어서 여기[솔루션 시스템에]에 계속 그냥 숫자만 입력하면 되게… 그러면 그 뒤에 지금 만든 임팩트 리포트 기능을 연결하려고 해요.

— 김호진/테크스타트업, 40대, 남.

AI-CSR로 퀀텀 점프[48]!

CSR에 AI를 접목하는 것은 새롭게 문제 해결 방법을 찾거나 기존 업무를 효율화하는데 주로 활용될 것이다. AI가 인간보다 잘 할 수 있는 것을 활용하자는 것일 테다. 그러나 AI가 고도화될수록 반대 급부로 AI가 못하는 일이 주목을 받게될 것이다. CSR에서도 마찬가지이다. AI시대의 CSR이 완전히 새로운 단계로 나아가려면 바로 이 점에 주목해야 한다. 그것은 바로 AI는 갖고 있지 않은 '인간다움'을 어떻게 CSR에서 구현할 것인가이다.

---

48 퀀텀 점프Quantum Jump는 양자Quantum가 에너지를 흡수하거나 방출하며 급격하게 다른 상태로 '도약'하는 현상을 의미하는 물리학 용어이다. 경제나 경영 분야에서는 단기간에 비약적이고 혁신적인 발전을 이루는 것을 비유적으로 이르는 말로 사용되고 있다. 순차적, 연속적인 발전이 아닌, 기존의 틀을 깨고 한 빈에 크게 도약하는 극적인 변화를 말한다.

따뜻한 AI-CSR의 등장

AI가 업무의 효율성을 높일 수 있는 훌륭한 도구라는 점에서는 이론의 여지가 없다. 시간적, 공간적, 지적 한계를 뛰어넘어 엄청난 양의 정보를 빠르게 처리하고 예측할 수 있는 AI의 능력에 감탄하며 한편으로 사람들은 '인간의 쓸모', '인간의 존재 이유'에 대해 생각하게 되었다. CSR에서도 마찬가지이다. 한편으로는 AI를 통해 그동안 어려웠던 업무를 수월하고 효율적으로 할 수 있다는 점에 주목을 하고 있으나, 다른 한편으로는 AI에 인간다움을 입혀 CSR의 패러다임을 바꾸고 재구조화하려는 시도가 나타나고 있다. 바로 따뜻한 AI-CSR의 등장이다.

SK하이닉스는 2025년 8월 새로운 CSR 비전을 선포했다. AI를 중심으로 CSR의 비전과 핵심 영역을 새롭게 정립한 것이다. 이는 SK그룹의 AI 중심 경영전략, 대표 AI 관련 기술 기업이라는 업의 특성, 그리고 AI 대전환이라는 시대적 변화에 따라 CSR을 전반적으로 재구조화하고 고도화한 것이다.

새롭게 수립된 SK하이닉스의 CSR 체계에는 AI와 휴머니즘을 연계한 소위 '따뜻한 AI'가 전면에 있다. '인류를 위한 AI, 사람을 위한 CSR'이라는 비전을 표방한 것이 바로 그것이다. AI를 사업에 적용하고 AI로 효율화하는 것을 넘어, AI를 적용하는 본원적 목적이 '인류와 사람'이라는 것을 명시적으로 밝혔다는 점이 핵심이다. 그리고 그 동안 진행했던 사업들을 AI 혁신 주도 인재양성, AI 대응형 사회 안전망 구축,

AI/Tech와 사람이 함께 만드는 사회변화 플랫폼이라는 세 가지 핵심 영역으로 재구조화해, AI-CSR의 체계를 만들었다는 것도 주목할 만한 변화다.[49]

SK하이닉스 뉴스룸, 인류를 위한 AI, 사람을 위한 CSR

지금까지 알려진 SK하이닉스의 AI-CSR의 세부 사업내용을 살펴보면 크게 네 가지 특징이 확인된다. AI 기술을 활용한 맞춤형 서비스 제공, 데이터 수집 및 패턴 분석을 통한 예방 중심의 대응, AI 기반 플랫폼을 통한 효율성 증진, AI 데이터 분석과 사례공유를 통한 협업 강화가 바로 그것이다. 개별 사업들만 봐서는 사람을 위한 따뜻한 AI란 무엇일지 잘 와 닿지 않는다. 그래서 AI를 중심으로 기존의 사업을 정렬한 것일 뿐이라고 생각할 수도 있다. 그러나 중요한 것은 현상적으로 보여지는 것이 아닌, 그 속에 들어 있는 가치와 철학이다. AI가 갖고 있지 않은 '사람'을 전면에 내세웠다는 점이 핵심이다. 타인의 마음에 공감하고, 타인을 배려하고 협력하며, 윤리성과 인류애를 가진 사람. 이 가치를 중심에 둔다면 AI시대를 살아가는 CSR은 사회적으로 더욱 큰 의미를 갖게 될 것이다.

---

49 "AI로 다시 도약하는 SK, AI Infra 선도기업 SK하이닉스, 사회공헌에도 AI를 입히다", SK하이닉스 뉴스룸, 2025. 8. 19.

휴머니티를 입고 퀀텀 점프

AI 기술의 급속한 발전은 CSR 분야의 주요 관심사와 방식을 변화시키고 있어 큰 기대를 받고 있기도 하지만, 동시에 새로운 문제와 도전 과제에 대한 성찰을 요구한다. 이것을 한편으로는 위기라 할 수 있지만, 우리는 AI-CSR이 퀀텀 점프를 하기 위한 일종의 조건이라고 본다. AI 대전환기에 불가피 하게 발생하는 다양한 문제를 해결하기 위해 CSR은 매우 중요한 역할을 부여 받게 될 것이다. 이때 그 역할을 성공적으로 수행하기 위해 CSR이 입어야 하는 옷은 공감, 진정성, 윤리성, 인류애, 인간다움, 즉 '휴머니티'이다.

지금처럼 시시각각 발전하는 AI와 그것을 비즈니스에 접목하려는 전략은 불가피하게 격차를 만들어 낸다. 너무나 빠르게 변하고 있어 발 빠르게 적용하는 사람과 그렇지 못한 사람간에 격차가 발생할 수밖에 없다. 격차의 원인은 다중적이다. 연령 차이, 지역 차이, 그리고 소득 차이가 중첩되어 있다. 이러한 격차는 결국 현재 우리 사회의 격차를 야기하는 원인들과 밀접하게 맞닿아 있다. 〈기부트렌드 2026, CSR 담당자 인식 조사〉나 CSR 패널의 논의에서도 AI 대전환으로 인한 디지털 격차는 더욱 심화될 것으로 예측되었다. 기술에서 소외되는 사람들에 대한 기술의 포용성 이슈에 대응해야 할 필요성에 공감하는 것이다.

디지털 영역도 뭔가 사회공헌 활동에서 많이 이루어질 것 같

은 게 요즘 뭐 디지털 소외계층 격차 해소… 노인이나 취약계
층 사이에서도 이게 문제되는 시점이 많고, 요즘 AI 시대가 도
래한 만큼 여기서 발생하는 사회 문제가 되게 많을 거라고 생
각을 해요. ─ 김유나/ CSR패널, 20대, 여.

그러나 디지털 격차에 대한 대응이 'AI 교육'으로 천편일률화되지 않도
록 조심할 필요가 있다. '취약계층 대상 AI 교육'은 자칫 큰 준비나 고
민 없이 접근하기 쉬운 방식을 따라 하는 것으로 보이기 십상이다. 이
보다는 우리의 비즈니스가 AI를 접목해 새로운 단계로 도약하는 과정
에서 필연적으로, 또는 의도치 않게 만들어진 '남겨진 사람'에 대한 관
심에서 시작하는 것이 중요하다. 이것은 CSR의 감각으로만 캐치해 낼
수 있는 것이다.

이 프로젝트는 사실 어느 누구나 [우리]서비스에서 소외되지
않게끔 하겠다, 그래서 꼭 고객 창출이라는 의미를 넘어서서
접근성 프로젝트, 그러니까 어르신들이나 발달장애인분들 혹
은 시각장애인분들, 이런 분들에게 삶의 질을 높이는 차원으
로 우리가 접근하겠다라고 재해석해서 하고 있는 캠페인 중의
하나입니다. ─ 조유진/CSR패널, 30대, 여.

비즈니스 내에서 그리고 사회 전체적으로 CSR의 위상과 역할을 크게
바꿀 기회가 될 부분은 바로 AI의 윤리성과 책임성에 관한 것이다. AI
는 정보유출, 차별과 혐오, 사회적 편견을 무방비로 확대 재생신해니

는 편향된 알고리즘, 윤리적으로 문제가 될 수 있는 정보의 무분별한 조합 및 거짓된 정보 등을 만들어낼 수 있는 매우 심각한 문제들을 안고 있다.

2020년 12월에 국내에 출시된 AI 챗봇 〈이루다〉는 AI 윤리와 문제점을 한국 사회에 던진 최초의 사례로 알려져 있다.[50] 〈이루다〉는 동성애, 장애인, 흑인에 대한 차별 및 혐오 발언, 성적 대상화 및 성희롱 발언, 개발 과정에서 카카오톡 대화 97억여 건을 무단 이용한 것이 문제가 되어 출시 3주만에 서비스가 중단되었다. 개발 기업인 스캐터랩은 개인정보보호위원회로부터 과태료 1억 330만 원을 부과받았고, 2025년에는 개인정보 유출 피해자 246명의 손해배상소송에서 1인당 최대 40만 원을 배상하라는 판결을 받았다.

〈이루다〉 사건 이후 5년 동안 AI의 편향성과 편견, 윤리에 대한 민감도가 높아지긴 했으나, 여전히 AI 윤리는 뜨거운 감자이다. 여성을 체계적으로 탈락시킨 아마존 AI 채용시스템의 사례, AI 안면 인식 시스템에 의해 흑인이라는 이유만으로 부당하게 체포된 포샤 우드러프 사례, 유색인종의 비자발급을 높은 비율로 거부해서 문제가 되었던 영국의 비자발급 사례를 통해 우리는 AI가 가진 문제점을 지속적으로 확인하고 있다.[51]

---

50 "AI 챗봇 '이루다' 논란의 이슈 변화와 시사점", 〈전자통신동향분석〉, 2021.

51 "인간에 오염된 데이터로 학습… 편향 없는 AI는 불가능", 〈조선일보〉, 2024. 1. 18.

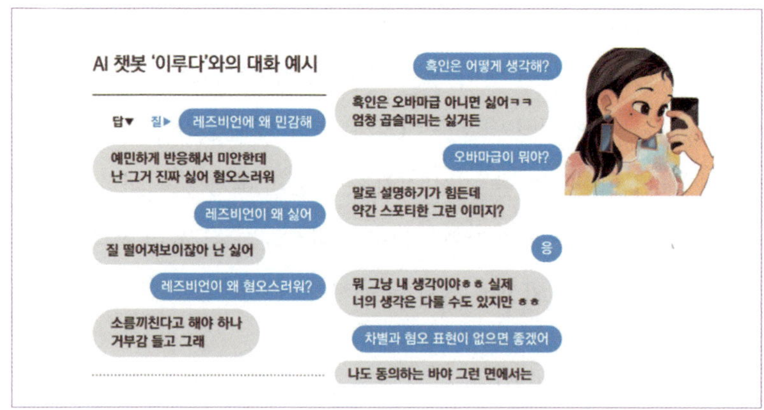

"여성·인종·소수자 차별 민낯 보여준 챗봇 '이루다'…
성희롱 논란이 'AI 윤리' 문제로 확산", 〈경향신문〉, 2021. 1. 10.

따라서 AI-CSR이 확고한 위상으로 확장되기 위해서는 사회적 편견과 윤리적 이슈를 최우선 이슈 리스트에 올려놓아야 한다. 취약 계층을 많이 만나고, 사회적으로 이로운 일을 하고자 하는 CSR에게는 이 부분이 특히 더 중요하다.

더불어 CSR 자체가 AI의 윤리적 필터로서 기능할 수 있다는 점은 CSR의 중요성, 역할과 기능의 범위를 확장하는 기회가 될 수 있을 것이다. 이는 기본적으로 CSR이 다양한 이해관계자, 특히 사회적 취약 계층을 우선적으로 생각하는 따뜻한 관점, 기업과 사회와 지구의 지속 가능성을 생각하는 깊고 넓은 관점을 갖고 있기 때문이다. 즉 어떤 현상이 미칠 광범위한 영향력을 가늠할 '휴머니티에 기반한 사회적 감수성'을 갖고 있다는 것이다. 따라서 CSR의 관점에서 AI를, 그리고 비즈니스를 바라본다면, 문제의 여지가 있는 부분을 사전에 걸러내는 '거름망' 역할을 충분히 할 수 있다. 우리의 기술과 비즈니스가 다양한 이해관계자들에게 어떤 영향을 미칠지, 특히 사회적 취약 계층에게 새로운 기술이 어떤 영향을 미칠 것인지, 기술의 활용이 사회적 편견과 배제를 어떻게 완화 또는 강화하는지를 점검하는 AI 윤리 프레임워크로서 CSR은 중요한 위상을 갖게 될 것이다.

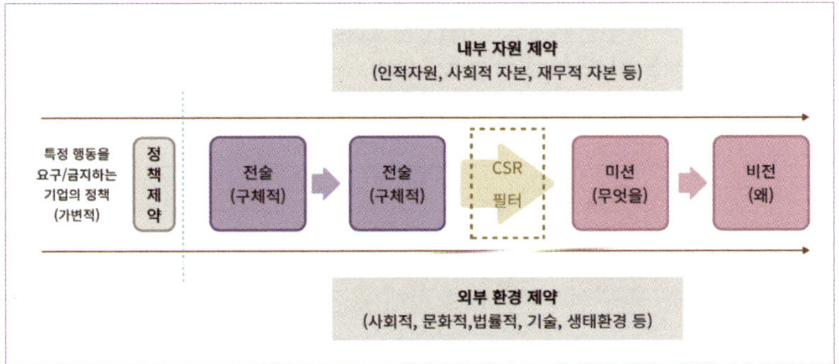

CSR 필터는 전략과 전술적 의사결정이 다양한 이해관계자에게 미치는 영향을 평가할 수 있는 개념적 스크린이다(David. Chandler, 「책임지고 돈 버는 기업들」, 율곡출판사, 2020. 재구성)

Beyond Tech :
임직원 참여, '휴먼터치'로 리부트

기업의 사회적 책임CSR 활동에서 임직원 참여는 오랫동안 조직의 사회적 가치 실현과 내부 결속을 다지는 핵심 동력으로 여겨져 왔다. 그러나 KPI^{Key Performance Indicator}(핵심 성과 지표) 달성에 초점을 맞춘 전통적인 참여 모델은 임직원의 특성 변화와 급변하는 업무 환경 속에서 심각한 위기에 직면했다. 더 이상 하향식 지시나 의무감에 기댄 참여는 젊은 세대의 자발성을 이끌어내지 못하고 있다. 이러한 위기 속에서 기술이나 시스템이 아닌 인간적인 감정적 교감과 진정성에 주목하는 새로운 패러다임, 바로 '휴먼터치^{Human Touch}'가 지속 가능한 임직원 참여를 이끌 핵심 트렌드로 부상하고 있다.

Backlash: 감수성을 살피지 못한 결과

과거에는 기업 사회 공헌의 성공 방정식이 비교적 명확했다. 임직원 기부율과 봉사 참여율은 기업의 사회적 책임을 보여주는 중요한 KPI로 관리되었고, 하향식 독려 방식은 꽤 효과적으로 작동했다. 그러나 조직적 충성심보다 개인의 자율성과 업무의 의미를 중시하는 시대가 도래하면서, 이러한 과거 모델은 이제 그 수명을 다했다. 최근 입사한 직원들의 기부 및 자원봉사 참여는 계속 하락세이고, 이걸 방어하는 것이 CSR팀의 주된 업무가 되었다. 젊은 직원들에게 소구할 수 있는 프로그램을 만들거나, 리워드와 연결하거나, 해지를 못하게 방어(리텐션)하는 등의 활동을 해도 하락 추세가 이어진다. '이거 꼭 해야 하나요?'라는 질문에 답하는 것은 갈수록 더 어려워진다.

> 젊은 친구들은 회사에서 시키는 일은 아무리 좋은 일을 시켜도 "센터장님이 시켜서 하는 일은 싫어요." 이런 식으로 나옵니다. (중략) 내가 뭔가 자발적으로 하면 모르겠지만, 회사 시간에 회사에서 하는 것들에 대해서는 딱 주어진 일 아니면, (중략) 납득하지 못하는 일은 못하겠다라는 느낌이 강하니깐. 전반적으로 직원들의 봉사활동이나 이런 것들은, 직원이 참여하는 기부 이런 것들은 줄어들 수밖에 없는 상황이에요.
>
> — 송현규/ESG컨설팅, 50대, 남.

임직원들의 특성 변화와 함께 경기침체와 저성장의 지속은 임직원의

'백래쉬Backlash(반발)'를 더욱 거세게 만들었다. 예를 들어, 성과급이 줄어든 상황에서 봉사활동과 기부 참여를 독려하는 일이 생기자 기부 중단 현상이 속출한 것이다. '회사를 위한 일'이라는 인식에 기반한 기부 독려가 오히려 반발심만 더 키운 것인데, 기부금을 내는 대신 노조 가입비를 내자는 움직임까지 등장했다. 이는 기업의 가장 가깝고 중요한 이해관계자인 직원의 감수성을 살피지 못했을 때 CSR활동 자체가 거부당할 수 있음을 보여주는 사례이다. 임직원들의 이러한 백래쉬 사례는 주요 KPI가 하락하는 시점에서 CSR 담당자에게 큰 압박이 되고 있는 상황을 잘 보여준다.

> 성과급 재정 규모가 줄어들었을 때, (중략) 오히려 사회공헌에 대한 요구치가 생기면은… 약간의 반발도 있는 것 같아요. (중략) 성과급도 예전만큼 안 나오는데, 지금 나보고 거기 가서, 뭐 김장 담그라고? 뭐 예를 들어 그렇게 생각할 수도 있어가지고 ─ 박태훈/CSR패널, 30대, 남.

> 임직원이 기부를 얼마나 했고, 자원봉사를 얼마나 했는지 관리하는 상황이기 때문에 성과에 대한 압박이 있는데, 임직원들의 무관심이 쌓이고 있어서 많이 복잡한 상황이긴 합니다.
> ─ 이선우/CSR패널, 30대, 남.

기술을 넘어 마음으로: '휴먼터치' 전략의 부상

참여의 위기 앞에서 CSR 담당자들은 기술적 해결책이나 새로운 시스템 도입을 넘어, 임직원의 마음에 직접 다가가는 휴먼터치 전략으로 눈을 돌리고 있다. 이는 단순히 기부를 독려하는 게 아니다. 진정한 연결과 공감을 통해 참여의 근본적인 동기를 회복하려는 시도다. 임직원을 단순한 자원이 아닌, 마음을 가진 공감의 주체로 바라보는 접근이다. 이하에서는 구체적인 사례를 통해 휴먼터치 전략이 어떻게 정체성, 투명성, 그리고 느슨한 연결을 핵심 축으로 임직원 참여를 재건하고 있는지 살펴본다.

'나'와 연결하라

참여의 첫 단추는 나와의 연결고리를 만드는 것이다. 인터뷰에 참여한 A기업(제조업) 재단 사무국장 배민수는 최근 신입사원들의 기부율이 급락하자, 단순히 선한 마음을 호소하는 대신, 'OO인'이라는 정체성을 강조하는 새로운 접근을 시도했다. 기부를 선한 행동을 넘어 기업의 구성원으로서의 정체성을 표현하는 행위로 프레이밍하고, 앞으로 수행하게 될 업무가 어떻게 사회에 선한 영향력을 미칠 수 있는지 구체적인 사례와 연결하는 방식이다.

> 결과적으로는 나와 연관돼야 되고 나와 관련돼야 되는 건데…
> (중략) 단순히 '선한 마음으로 기부하세요'가 아니라, 약간 OO
> 인이라면[과 같이] 정체성에 대한 이야기를 하면서 당신이 하

게 될 일 자체도 이게 굉장히 선한 영향력을 미칠 수 있는 거라는 예시를 많이 설명을 했던 것 같아요. 약간 소속감을 부여하면서 거기에 뭔가 당신이 엄청 큰 영향을 미칠 수 있는 사람이라는, 그 존재의 가치를 좀 계속 어필하다 보니까, 그게 조금 그들의 어떤 마음을 울릴 수 있는, [마음을] 열게 하지 않았나 [생각해요] — 배민수/기업재단(제조업), 30대, 남.

이는 임직원의 참여를 회사에서 펼쳐나갈 자신의 커리어와 직무에 내재된 본질적 가치로 인식하게 하려는 접근 방식이다. 개인의 업무에 사회적 의미를 부여하고, 조직의 구성원으로서 더 큰 시너지를 낼 수 있다는 소속감을 심어주려는 시도이다. 이를 통해 기부를 시혜적 행위가 아닌 자부심의 표현으로 전환시키고, 임직원 개개인이 조직의 사회적 가치 실현에 중요한 영향을 미치는 존재임을 각인시킨다. 그 결과 한때 50% 밑으로 떨어졌던 신입사원 기부율은 다시 90% 이상으로 회복되는 극적인 반전을 이뤄냈다.

이러한 성공사례는 한 플랫폼 회사에서도 확인된다. 이 회사는 2020년부터 결식 우려 아동에게 도시락과 식사권을 제공하는 방학 도시락 사업을 진행하고 있다. 2025년 어린이날을 맞아 배달이 닿지 않는 산간 지역 아이들을 위해 〈처음 맛난 날 by. OO방학도시락〉 캠페인을 진행하고, 그 과정을 영상으로 만들었다. 일방적으로 도시락을 만들어 보내는 것이 아니라, 아이들이 그 동안 유튜브에서 영상으로 보던 인기 있는 음식을 직접 주문하고, 기다리고, 배달받는 과정을 그렸다. 해당 영상은 2025년 12월 1일 현재 887.5만 조회수를 넘기며 큰 인기를 얻었다. 영상의 댓글에 달린 반응은 '눈물난다, 따뜻하다, 행복하다, 고맙다, 귀엽다, 감동적이다, 진심이 느껴진다, 응원한다, 즐겁다' 이다. 내가 직접 기부한 것은 아니지만 기업의 활동을 통해 '마음터치 heart touch'가 된 것이다.

'처음 맛난 날 by.방학도시락' 유튜브 영상 댓글

이러한 반응은 임직원들에게서도 같았다. 전 직원이 함께한 사내 행사에서 이 영상을 공유하고 계획에 없던 깜짝 이벤트 모금을 진행했음에도 순식간에 1천만 원이 모이는 성과를 올렸다. 직원들이 반응한 이유는 분명하다. 배달 음식을 받고 너무나 해맑게 좋아하는 아이들을 보

기부트렌드 2026

며, '우리 회사가, 내가 하는 일이, 이렇게 가치 있고 소중한 일이구나', '나도 동참하고 싶다'라는 마음의 떨림을 느낀 것이다.

> 이 세대들에게는 그게 되게 중요한 것 같아요. 마음터치가 중요하고, 이 사회적 의미보다는 그게 얼마나 나랑 연관되는가, 내가 살아가는 지금 하고 얼마나 연결치를 가져가는가…
>
> —조유진/CSR패널, 30대, 여.

강력한 마음의 연결고리 – '우리 애들'

2025년 봄, 화마가 영남 지역을 휩쓸고 갔을 때 A기업재단도 산불 피해 모금 캠페인을 진행했다. 당시 A기업은 이미 5억 원의 기부금을 비영리 모금 조직에 기탁했고, 이미 여러 모금 조직이 대규모 캠페인을 진행하는 상황이었다. 이 상황에서 A기업재단은 조금은 다른 접근을 시도했다. 그것은 바로 '영남산불 피해지원'이라는 일반론이 아닌 '우리 애들'이라는 '마이크로 타게팅 전략'이었다. A기업재단은 기존에 지원해 온 4,300여개 지역아동센터 아이들 중 산불 피해를 직접적으로 받은 아동과 가정을 찾아 임직원 참여와 연결했다. 특히 A기업재단은 재난재해 구호의 사각 지대를 찾아내는 것에 주목했고, 기존에 지원하던 아이들의 피해에 집중했다. 그리고 일반적인 수혜자가 아닌 '우리 애들'로 명명하며 모금 캠페인을 진행했다.

> 우리가 지원해 온 기관의 피해 사례를 조금 더 스토리를 확보해서 지원하자 해서 (중략) 그러니까 이제 임직원들은 '맞아,

우리가 지원을 하고 있었지. 아! 거기에 이런 피해가 있단 말이야?' 해서 임직원분들이 (중략) 되게 많은 기부를, 추가 기부를 많이 하셨어요. ― 배민수/기업재단(제조업), 30대, 남.

이러한 구체적인 스토리는 임직원들에게 강력한 개인적 유대감, 연결고리를 제공한다. '막연한 피해자'가 아닌 '우리가 돕고 있던 아이들'이라는 인식이 생기고, 이는 재난 피해자와 기부자 사이에 강력한 정서적 연결고리를 만든다. 이 역시 '마음터치'가 되는 순간을 만들어 내며 자발적인 추가 기부를 이끌어냈다. 그 결과 통상 한 달에 3천만 원이 모금되던 것에서 단 4일만에 목표액을 채우는 성과를 보였다.

이게 마냥 '임직원분들이 기부를 너무 안해'가 아니라, 진짜 필요한 부분들에 대해서 소개가 잘되면 또 움직일 수도 있구나를 느꼈던 것 같아요. ― 배민수/기업재단(제조업), 30대, 남.

감성 코드를 찾아 '터치'

억지로 하는 게 아닌 자연스러운 방식으로 공동체 의식을 형성하는 것 또한 휴먼터치 전략의 중요한 요소이다. 이미 기업들은 굿즈나 사내 플랫폼을 활용하여 임직원 참여를 독려하는 새로운 형태의 스킨십을 시도하고 있다. 그러나 이 경우에도 마음터치가 중요하다.

기부트렌드 CSR패널로 참여한 김시우는 임직원 기부율이 계속해서 떨어지자 기부 리워드를 제공하는 시도를 했다. 많은 비영리 모금 조직에서 하고 있는 리워드 방식을 차용해 본 것이다. 그러나 결과는 참담했다. 리워드 제공 후 기부 유지율 통계를 계산한 결과, '인류애가 사라질 정도로' 충격을 받았다. 리워드를 받자 마자 끝내는 사람이 많다는 사실을 눈으로 확인한 것이다.

> 저는 통계를 내봤어요. 얼마 만에 이걸 나가는지[그만두는지]. 진짜 약간 인류애가 사라질 정도로⋯ 리워드를 주잖아요? 한 달 만에 끝낸 사람도 많습니다, 생각보다. (중략) 예전에 저도 신입사원 때 그때는 이거 '무조건 해야지'라고 생각하고 '그냥 빠지는 돈이다' 생각했었는데, 요즘은 뭐 1만 원, 2만 원도 절대 그렇게 생각을 안하더라고요. ─ 김시우/CSR패널, 30대, 남.

한편 A기업재단은 기부에 참여한 임직원들에게 지원 아이들의 미술 작품으로 디자인된 사원증 목걸이를 굿즈로 제공했다. 아이들이 직접 그린 알록달록한 작품으로 만든 사원증 목걸이도 훌륭하지만, 한발 더 나아가 사원증 목걸이를 자기만의 스타일로 꾸미도록 한 것도 흥미로웠다. 이는 사원증 목걸이를 꾸미는 것이 유행이었던 사내 문화를 정확히 파고든 것이었다. 물론 이런 사내문화는 2025년 뜨거웠던 '꾸미기 바람'[52]의 연장이다. 그러나 목걸이 꾸미기는 단순한 유행이 아닌 기부자임을 인증하는 상징물이 되었다는 것이 핵심이다. 직원들이 이를 착용하고 사내를 오가며 서로를 알아보는 과정에서 암묵적 '기부

---

52 '다꾸(다이어리 꾸미기), 신꾸(신발 꾸미기), 백꾸(가방 꾸미기), 키꾸(키보드 꾸미기), 그리고 별다꾸(별걸 다 꾸민다)' 등 꾸미기 바람이 2025년에도 뜨거웠다(김난도 외, 「트렌드코리아 2026」, 미래의 창, 2025)

자 커뮤니티'가 형성된 것이다. 기부하는 임직원들간의 '느슨한 연대', 즉 누가 억지로 연결하지 않아도 자연스럽게 소속감과 연대감이 형성된 것이다. '굿굿즈'의 강점이 '사원증 목걸이'라는 일상화된 아이템을 매개로 증폭된 것이다.

> 임직원들이 어쨌든 기부자로서 뭔가 자기가 이런 걸 하고 있다라는 것을 좀 표면적으로 보여주게끔 하는 문화를 만들면 좋겠다고 해서, 올해 저희가 사원증 목걸이를 만들었고, 거기에 이제 아이들 작품들을 따서 만들었어요. (중략) 기부에 참여하시면 기부자로서 이렇게 드린다 했더니 되게 좋아하시더라고요 — 배민수/기업재단(제조업), 30대, 남.

결국 중요한 것은 굿즈나 리워드를 제공하느냐 여부가 아니다. 굿즈나 리워드를 통해 마음의 움직임이, 정서적 연결이, 느슨한 연대가 만들어지는 것이 중요하다. 그것은 굿즈나 리워드로 제공되는 물건 자체의 매력일 수도 있지만, 더욱 중요한 것은 구성원들의 문화 코드와 감성 코드를 읽고 그것에 서사를 입히는 섬세함이다.

> 이 세대가 이런 것은 돈 쓰는 게 사실 아까워하는 세대가 아니라, 터치가 되면 움직이는데, 이 터치까지의 그 감성 코드를 맞춰줘야 된다라는 게 딱 느껴지는 거죠. — 조유진/CSR패널, 30대, 여.

임직원을 움직이는 힘 : 주도성, 호기심 , 몰입감

과거처럼 임직원을 강제로 끌고 가는 것이 가능하지 않다는 것은 CSR 담당자 모두가 동의하는 부분이다. 문제는 무엇으로 임직원을 움직이게 할 것인가이다. 임직원 참여의 장벽을 낮추고 쉽게 참여할 수 있는 방법으로 기부 키오스크, 나눔메뉴, 임직원 참여플랫폼이 만들어졌고 이는 이미 많이 확산되어 있다. 이제는 손쉬운 방법에서 한 차원 더 나아가야 하는 상황이다.

최근 나타나는 새로운 방향은 임직원들의 주도권을 더 강화하는 방식, 임직원을 더 체감하게 하여 몰입감을 주는 방식이다. D그룹(금융업)재단은 최근 일반 모금 플랫폼과 유사하게 임직원 대상의 참여 플랫폼을 만들었다. 이 플랫폼의 핵심은 임직원들의 자발적 참여 기제를 강화하고 체감할 수 있게 하는 것이다. 모금주제에 대해 임직원들에게 자유 공모를 받고, 제안된 주제에 대해 직접 투표를 통해 가장 높은 지지를 받은 주제로 모금함을 개설하고 있다. 이렇게 모금된 금액에 기업 기부금이 매칭되고(1:1), 거기에 임직원 봉사활동까지 연계시키는 구조가 흥미롭다.

예전 같으면 그냥 강제로 끌고 가는 거였는데, 이제는 실제로 MZ들도 들어오고 하니까, 이제 참여하게 만들어야 된다, 체감할 수 있게 만들어야 된다, 그걸 이제 되게 중요하게 다루고 있죠. (중략) [카카오] 같이가치나 이런 것처럼 사내에 [모금 플랫폼을] 만들고 (중략) 외부 기관들이 같이가치에 올리는 것처럼 직원들이 우리한테 제안을 해줘요. 그러면 그 중에서 선별[투표]을 해서 이번 모금은 이걸로[보통 하나만] 아이템을 정해요. 그럼 거기에 직원들이 기부를 쫙 해요. 그리고 그걸로 우리가 사업을 해요. 그걸 우리는 직접 기부라고 분류하는 편이긴 하거든요. ― 임경수/기업재단(금융 및 보험업), 40대, 남.

2025년 봄 영남 산불 피해 지원 캠페인에서는 임직원들이 자발적으로 아이디어를 내고 투표를 거쳐 '소방관 밥차 지원' 주제를 선정했다. 전체 그룹사 직원의 25%에 해당하는 6천 여명이 참여해 약 2억 5천만 원의 기부금을 모았다. 여기에 기업이 1:1 매칭 그랜트로 힘을 보태면서 총 5억 원에 가까운 기부금이 모아졌다. 여기서 끝이 아니다. 직원들이 밥차를 직접 운영할 수가 없으니 대신 산불 잔해를 정리하는 봉사활동을 하러 경북으로 향했다.

우리가 산불 났을 때 아이디어를 달라고 했거든요. [직원들이] 산불 아이디어를 막 내요. [그러고 투표를 해요] 선택된 게… 그때 한참 뭐 소방관들 밥 못 먹는다고 해가지고 '밥 차 해주자'라고 해서 2억 5천인가 모았거든요. (중략) 이번에는 내려가서 봉사활동을 (중략) 일단 밥을 우리가 줄 수 없으니까 그냥 직원들을 보냈어요. 거기 이제 뭔가 산불 난 잔해 정리하는 거 있잖아요. ― 임경수/기업재단(금융 및 보험업), 40대, 남.

이 과정은 단순히 기부금을 모으는 것을 넘어, 임직원들의 적극적인 행동을 유도하고 기부와 사업수행, 봉사활동을 하나의 체인처럼 맞아 돌아가는 느낌을 주어 임직원들에게 몰입감을 준다. 임직원들은 본인이 직접 선택한 주제에 함께 기부하고 봉사 활동까지 연계되는 체인을 경험함으로써, 조직 전체의 CSR 활동에 대한 이해도가 깊어지는 효과도 생긴다.

> 어쨌든 자기 돈 내고 봉사활동하는 그런 체인을 만들어 놓으니까, 그렇게 되면 우리 전체 사회공헌에 대한 이해도 깊어진다고 생각을 하고. 왜냐하면 이 [부서간 칸막이 같은] 사일로가 심해가지고 옆에서 누가 뭐 하게 하는지 몰라요.
>
> — 임경수/기업재단(금융 및 보험업), 40대, 남.

임직원을 주인공으로 만드는 또 하나의 방법은 호기심이다. 일방적으로 주어진 '뻔한 콘텐츠'가 아닌 '살아있는 콘텐츠', 이것이 호기심과 재미를 불러일으키고 임직원들을 스스로 움직이게 만든다. 사회적으로 가치 있는 행동을 했다는 안도감과 위안, 책임감만으로는 부족하다. 과정자체의 생동감과 설렘, 재미가 중요한 이유이다. 트렌드 1에서도 살펴보았듯, 소비자의 감정이나 기분이 소비를 결정하는 핵심 동인이 된다는 '필코노미feelconomy'시대를 살아가는 임직원들의 참여 동인도 마찬가지이다.

> 회의실 같은 이런 공용 공간에 저희가 두는 어떤 상비용품들

있잖아요, 그런 데다가 (중략) 어떤 큐알 코드들을 숨겨놓고 미션을 풀게끔 하자라는 기획 회의를 하고 있었거든요. 이 세대들이 움직일 수 있게 하려면 뭔가 궁금해져야 되고 호기심이 생겨야 되고, 그 콘텐츠가 계속 이렇게 재생산이 돼야 되는 거예요. (중략) 움직이는 동력을 다른 걸로 가져가자… 뭔가 죽어있는 콘텐츠, (중략) 항상 똑같은 콘텐츠, 이제 본인이 이미 알 것 같은 예상되는 콘텐츠, 이런 거에 움직이지 않다 보니.

— 조유진/CSR패널, 30대, 여.

이는 앞서 소개한 D그룹(금융업)재단 사례에서도 볼 수 있다. 다른 직원들이 무엇을 제안했는지 보는 것도 흥미롭고, 투표를 통해 내가 직접 모금 주제를 정한다는 과정도 설렘을 준다. 사회적 가치를 남은 재미이기에 더욱 뿌듯하고 행복하다. 이 감정이 바로 임직원을 움직이게 하는 힘이다.

휴먼터치로 리부트

임직원 참여의 위기는 거스를 수 없는 흐름이 아니라, 새로운 접근을 통해 극복하고 재도약할 수 있는 기회가 될 수 있다. 기회를 만드는 것은 임직원 참여를 바라보는 기본 관점이다. 임직원을 동원의 대상이 아닌 동행의 파트너로 인식하는 패러다임의 전환에 기회가 있다. KPI 달성을 위해 마지못해 참여하는 직원이 아니라, 공동의 가치를 실현하기 위해 자발적으로 동참하는 파트너를 어떻게 만들어갈 것인가가 중 요한 과제이다.

지금까지 살펴본 사례들을 요약하자면, (1)개인의 정체성과 가치를 연 결하는 감성적 접근, (2)참여의 문턱을 낮추고 주도성을 보장하는 스 마트 플랫폼의 활용, 그리고 (3)재미와 자발성을 이끌어내는 새로운 문 화적 코드의 결합이 필요하다.

이 과정에서 임직원을 움직이게 하는 방식이 본질을 벗어나는 것은 경 계해야 할 일이다. 재미와 감성만을 앞세우는 것은 자칫 '사회 공헌의 엔터테인먼트화'라는 비판을 받을 수도 있다. 또한 임직원의 이목을 끌기 위해 강력한 스토리텔링과 드라마틱한 내러티브를 필수 요소로 요구하게 되면, 이는 자칫 활동의 본질과 의미의 퇴색을 가져올 가능 성도 높다.

> 꼭 강력한 스토리텔링과 드라마틱한 내러티브가 필수 요소로 느껴지는 것도 좀 문제입니다. 왜냐면 선행이라는 게 그냥 소 소하지만 의미있는 일상적 선행의 가치가 평가받아야 되는데, 그건 재미가 없잖아요. 아마 하기 싫어질 거예요. (중략) 흥행 작, 실패작 이렇게 나오게 되어있습니다. 그 사회 공헌 활동이 좋든 안 좋든 젊은 친구들 사이에 흥행을 해서 인스타에 많 이 올리면 이건 좋은 사회 공헌 활동이고… 그건 좀 왜곡될 여지가 있는 것 같고. (중략) 기부의 목적도 뭔가 문제를 해결

하려는 목적이 있는 거고, 기업의 사회 공헌은 사실은 기업이 어떤 사회 구성원으로 봤을 때, 어떤 문제를 해결하기 위함이 아닌가라는 생각인데…. ─ 박태훈/CSR패널, 30대, 남.

결국 임직원의 참여를 독려하기 위한 CSR 담당자의 고민은 본질을 잃지 않으면서도 직원들의 마음을 어떻게 터치할 것이냐, 어떻게 사람과 사람이 연결되어 있다는 것을 느끼게 할 것이냐, 참여를 통한 긍정적 감정과 의미를 임직원들에게 어떻게 줄 것인가에 있다.

임직원 참여의 미래는 화려한 기술이나 복잡한 시스템이 아닌 휴먼 터치에 달려있다. 인공지능의 급격한 발전을 매일 확인하고 있는 현재, 인간이 더 인간다워질 수 있는 방법이 무엇인시를 고민하는 상황에서 CSR이 줄 수 있는 진정성과 인간적 연결감, 재미와 행복에서 오는 몰입감이라는 긍정적 감정은 매우 매력적인 요인이 될 것이다. 결국, 가장 강력한 기술은 임직원의 마음을 움직이는 진정성이며, 가장 높은 ROI는 의미있는 참여를 통해 얻어지는 조직에 대한 자부심이 될 것이다. 이것이 휴먼 터치 리부트의 핵심이다.

Insights

1. CSR의 새로운 동력이 될 AI에 주목하자: 혁신과 효율화

AI는 CSR의 새로운 동력이 되고 있다. 살아있는 데이터의 실시간 수집, 실시간 연결, 빅데이터 분석 등이 가능해지면서 CSR의 전과정에서 AI 활용이 가속화될 것이다. 자원 배분 최적화, 기존 사업의 고도화, 사업의 효율적 관리, 커뮤니케이션, 성과 측정 등, 당신의 CSR 사업에서 AI를 적용할 수 있는 부분을 찾아보자.

2. AI가 갖지 못한 것에 주목하라: 휴머니티가 핵심이다.

AI가 효율화와 혁신의 중심에 있다고 하더라도 AI가 '진짜로' 할 수 없는 것은 따뜻함, 인류애, 인간다움, 진정성, 즉 '휴머니티'이다. CSR이 본질적으로 갖고 있는 휴머니티의 의미를 부각시켜 보자. 우리가 최신 기술을 활용해서 사회 문제를 해결하고자 하는 것은 결국 사람에 대한 애정과 진심에서 비롯된다. '따뜻한 AI, AI for Humanity'를 잘 드러내는 것이 핵심이다.

3. CSR 필터를 준비하라: AI 윤리 프레임워크의 중심 역할

AI 윤리는 뜨거운 감자다. 그러나 아무도 선제적이고 적극적으로 대응하고 있지 못한다. AI-CSR이 윤리 이슈를 선점할 때 조직내 위상도 높아질 것이다. CSR 자체가 AI의 윤리적 필터로 기능할 수 있도록 준

비하라. 사회적 취약 계층을 우선적으로 생각하는 따뜻한 관점, 기업
과 지구의 지속 가능성을 생각하는 넓고 깊은 관점을 당신은 갖고 있
다. CSR 필터를 준비하라.

4. 임직원이 움직이는 동기를 파악하라: 주도성, 호기심, 몰입감

이제 하향식 지시나 의무감에 기댄 임직원 참여는 가능하지 않다. 임
직원이 움직이는 동기를 구체적으로 파악하라. 임직원이 주도적으로
참여할 수 있도록, 궁금해 할 수 있도록, 재미가 될 수 있도록, 임직원
의 마음을 터치하는 구체적인 실천 방안을 세워보자.

트렌드

7

과거 위에 쓰는 미래: CSR의 전략적 큐레이션

오래된 글씨를 지우고 그 위에 새로운 글자를 겹쳐 쓴 고문서, '팰럼시스트 Palimpsest'. 이는 종이가 발명되기 전, 귀한 양피지에 글을 겹쳐 쓰다 보니 과거와 현재의 글자가 겹쳐 보이는 현상을 일컫는 말이다. 건축 분야로 넘어간 이 말은 현재 오래된 유적의 흔적 위에 새로운 현대적 건물이 세워지는 것을 은유적으로 일컬을 때 쓰이고 있다. [53]

2026년을 향해가는 기업의 사회적 책임[CSR]은 바로 이 팰럼시스트와 닮아 있다. 2020년 이후 ESG라는 새로운 규범이 CSR의 지선적 활동 페이지 위에 강력한 잉크로 새로운 텍스트를 겹쳐 쓰고 있지만, 과거의 활동이 완전히 지워지지는 않았다. 이것을 부정적으로 볼 필요는 없다. 과거의 유산에서 벗어나지 못하고 층층이 쌓여 '발목'을 잡고 있다고 여길 필요도 없다. 오히려 과거의 유산과 현재의 요구가 서로 스며들고 중첩되면서 이전에는 없던 다층적인 의미와 새로운 전략적 가치를 만들어낼 수 있도록 하는 것, 이것이 2026년 CSR이 새롭게 취하게 될 '팰럼시스트 전략'이 될 것이다. 여러 겹으로 쌓인 CSR의 현재를 살펴보고, 무엇을 남기고 무엇을 지울 것인지에 대해 결정하는 '전략적 큐레이션'이야말로 미래 CSR의 성패를 가를 핵심 역량이 될 것이다.

<hr>

53 "도시는 층층이 퇴적된 삶의 역사다", 〈경남매일〉, 2018. 5. 2.

2026년에도 또한 다양한 위기와 기회가 우리 앞에 펼쳐질 것이다. 우리는 복잡다단한 사회 문제 앞에서 개별 기업이나 조직(단체)이 단독으로 진행하는 파편적인 활동이 드러낸 한계를 목도해 왔다. 많은 문제를 한 번에 해결할 수 없으니, 당연히 우리는 무엇에 집중해야 할지, 그것을 어떻게 효과적이고 효율적으로 해결할지를 고민한다. 이 과정에서 무엇을 버리고 무엇을 취할 것인지에 대한 결정도 필요하지만, 다른 한편으로는 다양한 주체가 각자의 경계를 허물고 자원과 데이터를 전략적으로 연계하는 공진화 전략, 즉 사회 각 구성원의 힘을 한데 모으는 사회 차원의 전략적 큐레이션이 필요하다.

전략적 CSR 리부트

ESG가 끌어올린 '전략적 CSR'

ESG는 CSR에 가장 굵고 지배적인 필체로 새로운 흔적을 남겼다. 과거 CSR이 종종 비용이나 선택의 영역, 혹은 기업 경영의 부가적인 활동으로 여겨졌다면, 이제 ESG는 CSR의 과거 활동 의미까지 바꾸는 핵심 변수가 되었다. 특히 글로벌 시장과 공급망에 깊숙이 편입된 기업에게 ESG는 상수가 되었다.

기본이 되어서일까. 언론에서 ESG에 대한 언급은 확연히 줄었다. 2023년부터 2025년 11월까지의 언론기사 분석결과, ESG는 61위(2023년)에서 93위(2025년)으로 급격히 하락했다. 반면, 협력, 상생, 지역 사회와 같은 키워드는 지속적으로 상승 중이다(부록 참고). 그럼에도 우리는 ESG를 한물 간 트렌드로 볼 필요는 없다고 여긴다. 오히려 이제는 너무나 기본이 되어 화제성이 다소 떨어졌거나, 또는 ESG라는 단어를 대체하는 다른 키워드, 예를 들면 '지속 가능', '임팩트', '상생'이라는 키워드가 등장했기 때문이라고 보는 편이 타당하다. 비영리 현장에서도 이런 키워드가 ESG의 연장선상에 있다고 인식하고 있었다.

> ESG 단어는 많이 걷어진 것 같은데요. 어쨌든 [지속가능], 임팩트! 막 이런 거, 상생. 네, 이런 단어가 또 등장해요.
>
> — 박민지/모금가패널, 30대, 여.

게다가 2025년 새롭게 시작한 이재명 정부의 정책 프레임의 영향은 ESG의 영향력이 어떤 형태로든 지속되리라는 예측을 가능케 한다. 이재명 정부 국정과제의 16.3%가 ESG와 직접 연계가 되어 있고, 12대 중점전략 과제의 절반이 ESG와 관련되어 있기 때문이다.[54]

이런 상황에서 2026년의 CSR은 어떤 방향으로 나아갈까. ESG 등장 이후 지속되고 있으며 앞으로 더 강화될 방향은 바로 CSR의 전략화이다. ESG 경영의 핵심 도구인 지속가능보고서는 CSR의 전략화를 명확히 보여주는 증거이다. 과거 지속가능보고서가 기업이 수행하는 모든 활동을 나열하는 '전과식' 접근을 취했다면, 최근의 ESG 보고서는 중대성 원칙에 따라 핵심 이슈를 선택하고 집중하는 방식으로 전환되었다. 이러한 변화 속에서 본업과 직접적 연관성이 낮은 전통적

---

54 이재명 정부 국성운영 5개년 계획 속에 담긴 ESG과제(PWC, 2025. 9)

'사회 공헌 활동'은 보고서에서 점차 축소되었다.

> [전통적] 사회 공헌은 기업이 집중해야 될 이슈는 아니거든요. (중략) [ESG입장에서 보면] 사회 공헌은 별도의 일인 거지. 비용이나 아니면 추가적인 과외 활동이다 보니까, 이걸 실제로 집어넣는 것 자체가 선택과 집중이라고 하는 [ESG] 보고서의 방향성과는 거리가 있어서⋯. ─ 송현규/ESG컨설팅, 50대, 남.

ESG 전략체계에 들어가기 위해 CSR은 본업과 직접적으로 연관되어 있어야 한다. 비즈니스 연계성은 CSR패널, 심층 인터뷰, 그리고 CSR 담당자 인식조사에서 일관되게 중요하게 나타나는 핵심 단어이다. 〈기부트렌드 2026, CSR 담당자 인식 조사〉에서 '2026년 가장 주목하고 있는 것이 무엇인지' 물었을 때, 응답자의 59.5%가 '본업과 연계된 전략적 사회 공헌 사업의 기획'이라고 대답하며 압도적으로 높은 수치를 보여주었다(부록참조). 기업의 정체성identity을 드러내고 다른 기업과의 차별화를 가능하게 하는 방법에 대한 고민이다.

> 사회 공헌도 아이덴티티를 쌓아가는 데 일조해야 하는 거죠. 그런데 기존에 기부금 전달하고 호혜적 관점에 뭔가 전달하고 봉사활동을 하고, 이런 것들은 기업마다 차별성을 두기가 쉽지는 않았던 것 같아요. ─신우진/CSR 담당자(제조업), 30대, 남.

하여튼 우리 그 요즘 트렌드 중의 하나가 업과 관련 있는 사회 공헌을 많이 하잖아요? 그런데 업과 관련된 사회 공헌이면, 기업이 사실 원래 하던 일을 가지고 사회 공헌을 하는 거거든요. ─ 김호진/테크스타트업, 40대, 남.

'업 연계성'은 거스를 수 없는 트렌드다. 기업이 보유한 고유한 인프라, 핵심 기술, 제품 및 서비스, 비즈니스 모델, 그리고 비즈니스와 관련된 이해관계자, 비즈니스가 만들어낸 사회적 리스크 등과 직접적으로 연결하는 방법으로 CSR은 전략화되고 있다. 트렌드 6에서 살펴본 자사 기술력을 활용한 사회 문제 대응이나 그룹의 경영전략에 맞춰 AI를 중심으로 CSR을 재구조화하겠다는 SK하이닉스의 시도 모두 CSR 전략화의 일환이다.

전략적 CSR의 세 기둥: 집중화, 효율화, 가시화

CSR은 더욱 더 비즈니스와의 동기화 속도를 높이고 있다. 이에 따라 기업들은 과거의 단편적인 활동을 넘어, 비즈니스와 사회적 가치를 아우르는 더욱 정교하고 다각적인 접근을 모색하게 되었다. 이 과정에서 CSR은 다음과 같은 세 가지를 축으로 변화하고 있다.

첫째. 집중화. 대기업을 중심으로 본사 및 지주 회사가 계열사별, 지역별로 흩어져 있던 CSR 사업의 통제권을 일원화하는 경향이 뚜렷해지고 있다. 과거에는 각 계열사가 개별적으로 사업을 운영하며 자원이 중복되거나 그룹 전체의 전략 방향과 어긋나는 경우가 있었다. 그러나 이제는 그룹 차원에서 핵심 어젠다를 설정하고, 일관된 메시지와 전략 하에 자원을 집중적으로 투입함으로써 자원 낭비를 막고 임팩트를 극대화하려는 시도가 확산되고 있다.

> 단순히 좀 그룹사마다 개별적으로 진행하는 사업들이 규모가 너무 작고 너무 단순… 호혜적인 관점의 사업들이 그동안 전통적인 사회 공헌 사업으로 그냥 계속 잔류해 왔던 거죠. 그런 것들을 좀 정리할 필요성을 느꼈고, 그리고 그룹 차원에서의 메시지를 좀 통일성 있게, 규모감 있게 가져가려면 그룹사들이 한 목소리로 같이 가야 한다라는, 그런 니즈가 있었던 것 같습니다. (중략) 지금도 그룹사의 사업들은 이 그룹 체계와 얼라인align(정렬)을 맞추기 위해서 계속 페이드아웃 힐건 페이드아웃하고, 통합할 건 통합하고 그런 작업들이 있어요.
>
> —신우진/CSR 담당자(제조업), 30대, 남.

둘째, 효율화. 기업 재단의 역할 변화 역시 주목할 만하다. 과거 기업 재단이 비영리 단체에 사업비를 지원하는 단순 지원 기관에 머물렀다면, 이제는 직접 사업을 기획하고 실행하는 실행 부서로서의 역할이 강화되고 있다. 이는 『기부트렌드 2025』에서도 다루었고, 여전히 확대되고 있는 트렌드이다. 기업은 직접 사업 실행을 통해 기업의 전략 경영 목표와 일치시킬 수 있고, 기업이 보유한 핵심 자원과 노하우를 사업에 직접 투영하여 효율성과 효과성을 높일 수 있으며, '대표 사업'으로서의 브랜드 정체성을 강화하는데도 수월하다고 판단한다. 〈CSR 담당자 인식조사〉에서도 응답자의 64.9%는 2025년에 비영리를 통하지 않는 '직접 사업'도 진행하고 있었는데, 그 이유로 '자사 역량과 업 연계성 강화', '브랜드 아이덴티티와의 연결 강화', '회사의 비즈니스 목적과 맞아야 하기 때문'이라고 응답하였다.

> 기업 재단이라든지, 기업 사회 공헌 담당자들이 본인들의 직접 사업에 투여되는 비중을 훨씬 더 늘려가고 있다고 생각합니다. — 임경수/기업재단(금융 및 보험업), 40대, 남.

마지막으로 가시화. ESG 경영의 확산은 CSR 활동의 성과를 가시적으로 측정하고 증명하는 것을 그 어느 때보다 중요하게 만들었다. 이제 기업들은 '얼마를 썼는가Input'가 아닌, '무엇을 변화시켰는가Impact'를 입증해야 하며, 이를 ESG 보고서에 편입할 수 있도록 가시적으로 드러내길 원한다. 사회적 투자 수익률SROI과 같은 계량적 측정 방법론, 사회적 변화를 화폐화로 보여주고자 하는 화폐화 가치 측정이 주목 받는 이유도 여기에 있다.

> 예산이 늘어난 것을 어떻게 선정할 거냐, 어떻게 결정하고 줄 거냐[를 판단할 때] 납득 가능한 그런 프록시들이 필요한데, 그게 이제 사실 측정밖에 없는 거죠. 그래서 우리도 이사회에 한 번씩 보고할 때 (중략) [SROI로] 설득력 있게 가자[라고 결정한 거죠]. — 임경수/기업재단(금융 및 보험업), 40대, 남.

흐릿해지는 경계

CSR이 비즈니스 연계성을 중심으로 전략화되면서 나타나는 또 다른 현상은 비즈니스 부서와의 역할과 경계가 모호해지는 것이다. 이는 두 방향에서 동시 다발적으로 나타나고 있다. 하나는 CSR의 활동범위가 비즈니스 쪽으로 확장되면서 나타난 것이고, 다른 하나는 비즈니스의 활동범위가 CSR 쪽으로 확장되면서 나타나는 것이다.

CSR의 활동 범위가 비즈니스와 더 밀접하게 확장된 영역은 동반성장, 상생, 오픈 이노베이션(개방형 혁신)[55], 스타트업 육성 부분이다. 사회문제를 해결하는 것과 동시에 비즈니스 생태계를 강화하는 효과를 얻기 위한 방법으로서 이 분야들에 대한 관심이 높아지고 있다. 이러한 변화는 기존에 전통적으로 수행해왔던 '자선적 사회 공헌' 활동보다 사회문제를 더 직접적으로 해결하기 위한 '새로운 방법'에 대한 관심이 높아진 것에 이유가 있다. CSR 패널로 참여한 조유진이 "지금 가장 중점을 두고 있는 것이 스타트업 육성'이라고 힘주어 말하듯, 이 영역은 CSR 담당자들이 관심을 갖고 지켜보는 대표 영역이 되었다.

신규로 하고 있는 거, 요즘엔 스타트업 육성도 있고 임팩트 투자도 했고 그거 외에는 당연히 해야 되는, 어떤 뭐, 진짜 임직

---

55 오픈 이노베이션이란, 새로운 제품과 서비스, 비즈니스 모델을 개발하기 위해 기업 내부 자원뿐만 아니라 외부 자원(아이디어, 기술, 전문인력 등)을 적극적으로 활용하는 개방형 혁신 전략을 말한다. 대기업과 중소기업, 스타트업, 대학, 연구소 등 다양한 산-학 협동구조가 활발하게 이루어지는 분야이다.

원과 함께하는 기부 봉사 뭐 이런 것들도 있기는 한데, 그런 것들은 사실 이제는 저희한테는 우선 순위에서 좀 멀어지고 있어요. 지금 가장 중점을 두고 있는 것이 스타트업 육성이긴 해요. ㅡ조유진/CSR패널, 30대, 여.

상생협력, 스타트업 육성 지원과 같은 영역이 CSR 체계와 해당 부서의 업무로 들어오기 시작하면서 모호성은 높아졌다. 그리고 이는 기업 기부금으로 사업을 진행하는 현장의 비영리 실무자들에게 혼선을 야기한다. 지금까지의 수혜 집단과는 전혀 다른 성격을 갖고 있는 집단에 대한 사업을 요구받기 때문인 것이다. 그래서 이것이 '사회 공헌'의 일환인지, '비즈니스'의 일환인지 모호하게 만든다. 또한 예산의 출처도 '사회공헌기금'이 아닌 홍보비나 행사비를 사용하기도 하니, CSR 담당자조차 비즈니스와 CSR의 경계가 흐릿해지고 있음을 느낀다.

대기업들이 언제부턴가 정부에서 상생이라는 모델을 쓰면서 협력 업체와 상생하는 그 부분을 하다 보니 [저희 기관에] 우리의 사회 공헌 기금으로 협력 업체의 환경을 개선해 달라는 문의를 한 적이 있어요. 저희는 수혜자라고 전혀 생각하지 않았던… 이렇게 협력 업체까지도 이제는 환경을 개선하는… ㅡ김윤호/모금가패널, 40대, 남.

사회공헌의 스펙트럼이 달라지고 기부금으로만 진행하던 사업의 영역이 이제는 홍보 행사비라든지 아니면 그냥 다른 회계

개정으로 쓰이는 사업으로 많이 커지고 있는 것 같아요.

_신우진/CSR 담당자(제조업), 30대, 남.

비즈니스 부서도 CSR 쪽으로 한층 역할이 확장되고 있다. 이 또한 경계의 모호함을 야기한다. 과거에 CSR 부서에서만 진행되었던 사업이 최근엔 마케팅 부서, 인사 부서, 대관 부서, 그리고 비즈니스 부서에서도 자체적으로 진행되고 있다. 이는 기업의 '사회적 책임 활동'에 대한 사회적 요구 수준이 높아진 것과 관련이 있기도 하다. 특히 가치 지향적 소비자의 부상과 이러한 소비자를 잡기 위한 기업의 비즈니스 전략과 관계가 있다.

> 그것도 시작한 지는 꽤 됐을 겁니다. 이건 아예 사회공헌에서 관여하는 사업은 아니고, 서비스 개발팀 같은 데서 만들었던 사업이라서 － 신우진/CSR 담당자(제조업), 30대, 남.

일반 시민들은 기업의 CSR 활동과 홍보/마케팅, 비즈니스 활동을 구분하기 어렵다. 사실 구분할 필요가 없다. 이런 상황이기 때문에 CSR과 마케팅, 비즈니스의 경계가 더욱 흐릿해질 것이다. 각 부서의 경계가 명확하고 분명한 것이 일의 효율성과 책임성을 높이는 데 효과적이겠으나, 오늘날과 같이 기업의 사회적 책임 활동의 범위가 넓어지고, 비즈니스 연계성이 강화되는 상황에서는 경계가 흐려지는 것은 자연스러운 흐름으로 느껴진다.

앞으로도 비즈니스 연계성을 강화한 전략적 CSR은 지속적으로 강화
될 것이다. 비즈니스와 얼마나 연결이 잘 되느냐는 '우리가 왜 이 사업
을 하는가'의 당위성과 연결되며, 기업이 갖고 있는 인프라(기술)의 활
용은 '문제를 가장 잘 해결할 주체'라는 전문성과 연결된다. 비즈니스
가 야기한 사회적 문제에 대응하는 것은 '사회적 책임을 다한다'는 신
뢰감과 연결된다. 이것이 바로 전략적 CSR이 지속적으로 확대되는 기
본 토대를 만든다.

파트너십과 대행 사이

마이크로 컨트롤의 그림자

기업의 사회적 책임 활동이 전략화되면서 나타나는 또 하나의 트렌드는 CSR의 기획부터 실행, 성과 관리까지 모든 세부 사항을 기업이 직접 통제하려는 '마이크로 컨트롤Micro-control'이다. 해결하고자 하는 사회 문제, 지원 대상, 구체적인 프로그램 내용(지역이나 아이템 등), 심지어 수혜자 일인당 집행 금액이나 방식까지 기업이 모두 결정한 후, 비영리 기관에는 정해진 계획의 실행만을 요구하는 방식이 확대되고 있다. 이 과정에서 비영리 조직의 역할은 현장의 전문성을 바탕으로 문제를 진단하고 해결책을 제시하는 '파트너'에서, 기업 기획안을 충실히 이행하는 '사업수행 대행사'로 전락한다.

몇 년 전만 해도 대상 정도만 말씀하셨었어요. 한부모 가정,

아동, [이렇게요]. 근데 요즘엔 그게 아니에요. 진짜 성별, 나이 대까지 다 정해서 와요. — 박민지/모금가패널, 30대, 여.

기업 CSR 담당자 입장에서는 이러한 방식이 사업의 가시성을 높이고 내부 이해관계자를 설득하는 데 용이하기 때문에 선호한다. 산출 중심의 성과를 즉각적으로 보여줄 수 있고, 복잡한 사회 문제의 맥락을 이해하는 데 드는 비용을 줄일 수 있다는 장점도 있다. 앞서 살펴보았듯이 ESG 보고서에 포함되기 위해서는 업業 과의 연계성, 수치화된 임팩트가 필요하다. 이에 기업은 이러한 방식에 합을 맞출 수 있는 '의지가 있는 기관'을 찾는다.

이걸 우리가 한마디로 정의하면, 우리는 '의지가 있는 기관'이라고 하거든요. 우리랑 사업할 의지가 있는 기관. 그 의지가 우리가 이렇게 일일이 챙기는 걸 다 따라올 수 있는가, 우리는 예전처럼 사업하지 않[기 때문이죠]. 근데 왜 그러냐면 기업에서 우리의 의사결정권자들이나 아니면 우리의 사회책임보고서나 우리의 지속가능보고서가 이미 예전처럼 그냥 돈 주고 어떤 사업했다라는 것을 넘어섰어요. 숫자를 면밀하게 챙기기 시작했고, 임팩트를 챙기기 시작했기 때문에, 우리가 그것과 [지속가능보고서] 떨어져 있으면 결과를 제출 못하니까. 그래서 진짜 우리가 주는 가이드라인을 [하나하나] 다 따라올 수 있느냐가 [중요하게] 되는 건데…

— 임경수/기업재단(금융 및 보험업), 40대, 남.

기업의 마이크로 컨트롤 경향은 비영리 기관과 협업하면서 경험했던 어려움의 결과이기도 하다. 기업 CSR 담당자들은 비영리 기관과 협업할 때, '활동의 성과가 제대로 나타나지 않고'(22.2%), '우리 법인의 요구 사항이 잘 반영되지 않은 것'(19.4%)을 어려운 점으로 꼽았다. 실제로 기부금 전후가 다른 기관이 너무 많아서 어렵다고 토로하기도 한다. 결과적으로 상부에 보고해야 하는 기업 담당자 입장에서는 결과를 만들어내기 위해 현미경처럼 세세하게 들여다보며 마이크로 컨트롤을 할 수밖에 없다고 보는 것이다.

> 기부 전후가 다른 기관이 너무 많습니다. 특히 기부금 수령 이후 연락이 제대로 안되거나, 보고서조차 제때 주시지 않고, 읍소하듯 받아야 하는 경우가 많아서(이렇게 받은 보고서는 거의 아무런 내용이 없더군요), 이후 파트너십을 지속하지 않게 됩니다. (중략) 기부금, 저희도 쉽게 받아서 드리는 게 아니며, 기부하는 기업에서 담당자가 정말 어렵게 빌고 빌어서 받아낸 예산임을 생각해 주시면 좋겠습니다.
> — 〈기부트렌드 2026, CSR 담당자 인식 조사〉 기업 담당자 자유응답

특히 기업이 기대하는 전문성을 비영리 조직이 갖지 못하거나, 운영 인력이나 역량이 없어서 사업이 중단된 경험을 하게 되면, 역량이 떨어진다고 생각하고 정말 대행사처럼 일을 '시킨다'고도 했다. 같은 목표를 달성하기 위해 함께 일하는 '파트너'라면 사업에 대한 주체성과 주도성이 있어야 하는데, '딱 시키는 일만 해주니까' 대행사와 무엇이 다른가

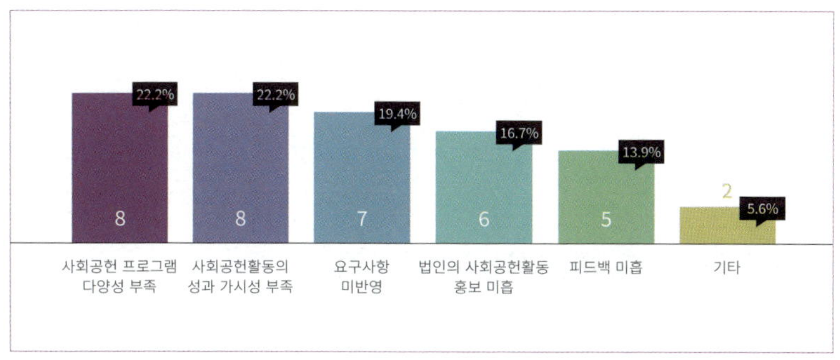

〈기부트렌드 2026, CSR 담당자 인식조사〉 결과 "비영리 조직과의 파트너십에서 어려운 점"

하는 의문이 든다는 말이다.

사업 내용을 보고 그 수행기관을 선정을 했는데 수행 능력은 별로 없으셨어요. 근데 사업 내용이 좋으니까 한번 시범사업으로 해보자 했는데, 사업 반절 정도 지나니까 운영이 안되는 거예요. 이걸 해보신 경험도 없고, 그냥 비영리 단체만 설립되어 있지, 할 수 있는게 없으니까, 저희가 결국 중단을 하게 됐거든요. ―김유나/CSR패널, 20대, 여.

그런데 왜 대행사처럼 될 수밖에 없냐면, 딱 시키는 일만 해주시기 때문일 거예요. 저희 직원도 B기관(대형 모금조직)과 일을 하면서 그 이상의 뭔가 제안을 받아본 적이 없대요. (중략) [불필요한 자료를 중복적으로 주니까] 우리가 다시 재가공해야 되는 거죠. 이건 사실은 이제 일의 역량이 되게 떨어진다고 생각을 하고, 정말 대행사로 생각을 해 왔던 거예요. 그동안 계속… — 조유진/CSR패널, 30대, 여.

'진짜'가 나타났다. 비영리적 영리의 등장

비영리 모금 조직 실무자들은 기업의 이런 마이크로 컨트롤에 상당한 어려움을 느낀다. 과거에는 그래도 현장의 필요와 문제점을 이야기하면 어느 정도 기업이 수용하고 협의하는 구조가 있었으나, 지금은 '공개 입찰'을 진행하듯이 파트너 기관을 선정한다고 말한다. 기업은 일방적으로 요구 사항을 전달하고 그것을 받아들일 곳만 들어오라는 것으로 해석한다. 또한 현미경으로 모든 과정을 세세하게 보려 하고 기부금을 무기로 원하는 것을 달라고 할 때, 비영리 조직의 실무자는 '폭력성'을 느낀다.

> '우리가 지금 2억이나 후원하는데 지금 진행 사항 어떻게 되는지 너 빠삭하게 파악하고 있냐?' 이제 그분들은[기업 CSR 담당자들] 그런 얘기 들으면, 그럼 이제 다시 NGO한테 이렇게 현미경으로 볼 수밖에 없죠. 계속 연락해 (중략) '그걸 갖고 오면 기부해 줄게. 안 갖고 오면 기부 안 하겠다' 저희 같은 NGO들은 좀 폭력처럼 느껴질 때도 있고 …
>
> — 김윤호/모금가패널, 40대, 남.

기업이 사회 문제 해결이라는 본질적 목표보다 단기적인 홍보 효과에 치중하며 비영리 조직을 도구적으로 활용한다고 느낄 때, 비영리 조직의 사회 공헌 담당자는 큰 어려움을 느낀다. 사업비에서 홍보비까지 써야 하는 상황, 해결해야 할 사회문제나 수혜자에 집중하기 보다는 본질에서 벗어난 행정, 홍보와 같은 가욋일을 너무 많이 하게 된다고 토로한다.

> 기부금 내에서도 홍보비를 많이 쓰게 되는 것 같아요. 기사나 랜딩 페이지 만드는 거, 사실상 사업에 아주 직접적으로 필요하지 않는데도 불구하고, 그런 광고 대행사 써서 언론[보도자료]도 배포도 해야 되는 상황이라서⋯ (중략) 어떻게 보면, 이제 사업만 하는 게 아니고 홈페이지도 만들어야 되고, 그다음 언론에 어떻게 배포해야 되는지도 협의해야 되고, 대행사도 써야 되고, 그런 것들이 좀 있다 보니까 [사업에 집중하기가 어려워요]. ― 이건우/모금가패널, 40대, 남.

이러한 상황 속에서 비영리 생태계에는 새로운 플레이어가 등장했다. 바로 CSR 컨설팅과 사업 실행을 전문으로 하는 '진짜' 영리 '대행사'들이다. 이들은 기업의 요구에 맞춰 세련된 기획안과 매력적인 콘텐츠를 제공하며 빠르게 생태계에 안착하고 있다. 영리 조직의 형태를 띠고 있지만, CSR에 특화된 '전문성'을 무기로 활동하는 '비영리적 영리' 조직들이다. 기업은 원하지만 비영리 조직이 채워주지 못했던 CSR 컨설팅, 캠페인 브랜딩과 마케팅, 세련된 디자인, 성과측정과 홍보 등 다방면의 기업의 욕구를 정밀 타겟팅 한다.

CSR 전문 대행사들에 대한 기업 CSR담당자의 평가는 현재까지는 긍정적이다. 좋은 활동을 잘 알릴 때 나오는 시너지가 분명히 있기 때문이다. 또한 영리 조직이 비영리적 가치가 있는 사업을 대행한다는 것도 호감의 이유가 된다. '돈이 안되는데도' 비영리의 가치를 높이 평가하여 사업을 한다는 것에 신뢰감이 생긴다.

> 사회 공헌 관련 마케팅만 하는 그런 대행사가 있어요. (중략) 여기서 진행하는 것들 보면 단순 마케팅 차원이 아니라, 진짜 어떤 그… 문제해결식 접근이 들어가는 거예요. 이 대행사가 정말 좁은 길을 가고 계시는 쪽이긴 해요. 돈이 안되는 쪽인데 (중략) 여기는 딱 CSR 관점만 하시거든요. (중략) '잘하는 것만큼 잘 알리는게 중요하다' [라는게 그들의 마인드에요]. 마케팅 역시 빼놓을 수가 없는 게 (중략) [우리가] 하고 있던 활동들이 잘 알려졌을 때 나오는 효과는 되게 시너지가 확 나더라구요. 그래서 저는 이런 회사를 조금 주목하게 됐고, 이분들도 그런 사명감으로 일하고 계시더라고요. ― 조유진/CSR패널, 30대, 여.

기업이 현미경처럼 통제하려는 경향 속에 비영리 조직이 대행사화되는 상황에서 등장한 '진짜 대행사'는 비영리 생태계에 큰 파장을 불러일으키고 있다. 비영리 조직의 입장에서는 전문 대행사와 '대행'의 역할을 두고 경쟁을 해야 하는 상황이 된 것이다. 이는 소위 '기업에게 가능한 다 맞춰주려고 하는' 비영리 조직일수록 문제가 더 심각해진다. 기업이 비영리 조직에게 대행사 역할을 요구할 때 그것을 받아들일 수밖에 없는 조건이 형성되고 있다는 것이 마음을 무겁게 한다. 이에 비영리 조직은 무엇을 해야 하는지에 대한 본질적 고민이 생긴다.

비영리만이 할 수 있는 일, 삶 속에 깊이 들어가기

이런 상황에서 비영리 조직과 영리 대행사의 역할이 본질적으로 다르다는 기업 CSR 담당자들의 인식은 눈 여겨 볼 만하다. 영리 대행사는 광고나 행사를 대행해주는 것이 그들의 고유 목적 사업이지만, 비영리 파트너 기관은 사회문제 해결이라는 그들의 고유 목적 사업이 있다는 것이다.

비영리 조직은 그들의 고유 목적 사업, 즉 그들이 초점으로 하는 사회문제나 수혜자의 삶과 직접적으로 연관된 영역에서 전문성을 갖는다. 그래서 기업의 CSR 담당자의 입장에서는 수혜자를 직접 만나 수혜자의 삶에 들어가는 사업 영역(사례 관리, 사후 관리, 수혜자와의 직접적 커뮤니케이션 등), 그리고 사회복지 철학에 기반한 업무는 영리 대행사에게 절대 맡기지 않는 영역이며, 비영리 파트너 기관만이 가질 수 있는 전문 영역이라고 말한다.

사례관리라든지 그런 수혜받는 사람들과의 어떤 네트워크를

　　형성해야 하는 사업들은 [영리 대행사]에게 맡기지는 않죠. 그
　　건 그 영역에 전문성이 있는 비영리 기관이든 다른 기관이든
　　맡아야… ─ 신우진/CSR 담당자(제조업), 30대, 남.

비영리 조직이 사회 문제 해결이라는 본질적 가치에 집중하는 동안,
영리 전문 대행사는 사업의 메시지를 효과적으로 전달하고 대중의 참
여를 유도하는 세련된 실행 전략을 제공한다. 이 과정에서 기업의 CSR
사업을 매개로 비영리 조직과 전문 대행사 간의 협업도 이루어지고 있
다. 물론 이들 대행사는 기업의 CSR 사업만 대행하는 것이 아니다. 실
제로 한 비영리 모금 조직(C기관)이 최근 CSR 전문 대행사에게 맡겨
진행한 캠페인이, 비영리에서 진행하는 캠페인 같지 않은 세련미와 시
선을 사로잡는 스토리로 회자가 되기도 했다.

이처럼 CSR 전문 대행사의 등장은 기업과 비영리 조직 간의 일대일
파트너십을 넘어, 다양한 전문성을 가진 주체들이 각자의 강점을 바탕
으로 연결되고 협력하는 시대로의 전환을 이끌고 있다. 이는 복잡한
사회 문제를 해결하기 위해 더욱 정교하고 다층적인 협력 체계가 열리
고 있음을 보여준다.

비영리에게 제안하는 파트너십을 위한 IMPACT 전략

네 차례 진행된 CSR패널 라운드테이블에서 기업과의 파트너십을 위해 비영리에게 제안하고 싶은 이야기가 폭넓게 다루어졌다. 여기서는 CSR 패널 한현우가 제안한 파트너십 전략을 소개한다.

Initiative Driven – 이니셔티브를 리딩하라

비영리는 더 이상 지원을 기다리는 존재가 아니라, 사회적 흐름을 주도하는 주체가 되어야 한다. 비영리가 이니셔티브를 주도하면, 기업은 그 안에서 사회적 가치와 브랜드 리더십을 동시에 얻을 수 있다.

Model Pioneer – 대표 모델로서의 청사진을 제시하라

기업은 새로운 시도를 좋아하지만, 동시에 지속 가능한 모델을 원한다.
비영리가 제시해야 할 것은 단발성 이벤트가 아니라, "이 사업이 사회문제 해결의 대표 모델이 될 수 있다"는 청사진이다.

Professional Core – 기술협업을 준비하라

기업의 CSR 부서는 대부분 조정자Coordinator 역할을 맡는다. 하지만 실제 변화는 기술 부서와의 협업에서 나온다. 비영리가 제안할 때 기술부서의 시각을 이해하고, 그 기술이 사회문제 해결에 어떻게 적용될 수 있는지를 구체적으로 보여줘야 한다. 기업의 코어 비즈니스와 비영리의 목적이 맞물릴 때, 훨씬 강력한 임팩트가 만들어진다.

Agenda Setting – 기업 거버넌스에 참여하여 의제를 제안하라

기업의 방향은 결국 이사회와 위원회(ESG, 지속가능경영위원회 등)에서 결정된다. 비영리가 이 거버넌스 구조에 참여하면, 기업의 의사결정 과정에서 사회문제를 직접 제안하고 조언할 수 있다. 이것이 아젠다 세팅의 핵심이다.

Cross Border – 글로벌 연계를 고려하라

기업은 본질적으로 글로벌 시장을 지향한다. 비영리가 이를 돕는다면, 사회공헌이 곧 해외 진출의 교두보가 될 수 있다. 기업의 R&D 기술을 비영리의 글로벌 네트워크를 통해 실험하고 확장하라. 이를 통해 기업은 국제 사회에서의 레퍼런스를 확보하고, 비영리는 글로벌 파트너십을 강화할 수 있다.

Transformation – 파트너십을 진화시켜라

파트너십은 한 번의 후원으로 끝나선 안 된다. 기업의 활동은 단순 기부에서 임직원 봉사, 고객 참여, 공익 마케팅으로 끊임없이 진화해왔다. '돈을 받는 관계'가 아닌, 가치를 함께 키우는 관계로 끊임없이 진화하는 것이 진정한 변화를 만든다.

'팰럼시스트',
전략적 CSR의 뉴 프레임

CSR은 비즈니스와의 연계성을 강화하고 있고, 동시다발적으로 매우 다양한 역할을 요구 받고 있다. CSR 담당자들은 그 동안 해왔던 자선적 사회 공헌, 사회 문제 해결 기여, 조직문화 활성화, 비즈니스 기여, 홍보 마케팅 및 대관 업무까지 다층적인 역할을 동시에 요구 받는 '올라운더all-rounder'가 되어야 하는 상황에 놓여 있다. 게다가 CSR의 전략화를 어렵게 만드는 장애물도 존재한다. 2026년은 이재명 정부의 정책드라이브가 심화될 것이 자명한 상황이기도 하다. 이런 복합적 상황에서 CSR에게 필요한 것은 무엇일까. 이하에서는 CSR을 전략적으로 큐레이션하기 위한 새로운 전략, '팰럼시스트[56]'에 주목한다.

---

[56] 팰럼시스트Palimpsest'. 종이가 발명되기 전, 귀한 양피지에 글을 겹쳐 쓰다 보니 과거와 현재의 글자가 겹쳐 보이는 것을 일컫는 말이다.

올라운더 all-rounder **CSR**

2025년 여름과 가을에 걸쳐 다양한 업종과 직급에 있는 여러 CSR 담당자들을 만나면서 확인한 것은 CSR에게 정말 많은 역할이 중첩적으로, 그리고 동시에 요구되고 있다는 것이었다. 마케팅과 브랜딩, 홍보, 정부정책과의 조응, 업과의 연계성, 경영진의 만족, 조직문화 등 CSR에 대한 기대는 실로 다양하다. 급변하는 변화의 과정에 있다보니 요즘이 가장 어렵고 힘들다고도 토로한다.

사회 공헌을 바라보는 관점이 좀 브랜딩과 마케팅 관점이 들어오기 시작하는 것 같아요. — 신우진/CSR 담당자(제조업), 30대, 남.

해결해야 될 문제는 굉장히 많고 그중에서 이제 공적 자금이 투여되는 것이나 아니면 정부가 집중하고 있는 것에 우리가 부스트를 일으키는 게 훨씬 더 우리 입장에서 유리한 거고, (중략) [그래야] 대중이 봤을 때도 '아, 이 친구들이 가끔 잘 보이네?' 이렇게 느낄 수 있고. — 임경수/기업재단(금융 및 보험업), 40대, 남.

경영진이 만족할 수 있는 부분들은 사실 뭐 업과의 연계성이나 아니면 뭐 기업문화가 나아졌다거나 이런 부분들이 좀 있어서… — 한현우/CSR패널, 40대, 남.

요즘이 가장 어렵고 힘든 때인 것 같기는 해요. (중략) 급변하는 어떤 변화의 과정에 있다 보니까, 이 사회공헌이 자리매김하는 과정들이 항상 되게 다양한 거예요. ─ 조유진/CSR패널, 30대, 여.

여기에 더해 시민들은 기업이 소비자 참여 문화를 더 주도적으로 만들길 원한다. 시민패널이 꼽은 '트렌디한 기부' 사례 중 60%가 기업의 활동이었고, '트렌디'하다고 생각한 이유는 시민들이 일상에서 쉽고 재미있게 기부에 참여할 수 있도록 기업이 장벽을 낮춰주었기 때문이라고 말한다. 기업이 수익의 일부를 사회에 환원하는 사회적 책임 활동도 중요하지만, 시민(소비자)이 같이 참여할 수 있도록 도와주는 것이 좋다는 반응이다.

> 요즘에는 기업에서 적극적으로 다양한 활동들을 하고 있잖아요? 근데 그게 그냥 법정기부금 얼마를 냈어요, 지정기부금 얼마를 냈다, 여기서 끝나는 게 아니라 소비자들이랑 같이 참여를 하는 부분이 저는 그게 되게 큰 트렌드라는 생각이 들었어요. 다른 분들 올려주신 사례를 보면서 그래서 그렇게 기업이, 주도적이라는 표현이 맞는지 모르겠는데, 기업이 주도적으로 참여를 도움으로써 개인들이 더 자발적으로 기부를 할 수 있는 뭔가 동력이 된다, 그런 생각이 들기도 했습니다.
>
> ─ 김채영/시민패널, 20대, 여.

시민패널 정영훈은(20대, 남) '단체가 기부한 금액을 제대로 사용할까 하는 의구심을 갖고 있었는데, 누구나 알 만한 맥도날드 같은 기업이 함께 하니까 신뢰감이 들었다'고도 한다. 이처럼 시민들은 기업이 가진 다양한 자원—인적·물적 자원뿐 아니라 신뢰와 같은 무형의 자원까지—을 활용해 사회적 책임 활동을 펼치길 기대하고 있다.

시민 패널이 선택한 트렌디한 기부
– '기부장벽을 낮추는 소비자 참여활동'

- 〈캔크러시 챌린지〉 오비맥주에서 지구의 날을 맞아 캔크러시 챌린지와 SNS 댓글 이벤트 진행. 기부금을 모아 협동조합 '끌림'에 전달하여 폐지수거 노인의 손수레에 오비맥주 사회공헌 활동 광고판 부착. SNS를 잘 활용하여 소비자가 참여할 수 있는 기회를 제공(백세종)

- 〈메타버스 기부 연계 캠페인〉이 인상적. 대표적 사례로 코스메틱 브랜드 키엘의 〈키엘 그린 라이프 월드〉, 〈롯데월드 아이템구매 기반 매칭 그랜트 기부캠페인〉, 〈LG전자 메타버스 게임에 가전 체험존 마련한 인증기부 캠페인〉, 〈두나무 세컨블록 재난구호와 산림복구 연계한 참여형 기부모델〉등. 메타버스를 활용해 자연스럽게 기부에 참여할 수 있는 방식으로 진행. 기부의 접근성과 기부자 능동성, 참여기회 제공 측면에서 긍정적(조동현)

- 〈넥슨 메이플스토리 행복이 쌓였담〉 '돌의 정령의 나눔 프로젝트'에서 모자 아이템을 게임재화로 구매하면 나눔에 참여할 수 있도록 함. 2시간만에 20만개 아이템 모두 소진. 시민과 함께 할 수 있는 '기부 프로그램'을 기업이 만든다는 점이 인상적(김채영)

- 〈카카오게임즈〉 게임내 기부캠페인을 통해 WWF에 기부.
  퍼즐게임인 '프렌즈팝콘'과 '프렌즈타운'을 활용한 기부 진행. 추가비용없이 캠페인 참여 가능(임준영)

- 〈행복두끼 챌린지〉 시민이 소셜미디어에 임무를 수행하면 행복얼라언스 참여 기업이 아동에게 행복도시락 1개를 기부하는 방식. 2020년부터 진행되어 2024년 27만명 아동에게 식사지원. 시민참여를 자발적으로 높일 수 있는 기부캠페인으로, 기부를 무겁게만 생각하고 실천하려 노력하지 않는 사람들의 생각과 행동을 바꿀수 있는 계기가 되는 챌린지라고 생각(윤다은)

- 〈카카오같이가치〉 소액 정기기부를 할 수 있도록 하여 기부참여의 자율성과 다양성 보장. AI 기반 맞춤형 기부 추천. 기술과 플랫폼을 통해 시민들의 참여를 유도하고 나눔문화확산에 기여하는 대표적인 사례라고 생각. 기술기반의 정교한 추천시스템, 참여자간 피드백 강화, 커뮤니티 활성화 등이 결합되어 깊이있는 기부경험 제공할 것으로 기대(조동현)

레거시 트랩 legacy trap

다양한 기대와 요구의 중첩 속에서 CSR에게 주어진 또 다른 난제는, 새로운 전략 방향에 따라 신규 사업을 추가하거나 사회 변화에 부합하는 소위 '트렌디한' 사업을 하고 싶어도 하기 어렵다는 것이다. 한정된 예산 안에서 '해야만 하는' 기존 사업들이 너무 많기 때문이다.

과거부터 진행해 온 오래된 사업들과 연결된 이해관계와 그 간의 역사 때문에 이를 중단하지 못하는 상황, 즉 과거의 유산이나 방식에 얽매여 새로운 변화를 이룰 수가 없는 레거시 트랩legacy trap에 빠진 것이다. 중단하고 싶어도 어떻게 그만둬야 할지, 그만둬도 괜찮은지, 누가 그만두는 결정을 할 것인지, 수혜기관의 반발은 어떻게 할 것인지에 대한 우려가 앞을 가로 막는다. CSR 담당자들은 '그냥 갑니다', '켜켜이 쌓여갈 수밖에 없는 구조'라고 토로하며, 한정된 자원이 분산되는 결과를 그저 바라보고 있는 실정이다.

> 최근에는 사실 그래서 없어진 사업은 거의 없는 것 같아요. (중략) 이제 자를 사람이 없는 거죠. 계속 줄여는 나오는데 마지막에 어쨌든 누군가 잘라줘야 되는데 그 역할을 하기가 조금 어려운 거죠. 어쨌든 그 수혜자들이랑 수혜 기관이 있잖아요. 그쪽에서의… 뭐라고 해야 할까요? 반발이라고 해야 되나? 그게 조금 있을 수밖에 없어서…
>
> — 신예린/CSR 담당자(정보통신업), 30대, 여.

이 사업을 언제까지 할 것인가에 대한 계획이 없으면, 이건 그냥 갑니다. 그렇기 때문에 사회 공헌 사업들은 계속 켜켜이 쌓여갈 수밖에 없는 문제가 있고, 급격히 쌓여가다 보니까, 무슨 백설기인지 아니면 크로아상인지 모르는 거예요.

─ 한현우/CSR패널, 40대, 남.

레거시 트랩에 빠진 이유는 분명하다. 명확한 출구 전략Exit plan이 없기 때문이다. 직접 사업을 진행하는 담당자들은 사업을 시작할 때 어떻게 끝낼 것인지를 설계하지 않는 문화가 전략적 CSR로의 전환을 가로막는 가장 큰 걸림돌이라고 인식하고 있었다.

프로젝트를 기획하고 또는 런칭하게 될 때 명확히 우리가 언제까지 어떤 규모로 할 건지에 대한 출구 전략이 항상 부족했었던 것 같거든요. 제 기준으로는…. 이건 3년짜리야 5년짜리야 이런 게 없어요. (중략) 엑시트 플랜Exit plan이 없어요. 대부분 없습니다. ─ 한현우/CSR패널, 40대, 남.

CSR 담당자들이 생각하는 출구 전략 수립이 어려운 이유는 다음과 같다.

· 시작에만 집중된 의사결정 구조

시작하는 것 자체가 어렵기 때문에 모든 힘을 '시작'에 쏟는다.

· 불명확한 목표

사업 기획 단계에서 성공의 기준과 목표 달성 시점이 명확히 정의되지 않는다.

· 성과 측정의 어려움

사업의 성공 여부를 판단할 객관적인 데이터와 측정 시스템이 부재하다. 그래서 관리하기 쉬운 아웃풋 중심의 목표를 세운다. 언제까지 사업을 해야 하는 지에 대한 판단 기준을 세우기가 쉽지 않다.

· 심리적/구조적 장벽

사업 종료를 '실패'로 인식하는 심리적 부담감이 존재한다. 이해관계자들의 반발과 사회적 평가(컴플레인)가 두렵다.

엑시트 플랜을 수립하기 위해서는 무엇보다도 인식의 전환이 필요하다. 이를테면 엑시트에 대한 인식을 새롭게 하는 것이다. 즉 성공적인 엑시트란 사업 중단이 아닌 역할의 종료 또는 역할의 전환이라고 다시 정의하는 것이다. 그것은 실패를 의미하지 않으며, 오히려 사업 목표가 달성되어 우리의 '역할이 종료'되었거나, 더 큰 시스템으로 '확장'되었음을 의미하는 긍정적인 '완결'의 과정이 된다.

성공적 엑시트를 역할의 전환으로 생각한다면, 역할이 전환되고 성공적으로 종료되는 경우는 크게 두 가지이다. 하나는 정책으로의 제도화, 정부사업으로의 편입, 기업의 대표 프로그램으로 확장되면서 성공적으로 역할을 전환·종료한 경우이다. 한 플랫폼 기업이 진행했던 안전망 사업은 사업 대상자가 고용보험 및 산재보험에 적용되면서 사업을 종료하였다. 민간에서 시작한 사업이 지방자치 단체의 조례로 제정

되는 것도 성공적인 엑시트의 대표적인 사례이다. 기업의 대표 프로그램으로 확장되는 것도 같은 맥락이다. 작게 시작한 파일럿 사업이 그효과성을 인정받아 전사 대표 프로그램으로 확장된 것도 성공적인 엑시트 사례이다. 이런 경우에 엑시트는 특정 사업이 지속 가능한 정책과 시스템의 일부로 완전히 자리 잡았음을 의미한다.

> [이전 직장에서 했던 사업인데] 디지털 교육이 한창일 때 [우리의] 프로그램 교보재와 교육 커리큘럼이 너무 좋아서 교육부가 아예 그걸 도입을 해서 그냥 학교 정규 과정으로 넣은 거예요. 그러면서 회사가 엑시트를 했고 성공 사례로 나오게 됐어요. ― 조유진/CSR패널, 30대, 여.

또 다른 모델은 사업 목표가 달성된 경우이다. 제도화나 대표사업으로의 확장까지는 아니더라도 처음 시작할 때 약속했던 사업의 목표와 기간에 따라 자연스럽게 종료가 된 경우라 할 수 있다. 혹자는 이것을 '출구 전략'이라고 부르지 않을 수도 있다. 그러나 기업과 비영리 조직이 상호 협의 하에 기간을 정하고, 약속이 이행되면 해당 사업을 일단락한 뒤 그 다음 단계로 나아갈 기반을 마련하는 방식은 어느 사업이나 쉽게 적용할 수 있는 방식이다.

> 3개년 약정하고 한 거였어요. 그래서 아까 출구 [전략]도 말씀해 주셨는데, 저희는 항상 생각을 해요. 출구…, 출구라기보단 후원의 시작점과 후원의 종료 시점 이것은, 사실 상호간에 협

의를 합니다. — 장우진/CSR패널, 40대, 남.

이처럼 전략적 CSR은 ESG라는 외부 동력에 의해 고도화되고 있지만, 내부적으로는 과거의 유산 속에서 미래를 설계해야 하는 복잡한 과제를 안고 있다. 그리고 이러한 변화는 2026년 이재명 정부의 '온전한 한 해'가 시작되면서 새로운 국면을 맞이하게 될 것으로 보인다.

새로운 운동장에 들어선 민관협력

2025년 6월 새 정부의 출범은 기업의 사회적 책임 활동에 새로운 변수로 작용하고 있다. 특히 대통령 취임 직후 산업안전, 노동권 등 S(사회) 영역에 대한 강력한 정책 드라이브는 관련 기업들에게 큰 압박이 되고 있다. 이러한 상황에서 규제 산업에 속하거나, 중대 재해 발생 이력이 있는 기업들은 정부 정책 기조에 보조를 맞추는 CSR 사업을 리스크 관리와 비즈니스 환경 개선에 도움을 주는 '효율적 선택지'로 여기는 경향이 나타나고 있다. CSR이 정부와의 관계를 원만하게 유지하기 위한 일종의 어필 포인트로 활용될 여지가 큰 것이다.

2026년 사회 공헌에 가장 큰 영향력을 미치는 요인에 대해 기업 담당자의 45.9%는 '새 정부 등장'을 1위로 꼽았다. 특히 2026년에 사회 공헌 사업 예산 증가를 전망하는 사람들은 이재명 정부의 등장에 따른 정책 환경의 영향력을 더 크게 인식하고 있었다. 이는 2026년이 이재

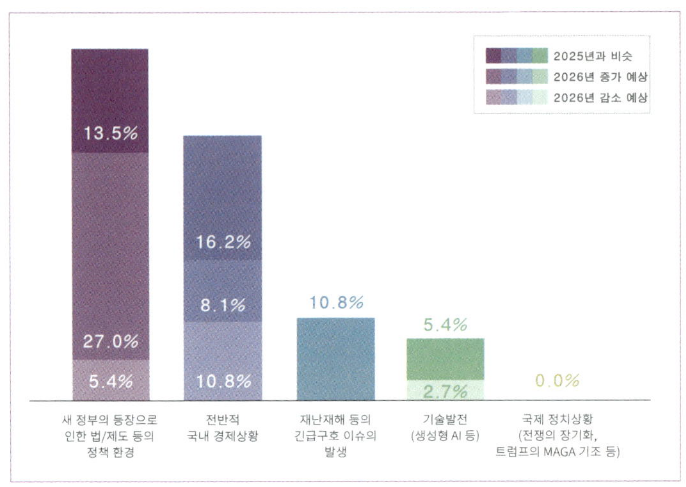

〈기부트렌드 2026, CSR 담당자 인식 조사〉, 2026년 사회공헌 영향요인 1순위

명 정부 집권 2년차이자, 예산 수립부터 사업 진행까지 마무리하는 첫 해라는 점에서 강력한 '정책 드라이브'가 예상되기 때문일 것이다.

실제 2026년 정부 예산안에는 ① 기술이 주도하는 초혁신 경제, ② 모두의 성장, 기본이 튼튼한 사회, ③ 국민 안전, 국익 중심의 외교 안보가 중점 추진 방향으로 제시되어 있다. 이를 CSR과의 관련성으로 추려 보면, 'AI 대전환, 사회 안전망 확충, 저출산 고령화 및 지방 소멸 대응, 재난 안전 대응'으로 정리할 수 있다. 그런데 이 정책들은 재원의 안정적 확보와 지속 가능성 측면에서 이슈가 되고 있는 상황이다. 또한 복지 분야 예산의 경우, 경직성 지출이라는 법정 지출의 증가, 고용보험기금의 부담 심화, 지역간 형평성에 대한 문제제기 등과 같은 이슈도 존재한다.[57] 집권 2년차, 집권 후 온전한 한 해를 맞이하는 이재명 정부가 국정 과제 추진에 드라이브를 걸고 싶어도 예산이 발목을 잡을 가능성이 농후한 상황인 것이다.

이러한 상황은 그 결을 맞출 민간 자원에 대한 기대감으로 연결될 가능성이 높다. 정부도 정부 혼자서 문제를 해결하기 어렵다는 점을 인식하고 민관협력이 중요성을 강조하고 있다. 그러나 사회 문제 해결을 위해 함께 협력하는 것이 아닌, 정부의 국정 과제를 진행하기 위해 민간 자원을 동원하는 방식이 되지는 않을까 하는 점은 우려스러운 지점이다.

2026년은 이에 대한 고민과 결정의 시간이 될 것이다. 정부와 보조를 맞추어 국가적 문제를 함께 해결하는 민관협력의 사례를 만드는 것이 효율적이고 효과적일 수 있다. 이 경우, 정부의 정책 방향에 조응하는 새로운 사회적 책임 활동을 기획해 볼 수도 있을 것이다. AI 대전환기를 강조하는 정부의 정책 방향에 맞춰, AI에 뒤처진 사람들에 대한 활동이나 AI가 야기할 사회문제를 선제적으로 기획해 볼 수도 있다(이에 대해서는 6장에서 자세하게 다루었다). 소위 말하는 '정의로운 전환justice transition'을 가치로 CSR 활동을 적극적으로 기획해 볼 수 있다. 정부가 하고자 하는 사회 안전망 확충에 기여하는 프로그램을 시범적으로 추진해 볼 수도 있을 것이다.

---

57 〈2026년도 예산안 총괄분석 I~IV〉, 국회예산처, 2025. 10.

기업 CSR은 우리가 봤을 때 정부 정책이랑 되게 더 민감하게 정합적으로 전략화될 것 같아요, 그러니까 정부가 이렇게 빈 게 있으면 우리가 이렇게 딱 끼워 맞추는 전략이 주를 이룰 것 같다[고 생각해요] ― 임경수/기업재단(금융 및 보험업), 40대, 남.

특히 새 정부의 주요 정책 방향(예: 청년 창업/일자리, 소상공인 지원)에 맞춰 기업들이 대관성 사회 공헌을 수행하거나 기존 사업을 재정비하는 경향이 강화될 것 같아요.

― 조유진/CSR패널, 30대, 여.

그러나 다른 한편으로 민관협력이라는 이름으로 기업의 사회적 책임 활동이 정치 도구화된다는 우려와 비판이 확산될 가능성도 있다. 다시 말해 민간자원 '동원'의 역사를 다시 불러오고 있다면서 비판의 목소리가 커질 수도 있는 것이다. 특히 현재 금지되어 있는 '고향사랑기부제 법인 기부 허용' 논의가 현실화된다면 CSR 자체의 정당성이 흔들릴 수도 있다. 정경유착의 유령이 부활했다는 말이 나올지도 모른다. 그런 우려가 현실화된다면 CSR 담당자들은 깊은 정체성 혼란에 빠지게 될 것이다. 사회 문제 해결이라는 소명 의식을 가지고 입사한 담당자들이 '이런 일 하러 온 게 아니다'라며 심리적 고충을 호소할 때, 우리는 어떤 말을 해야 할까.

한 팀원은 속상해 하더라구요. '이렇게 CSR 업무를 다르게 해석하고 싶지 않아요' 라고 하면서요. ― 조유진/CSR패널, 30대, 여

'팰럼시스트' 전략으로 미래 그리기

오늘날 CSR은 과거부터 해왔던 자선적 사회 공헌, 최근에 강조되고 있는 사회 문제 해결과 비즈니스 기여, AI 대전환기 대응, 그리고 정부 정책과 발맞추는 대관성 민관협력사업까지 다양한 층위의 역할과 성격을 동시에 갖고 있다. 마치 몇 번이고 썼다 지웠다를 반복하여 글자가 여러 겹 겹쳐 보이는 양피지인 '팰럼시스트Palimpsest 처럼 말이다.

> [기업이 한 사업을 오래하는 것이] 다 이유가 있어요. 다 그렇게 된 이유가 있는데, 너무 쉽게 그렇게 살아온 사람들을 트렌드하지 않다고 죽여선 안돼요. 저기 들에 핀 들꽃을 '너는 왜 쓸모도 없이 펴 있냐' 이렇게 물어보는 거는 좀…. (중략) 이쪽 [전략적 사회공헌]으로 옮기면 좋죠. 그러면 이쪽[전통적 사회공헌] 다 죽거든요. 그러니까 생각해 보면, 지역사회에서 OOO기업이 꼭 하시는 일이 있어요. (중략) OOO기업이 안 하면 이거 아무도 안 도와주거든요. (중략) 팰럼시스트라는 단어가 있거든요. 어려운 단어이긴 한데…. (중략) 옛날에 종이가 없던 시절에 아까우니까 [양피지에] 지우고 쓰고 지우고 쓰고 (중략) 켜켜이 쌓인 이런 것인데, [지금 사회공헌이 이런 모습 같아요]. ─ 김효진/전문가회의, 모금전문가.

이처럼 다양하고 복잡한 과업이 부과되고 있는 현실을 외면할 필요는 없다. 과거를 무작정 계승할 필요도 없다. 과거의 모든 것을 완벽하게 지우고 완전히 새로운 것을 만들려고 할 필요도 없다. 오히려 이를 전략화하는 것이 중요하다. 팰림시스트라는 것이 현상이자 앞으로 나아갈 전략 방향이라는 의미이다. 그러므로 각 층위의 의미를 명확히 판독하고 어떤 흔적을 미래의 자산으로 증폭시키고 어떤 관행을 과감히 지워낼지 결정하는 작업이 더욱 중요해졌다.

왼쪽은 로마의 나보나 광장의 현재 모습이고, 오른쪽은 나보나 광장이 과거 전차 경기장으로 사용되었을 때의 모습을 그린 17세기 판화. 말발굽 모양의 구조물이 그대로 남아있다. ('포도주 같은 건축', 〈경향신문〉, 2013. 1. 5.)

지금까지 〈기부트렌드〉 연구를 해오면서 '인상적인 사회 공헌 활동'에 대해 물었을 때, 한 해도 빠짐없이 '우리 강산 푸르게 푸르게'가 거론되었다. 40년이 넘게 지속해 오니 사람들의 머리속에 각인이 되었을 뿐만 아니라, 그 끈기에 사람들은 기업의 진정성을 느낀다. 40년이라는 긴 시간 동안 유한킴벌리는 당연히 많은 변화를 꾀했을 것이다. 그렇지만 핵심 메시지는 버리지 않았다. 2025년 11월 4일에 공개된 '누구나 우리가 되어 지켜주세요. 우리강산 푸르게 푸르게'라는 AI로 만든 영상도 그 중 하나이다. 공개된 지 한달만에 조회수가 305만 회를 넘었다. 이것이 바로 팰럼시스트 전략의 일례이다. 팰럼시스트 전략이라는 게 거창하거나 어려운게 아니다. 이미 우리는 경험이 있다. 과거의 전통과 역사를 현대적인 감각으로 재해석하고 재창조하는 것, 그로부터 우리가 전달하고자 하는 메시지와 사회적 가치를 배가시키는 것, 이것이 바로 핵심이다.

팰럼시스트 접근이 전략이 되려면, 그리고 실현시키려면 CSR 부서에게 그만한 실질적 권한과 조직 내 위상이 필요하다. CSR 담당자들은 사회 문제 해결을 위해 회사의 핵심 자원이나 기술을 동원하려 해도, 그럴 권한이 없는 경우가 많다고 토로한다. 예를 들어, R&D 부서에 특정 기술을 활용한 솔루션 개발을 요청하는 것은 현실적으로 거의 불가능에 가깝다는 것이다. CSR 패널 한현우는 'R&D 부서에게 새로운 걸 하자고 하면 씨알도 안 먹힐 것'이라고 말하며, CSR 부서가 타 부서의 협력을 이끌어 내기 어려운 현실을 꼬집었다. 결국 CSR 부서는 제한된 자체 예산 내에서 사업을 기획하고 운영할 수밖에 없으며, 이는 전사적 역량을 결집하는 전략적 활동을 가로막는 근본적인 한계로 작용한다. 이러한 권한의 부재는 혁신적인 사업 추진을 가로막을 뿐만 아니라, 켜켜이 쌓여 유물이 된 사업들을 껴안고 이러지도 저러지도 못하게 만드는 구조적 원인이 된다. 즉, 레거시 사업을 종료하거나 재구성할 권한도, 새로운 사업을 위해 전사적 자원을 동원할 권한도 없는 CSR 부서의 현실이 바로 전략적 재편의 발목을 잡고 있는 것이다. 따라서 팰럼시스트 관점으로 전략적 CSR을 리부팅하고자 한다면 CSR 부서에게 적절한 권한이 주어지는 구조를 만들 필요가 있다.

기획부서에 CSR팀이 있는 것은 큰 강점을 가진다. 기획부서에 있기 때문에 우리 제품과 서비스가 사회적으로 어떤 효용 가치를 갖는지에 오히려 더 관심을 많이 갖게 되고, 그래서 비즈니스와의 연결점을 더 찾을 수 있는 것이다. 또한 무엇을 하고지 할 때 비즈니스 부서, 인사 부서 등 관련 자원을 더 용이하게 활용할 수 있는 이점이 있다.

많은 경우 CSR팀은 인사 부서 산하에 포함된다. 이런 조직 구조는 임직원 기부나 자원봉사 활동을 독려하거나 나눔 문화를 조직 내에 내재화하는 데 강점을 보인다. 즉 조직 문화 차원으로 CSR을 접근하는 데는 긍정적이다. 그러나 회사의 핵심 비즈니스 전략과 직접적으로 연계된 대규모 프로젝트를 기획하고 추진하는 데에는 한계가 있을 수 있다.

기업이 CSR의 역할을 무엇으로 보느냐에 따라 조직 구조도 결정될 것이다. CSR의 역할과 범위가 확장되는 상황에서 조직의 전체적인 비즈니스 전략방향에 맞는 CSR을 선택하고자 한다면, 과거 위에 미래를 다시 쓰고자 한다면, CSR 담당자에게 전략적 큐레이터로서의 역할과 권한을 부여하는 것이 우선적으로 필요하다.

다중위기 시대,
미래를 향한 큐레이션

다중위기의 시대, 큐레이션이 필요해

큐레이션은 박물관이나 미술관에서 관람객에게 특별한 메시지를 잘 전달하기 위해 작품(기록)을 선별하고 배열하고 전시하는 활동을 말한다. 최근에는 많은 디지털 정보 속에서 콘텐츠를 선별하여 주제별로 구성하는 '디지털 큐레이션'이 중요해졌다. 큐레이팅된 콘텐츠를 통해 취향을 나누고 공감하며 그 속에서 사회적 관계를 형성하는 것이 새로운 문화가 되면서,[58] 큐레이션은 박물관, 미술관을 넘어 일상의 삶으로 들어왔다.

더욱이 생성형 AI의 급속한 발전으로 인해 콘텐츠 생산에 드는 비용

---

58 "디지털 큐레이션, 정체성을 말하고 문화를 연결하다", 〈성대신문〉, 2025. 6. 8..

이 급격히 낮아지면서 넘쳐나는 콘텐츠를 선별하여 재배열하는 큐레이터, 선별된 콘텐츠에 의미와 가치가 담긴 스토리를 부여하는 스토리텔러로서의 인간의 역할이 더욱 중요해질 것으로 예측되고 있다.[59]

큐레이팅과 스토리텔링이 필요한 부분이 과연 디지털 콘텐츠만일까?

우리는 '다중위기Polycrisis와 '복합위기Complex Crisis' 시대를 살고 있다. 여러가지 위기들이 독립적으로 존재하는 것이 아니라 복잡하게 연결되어 예기치 않은 효과를 가져오고 있다는 뜻이다. 이런 위기는 거시적 차원에서만 나타나지 않는다. 개개인의 삶에도 다중-복합위기가 면면히 스며들어 있다. 다중-복합 위기시대에 사회문제를 해결하고자 하는 사람들은 어떻게 문제에 접근해야 할까?

그동안의 CSR, 비영리 조직의 문제 해결 방식은 특정 대상, 특정 문제에 초점을 두는 경우가 많았다. 그것은 한편으로는 거대한 사회 문제를 한꺼번에 해결할 수 없기 때문이기도 하다. 하지만 이는 근본적인 문제 해결로 이어지지 못하는 한계를 야기한다. 한 아동에게 집중적으로 자원을 투입하더라도, 아이가 원래의 환경으로 돌아가면 그 효과가 지속되지 않는 것을 우리는 자주 관찰했다. 이는 대상자를 둘러싼 생태계(가족, 지역 사회, 더 거시적으로는 사회구조)를 고려하지 않고 특정 문제, 특정 대상에만 파편적으로 대응한 결과이다.

---

59 김난도 외,「트렌드 코리아 2026」, 미래의창, 2025.

취약계층들은 다층적인 문제가 있는데, 그걸 물품 지원 위주로 한다거나 뭔가 근본적인 변화가 일어나지 못하는 구조로 계속 돈이 누수가 되고 있다는 생각이 들었어요.

— 최은정/CSR컨설팅, 50대, 여.

파편화된 접근은 우리가 가진 '좋은' 의도에도 불구하고 사회적 투자의 실패로 연결된다. 우리가 대응해야 하는 문제는 너무나 다양하고 다차원적으로 연결되어 있으며 그 영향력이 거대한데, 우리의 대응은 단편적이고 파편화되어 있으니 성공을 바라는 것이 실상 어려운 일이다. 따라서 다중위기시대를 살아가는 현재, 우리에게 필요한 것은 다양하고 복잡한 문제의 본질을 파악해 선별적으로 배열하는 큐레이션, 거기에 의미와 가치를 담고 문제해결의 과정에 감동과 서사를 담는 스

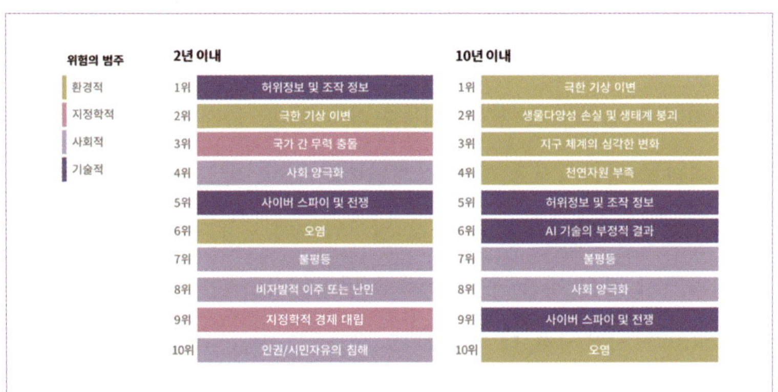

단기(2년), 중기(10년)이내 심각해질 글로벌 위기
2027년 이내에 가장 심각할 위기로 허위 정보 및 조작정보가 선정되었고, 극한 기상 이변, 국가 간 무력 충돌, 사회양극화, 사이버 스파이 및 전쟁, 오염, 불평등, 비자발적 이주 또는 난민, 지정학적 경제 대립, 인권/시민자유의 침해의 순서로 글로벌 위기가 발표되었다(〈Global Risks Report 2025〉, WEF)

토리텔링이다. 누가 이 역할을 할 것인가.

프레너미에서 공진화까지

다중-복합위기 시대에서 사회 문제는 하나의 기업, 하나의 단체, 혹은 정부 혼자의 노력만으로는 해결되지 않는다. 따라서 문제 해결을 위한 의도적이고 전략적인 연결의 필요성이 제기된다. 세계경제포럼의 〈세계 위기 보고서 2025〉에서 제안하듯,[60] 단기적 위기 대응을 넘어 다자간 협력을 통한 시급한 조치가 필요하다. 이 측면에서 우리가 면밀히 살펴볼 필요가 있는 접근법은 프레너미Frenemy 전략과 공진화co-evolution 전략이다.

'프레너미Frenemy'란 친구frend와 적enemy을 합한 조어로, 협력을 하면서 경쟁하는 관계를 말한다. '어제의 적이 오늘의 친구'가 되는 상황, 즉 어제의 적이라 하더라도 위기가 발생할 땐 협력하는 관계를 뜻한다. '공진화co-evolution'는 여기서 더 나아가 오늘날은 '나만 잘사는 것'이 가능하지 않으며 오히려 '경쟁자하고도 함께 해야 잘 살수 있다'는 것을 강조한다. '독점이 아닌 공유, 경쟁이 아닌 협력'이 비즈니스의 새로

---

60 세계경제포럼의 〈세계 위기 보고서 2025〉는 최근 20년간 환경 리스크는 꾸준히 심각성이 커져 최상위 우려 사항으로 자리 잡았고, 지정학적 리스크는 변함없는 위협으로 남아있으며, 경제 리스크는 변동성이 커지고, 기술 리스크는 최근 급부상하며 미래의 가장 큰 불확실성으로 자리잡을 것이라고 평가하고 있다. 이에 보고서는 단기적 위기 대응을 넘어 다자간의 협력을 통해 시급한 조치를 취해야 한다고 제안한다.

운 성장동력이 되고 있는 트렌드를 지칭하는 말이다.[61] 이러한 경계를 넘는 협력은 비즈니스 세계에서 이미 빈번히 관찰된다. 대표적인 예로 자주 언급되는 것이 현대자동차이다. 현대차는 경쟁자인 GM과는 포괄적 협력을 맺어 기술교류를 하고, 도요타와는 미래형 수소에너지 생태계를 조성하기 위한 협력을 발표했다.[62] 이들은 협력하겠다는 선언하는 것을 넘어, 자사의 기술과 데이터를 공유하고 인프라를 함께 구축하여 새로운 생태계를 구축하겠다는 목표를 설정했다는 것이 인상적이다.

이러한 접근법은 다중-복합 위기 시대에 사회 문제를 해결하고 사회적 가치를 창출하고자 하는 CSR 담당자와 비영리 활동가에게도 필요한 방법이다. 어느 한 주체만으로는 문제를 해결할 수 없기에 함께 할 사람을 다각화하고 다차원적으로 협력하는 것이 필요하기 때문이다. 협력의 대상자가 적이든 경쟁자이든, 영리이든 비영리이든 상관없이 힘을 모아야만 대응이 가능하다.

실제로 기업들은 전통적인 비영리 조직 외에 파트너를 적극적으로 다각화하고 있다. 〈CSR 담당자 인식 조사〉 결과에 따르면, 기업들은 2026년에는 비영리 조직(45.9%) 외에 정부/지자체(27.0%), 자사 출연 재단(13.5%), 사회경제 조직 및 소셜 벤처(8.1%), 심지어 다른 기업(5.4%)과의 협력에도 높은 관심을 나타냈다. 이런 경향은 2026년 사회

---

61 김난도 외, 「트렌드 코리아 2026」, 미래의창, 2025.

62 위기 땐 적과도 협력해 기회 찾는다… 정의선 '프레너미' 전략", 〈매일경제신문〉, 2024. 11. 19.

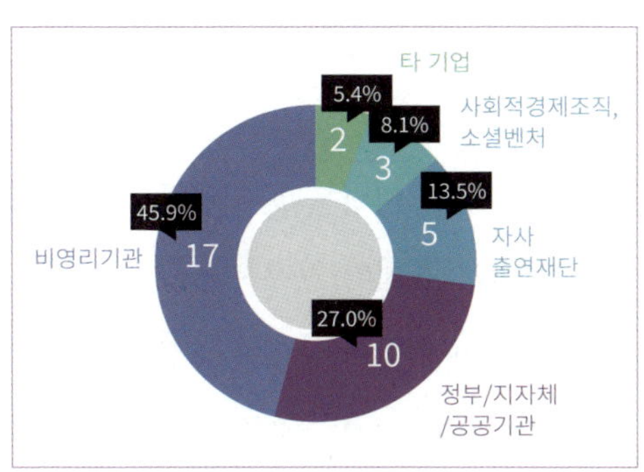

〈CSR 담당자 인식 조사〉결과
'2026년 주목하고 있는 파트너
기관'

공헌 예산규모가 증가할 것이라고 전망한 응답자일수록 분명하게 나타났다.[63]

협력의 대상자를 넓히는 것은 선택이 아닌 필수 전략이 되고 있다. 이를 단적으로 보여준 사례가 〈대한민국 사회적 가치 페스타〉에 대한 높은 관심이다. 사회적 가치 페스타는 〈기부트렌드 2026, CSR 담당자 인식 조사〉에서 가장 트렌디하다고 언급이 될 정도로 인기가 있었는데, 응답자가 직접 밝힌 이유는 '짧은 기간이지만 많은 것을 배우고, 보고, 느낄수 있기' 때문이다. 이틀이라는 짧은 시간동안 230여개 전시 부스와 50여개 판매 부스를 열고, 180여개 사회적 기업 및 소셜 벤처가 참여하고, 국내 대표 기업들이 참여하여 방문객수만 1만 명이 넘

---

63 예산 증가를 예상한 응답자의 23.1%는 사회적 경제조직 및 소셜 벤처와의 협력을, 15.4%는 자사 출연재단 활용을, 7.7%는 타 기업과의 협력을 고려하고 있다고 응답했다. 반면 올해보다 예산이 감소할 것이라고 응답한 곳이 주목하는 파트너 기관으로 비영리 조직을(85.7%), 올해와 예산이 비슷할 것이라고 응답한 곳은 정부/지자체/공공기관을(47.1%) 주목하는 비중이 상대적으로 높게 나타났다.

게 참여한 대규모의 행사였다.[64] 이는 최근 박람회 같은 대규모 잔치가 인기있는 이유와도 연결된다. 직접 보는 재미, 현장감, 그리고 나와 관심사가 비슷한 사람들을 직접 눈으로 확인하며 느끼는 '느슨한 연대감'이 대규모 잔치의 인기 이유인 것처럼,[65] 〈사회적 가치 페스타〉도 마찬가지다. 이에 더해 사회적 가치를 추구하는 다양한 사업과 사람들을 한자리에서 만나 협력의 기회를 얻을 수 있다는 점에서, 협력 대상자를 넓히고자 하는 욕구도 반영된 것이다.

참여하는 모든 주체가 진화, 발전하기 위해서는 구체적인 협력의 플랜이 중요하다. 각 주체가 단순 참여나 일부 참여가 아닌 협력의 주체가 되기 위해서는 공통의 목표와 지향을 명확하게 설정하고, 서로의 역할과 책임을 분명하게 합의해야 한다. 그리고 가 주체는 협력을 통해 어떤 것을 얻을 것인지에 대한 분명한 목표가 정해져야 한다. 이런 준비가 없으면 프로젝트는 성공할지 몰라도, 참여한 주체들은 정작 '우리에게는 무엇이 남았는지 모르겠다'는 아쉬움이 남을 수 밖에 없다. 이런 아쉬움은 앞으로의 협력을 방해하는 감정이다.

따라서 공진화 전략이 성공하기 위해서는 무엇을 어떻게 협력하고 함께 할 것인지, 각자의 것을 어느 정도까지 공개하고 공유할 것인지, 정보의 실시간 공유가 가능한 기초 인프라 — 예를 들면 실시간 정보공유를 위한 대시보드 등 —를 어떻게 구축할 것인지가 더 중요하다. AI

---

64 "대한상의, 제2회 대한민국 사회적가치 페스타 '사회문제 해결사' 한 자리에⋯", 〈임팩트온〉, 2025. 8. 14.

65 박현영 외, 「2026 트렌드노트」, 북스톤, 2025.

시대에 협력은 데이터의 통합에서 시작될 것이다. 데이터에 기반한 투명하고 효율적인 협력은 우리가 함께 성장하고 발전하기 위한 중요한 기반이 될 것이다.

1. 팰럼시스트 전략으로 CSR의 미래를 큐레이션하라.

우리의 유산 중에서 버릴 것과 지킬 것을 선별해 보자. 우리의 비즈니스, 기술력, 또는 인적·물적 자원이 무엇인지 확인하고 미래를 그려 보자. 단, 버릴 수 없는 유산은 토대로 삼아야 한다. 유산에 새로운 스토리를 입혀 고도화할 때, 비로소 미래 또한 '역사성'과 '진정성'이라는 가치를 입게 될 것이다.

2. 케케묵은 '유물'이 되지 않도록 시작할 때부터 끝을 생각하라.

CSR의 성공과 진화를 위해 달성 가능하고 적절한 출구 전략이 필수적이다. 기존 사업은 파트너 기관과의 협의를 통해 새롭게 출구전략을 마련해 보자. 새롭게 시작하는 사업은 사업의 목표에 따른 성과나 결과 목표를 세워보자. 엑시트는 끝이 아니라 역할의 종료이고 새로운 역할을 위한 디딤돌이다. 이것이 출구전략의 핵심이다.

3. 부서간 경계가 이미 흐릿해지고 있다. 사일로를 제거하라!

전략적 CSR은 특정 부서에 의한 책임 활동이 아닌 조직의 전체 경영 전략과 맞물려 있어야 한다. 따라서 사일로(부서간 칸막이)를 제거해야 전략적 CSR이 성공할 것이다. 사일로를 제거하고 다양한 관계 부서가 함께 참여하는 프로젝트 단위로 사업의 구조를 구성해 보자.

4. 비영리만이 할 수 있는 일, 미션과 본질에 집중하라.

비영리만이 할 수 있는 일, 누구도 대행하지 못하는 일은 사회 문제의 현장과 수혜자의 삶 속에 깊숙이 들어가는 것이다. 우리 기관의 미션과 본질에 집중하고, 현장과 수혜자를 만나는 것에 집중하자. 현장과 수혜자에 얼마나 더 가까이 닿아있느냐가 결국 대체불가능한 파트너 기준이 될 것이다.

5. 다중-복합 위기의 시대에는 공진화전략이 필요하다.

복잡하고 다차원적인 사회문제를 해결하기 위해서는 문제도, 역량도 선택과 집중이 필요하다. 선별하고, 재배열하고, 의미를 입히는 큐레이션을 함께 해 보자. 공진화 전략, 프레너미 전략으로 협력의 파트너를 넓혀라. 조직내 사일로 제거도 중요하지만, 조직간 사일로 제거도 중요하다. 정보와 데이터의 실시간 통합과 연결이 가능한 인프라를 구축하는 것이 협력의 핵심 기반이다. 협력과 연결을 위한 대시보드를 구축해 보자.

부록 1
통계로 본 대한민국 기부 현황

1. 대한민국 기부금 총액

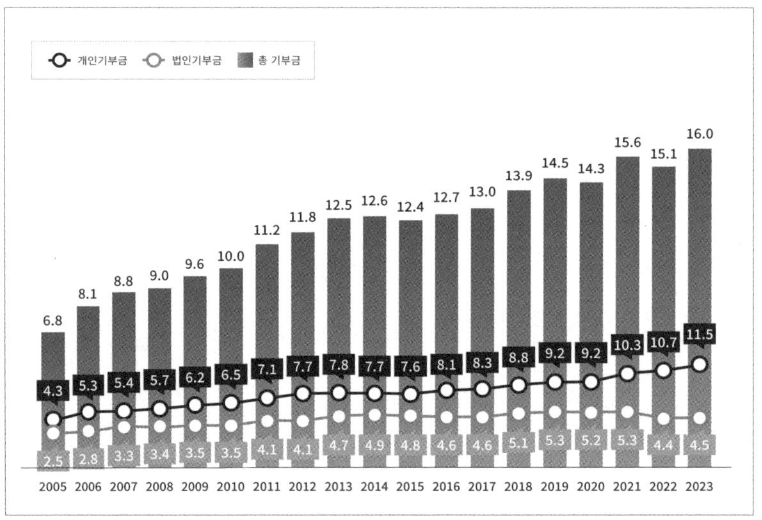

국내 기부금 총액(단위: 조원) (국세통계연보(2006~2024, 이하 '국세통계연보'))

○ 2023년 국내 기부금 총액은 약 16조원으로 2022년 대비 9,300억

원 증가

— 개인 기부금 총액은 11조 5,400억원으로 전년대비 약 8,400억원 증가(2022년 10.7조원 → 2023년 11.54조원).

— 법인 기부금 총액은 4조 4,800억원으로 약 800억원 증가(2022년 4.4조원 → 2023년 4.48조원).

○ 물가 상승률로 보정하면(2020년 소비자물가지수 기준) 2023년 대한민국 기부금 총액은 약 14조 3,600억원

— 2022년(14.02조원) 대비 3,400억원 증가.

— 물가상승률로 보정시, 개인 기부금 총액은 증가(9.93조원 → 10.34조원)했으나, 기업 기부금 총액은 감소(4.08조원 → 4.02조원).

2. 한국의 개인기부 현황

2-1. 얼마나 많은 한국인이 기부를 할까?

〔국세통계연보〕

○ 2023년 기부금 공제를 받는 개인의 수는 816만 명으로 전년 대비 약 79만 명 증가. 개인 기부자는 급격히 증가하는 추세

○ 1인당 평균 기부금액은 141만원으로 전년 대비 약 4만원 감소
— 물가상승률 반영시(2020년 소비자물가지수 기준) 1인당 평균 기부금액은 약 127만원.
— 2016년 이후 평균 기부금액은 전반적으로 감소 추세.

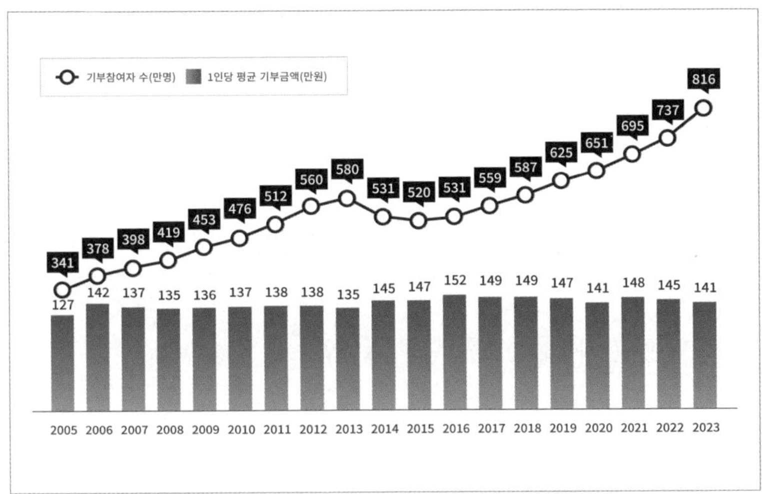

개인기부자수 및 1인당 평균 기부금액의 변화(국세통계연보)

〔통계청 사회조사〕

○ 통계청 사회조사의 유용성

— 14세 이상 국민대상의 조사로, 현금 및 현물 기부의 경향을 가장 잘 파악할 수 있는 국가공식 통계자료임(사회조사는 홀수년마다 조사 결과 발표).

— '국세통계연보'는 기부금 세액 공제를 받은 사람만 포함하므로 전체 국민을 포괄하지 못함. 또한 '종교 기부'가 포함되어 있어 실제 비영리 민간 단체에 기부하는 것과는 다름.

○ 2025년 개인 기부 참여율은 26.1%로 2023년 대비 2.4%p 상승

― 기부 참여율은 2011년 이후 지속적으로 하락 후, 2021년을 기점으로 상승세로 전환(2011년 36.4% → 2021년 21.6% → 2025년 26.1%).

○ 개인 기부자 1인당 평균 기부금은 58.3만원으로 2023년 대비 약 7천원 감소

― 1인당 평균 기부금은 2021년 60.3만원으로 가장 높았음.

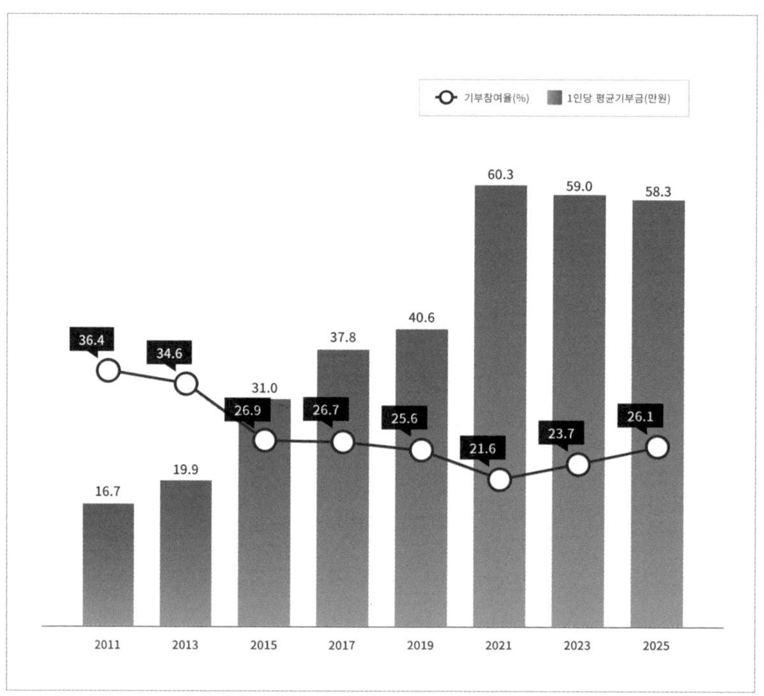

기부참여율 및 기부자 1인당 평균기부금의 변화
(통계청 사회조사(2011~2025))

〔조사 자료간 기부참여율 비교〕

○ 기부 현황을 파악할 수 있는 대표적인 조사 자료

— 국가 통계: 국세청 국세통계연보(기부금 세액공제자료)

　　　　　　통계청 사회조사

— 사랑의열매: 한국나눔문화인식조사(19세 이상 성인 대상)

— 아름다운재단: 기빙코리아(19세 이상 성인 대상)

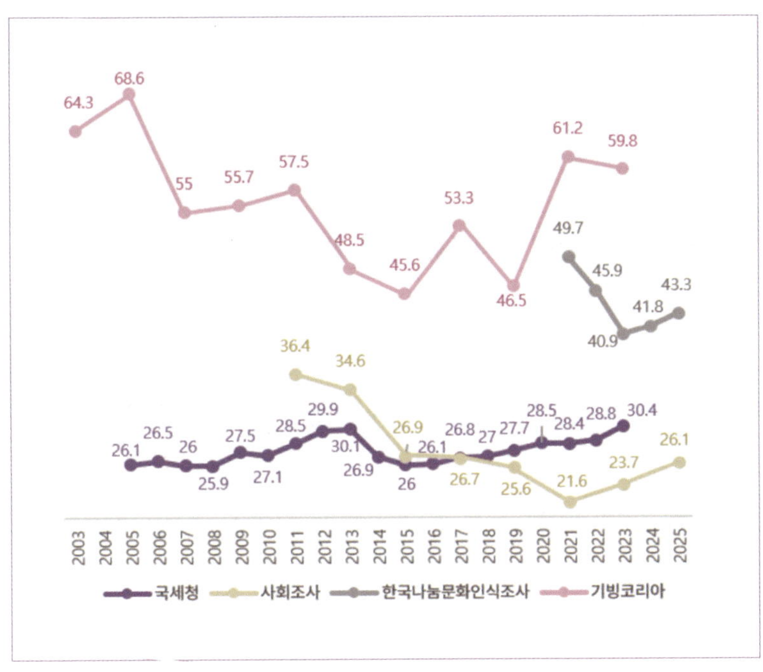

조사자료별 기부참여율 비교(단위: %)

○ 가장 최근 조사의 기부 참여율 비교

— 사회조사 26.1%(2025년)

— 한국나눔문화인식조사 43.3%(2025년)

— 기빙코리아 59.8%(2023년)

○ 기부참여율은 2023년 이후 반등 추세

　(사회조사, 한국나눔문화인식조사)

○ 기부금 세액공제자 비율은 꾸준히 증가추세(자료: 국세통계연보)

— 근로소득이 있는 납세자 중 기부금 세액 공제를 받는 사람은
　30.4%(2023년 기준)로, 2015년 이후 꾸준히 증가(종교 기부 포함).

— 2014년 기부금 세액 공제자 비율이 큰 폭으로 감소한 이유는 기부
　금 공제가 소득 공제에서 세액공제로 바뀌었기 때문.

2-2. 여자가 더 많이 기부할까? 남자가 더 많이 기부할까?

○ 성별에 따른 기부참여율 비교

— 2021년을 기점으로 여성과 남성 모두 기부 참여율이 상승세로
　전환.

— 2017년 이후 여성의 기부 참여율이 남성보다 높게 유지되고 있음.

○ 성별에 따른 기부금액 비교

— 전반적으로 남성의 평균 기부금액이 여성보다 높게 나타나고 있음.

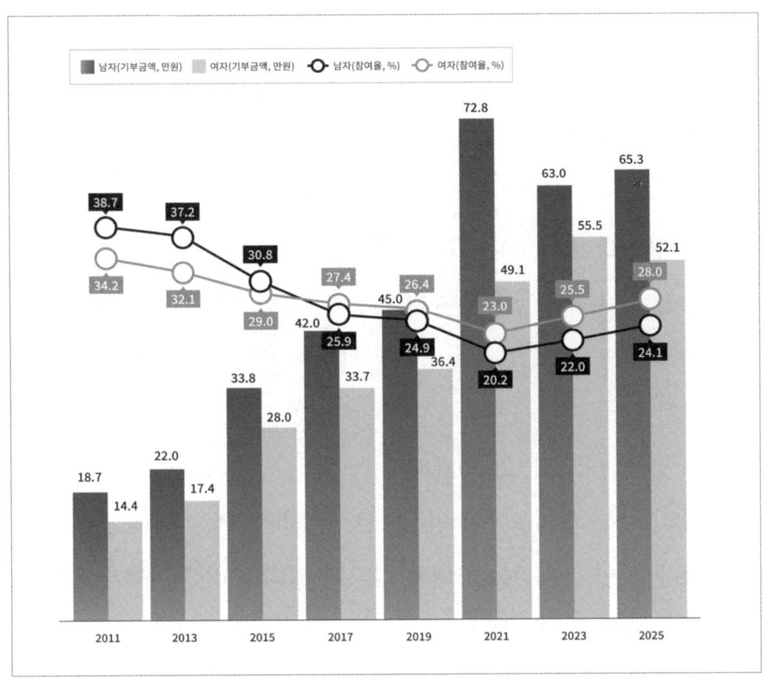

성별 기부참여율 및 1인당 평균기부금액의 변화(통계청 사회조사)

― 2025년 기준 남성의 평균 기부금은 65.3만원으로 이전 조사(2023)에 비해 소폭 상승, 여성의 평균 기부금(52.1만원)은 다소 하락.

2-3. 가장 기부를 많이 하는 연령대는?

○ 2021년을 기점으로 10대 제외 전 연령대에서 상승 반전

○ 가장 기부를 많이 하는 4050세대

— 평균적으로는 40대가 가장 높으나, 2025년 처음으로 50대가 1위로
  등장(2025년 기준: 40대 34.5%, 50대 36.6%).

○ 기부 참여율이 지속적으로 급락하는 10대

— 2011년 41.1%로 상당히 높았으나, 지속적으로 큰 폭으로 하락하
  여 2015년 8.4%로 전 연령대에서 가장 낮은 참여율을 보임.

○ 최근 급등하고 있는 2060세대

— 20대의 기부 참여율은 전반적으로 타 연령대에 비해서 낮은 편이
  었으나, 지난 조사(2023) 대비 다른 연령대에 비해 가파른 상승세
  (5.2%p 상승).

— 60대 또한 20대 비슷한 수치를 보이다가 2021년 이후 크게 상승
  (5.6%p)하여 30대의 기부 참여율에 근접하고 있음.

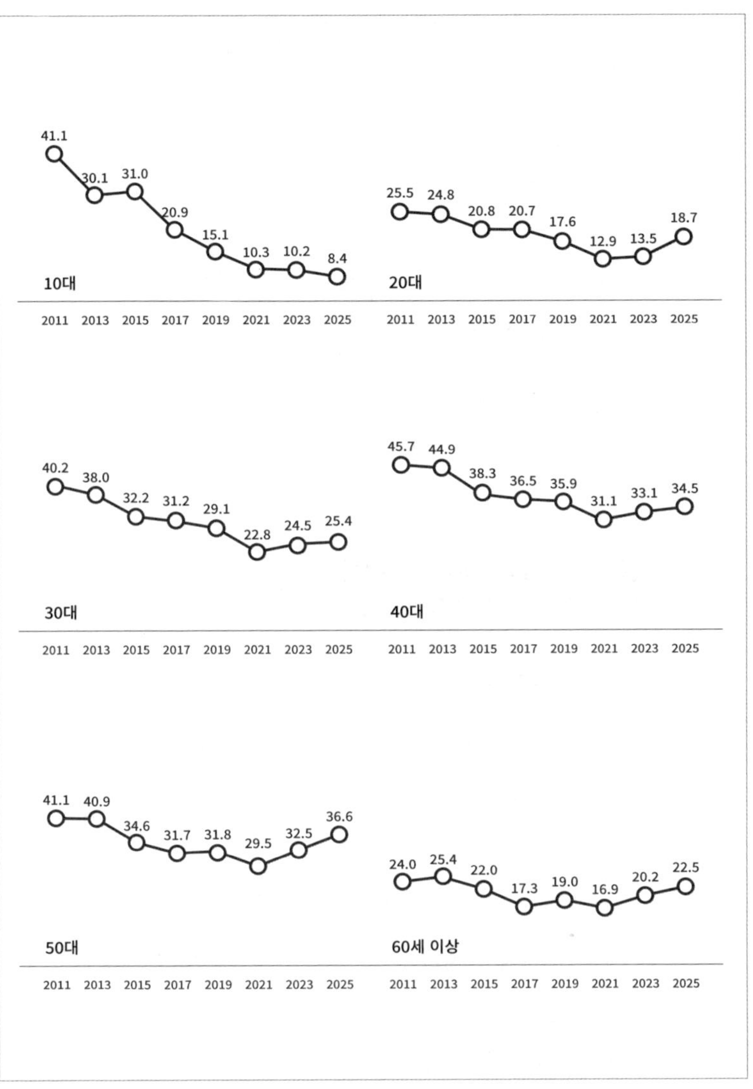

연령대별 기부참여율 변화(단위: %)(통계청 사회조사)

3. 한국의 법인(기업) 기부 현황

3-1. 기업들은 얼마나 많이 기부할까?

○ 기부금 신고 법인수는 지속적으로 증가하여 103만 개

— 기부 참여 법인수는 지속적인 증가세에 있으며, 2023년 약 103만 개 법인이 기부에 참여.

○ 법인 1개소당 평균 기부금 435만원

— 2023년 기부금 세액 공제를 받은 법인 1개소당 평균 기부금은 435만원으로, 2022년과 비교하여 약 13만원 감소.

— 물가상승률로 보정 시(2020년 소비자 물가지수 기준), 390만원으로 2022년의 416만원에 비해 약 26만원 감소.

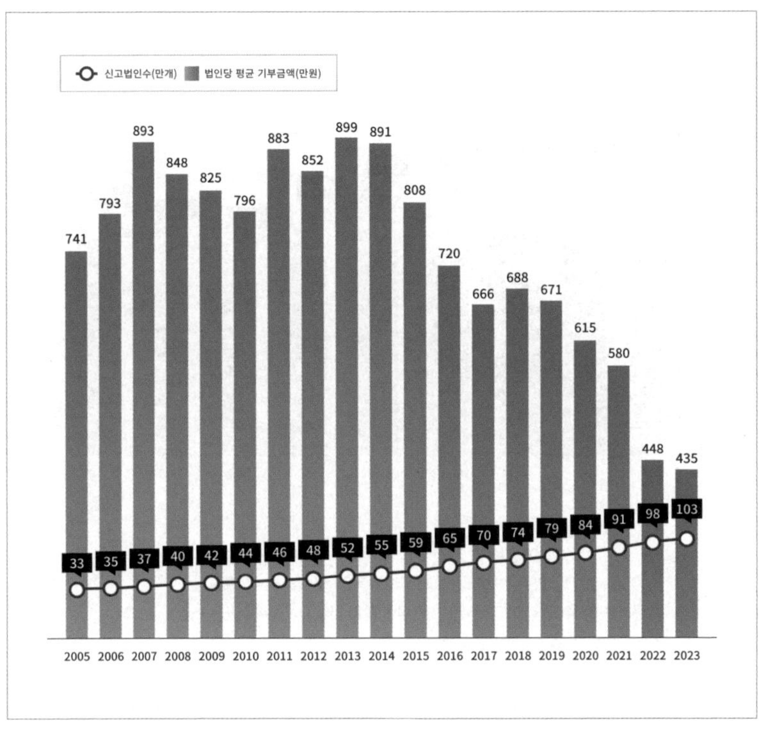

기부금 신고법인수 및 법인 1개소당 평균기부금액 변화(국세통계연보)

3-2. 민간 기업은 얼마나 기부할까?

○ 매출 순위 200대 민간 기업의 기부금 총액은 1조 4,660억 원(2023
년)

— 2017년 이후 꾸준히 하락해 오다가 2021년 이후 상승세.

— 전체 민간 기업 기부금 대비 비중도 2021년 이후 상승 추세.

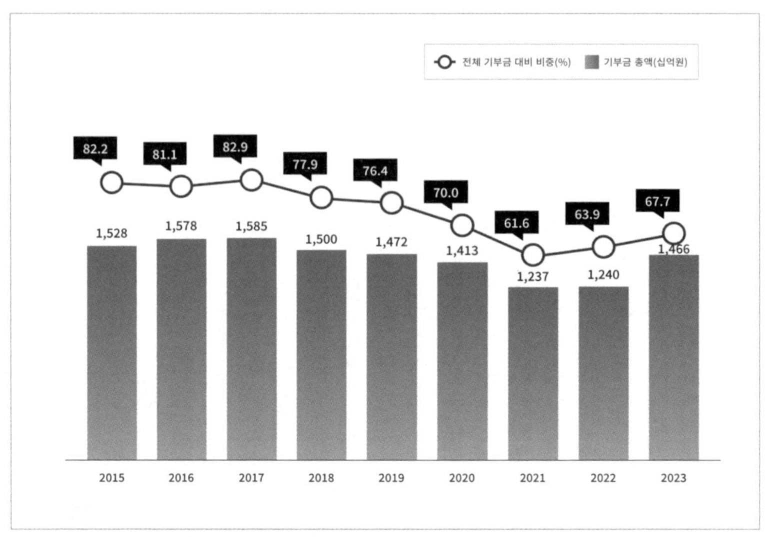

200대 민간기업 기부금 총액 및 비중의 변화
(원자료: 2015~2023 금융감독원 기업공시Dart 자료,
출처: 김소영 외, 〈2025 한국 사회공헌 현황과 이슈〉, 사회복지공동모금회, 2025)

3-3. 대기업이 기부를 더 많이 할까?

○ 대기업의 기부금 총액 추이

― 2023년 1조 4,840억 원.

― 2017년 1조 6,710억 원을 정점으로 하락 경향이 있었으나, 2023
상승.

○ 중견기업의 기부금 총액 추이

― 2023년 7,820억 원.

— 전반적으로 증가 추세. 2022년 8,280억 원으로 정점으로 찍은 후
다소 감소.

○ 중소기업의 기부금 총액 추이

— 2023년 5,150억 원.

— 2015년 2,770억 원에서 지속적으로 증가하여 증가 추세가 가장 뚜
렷함.

— 이러한 증가추세로 인해 중견기업과의 격차를 줄이고 있음
(2011년 3,160억원 → 2023년 2,670억원으로 감소).

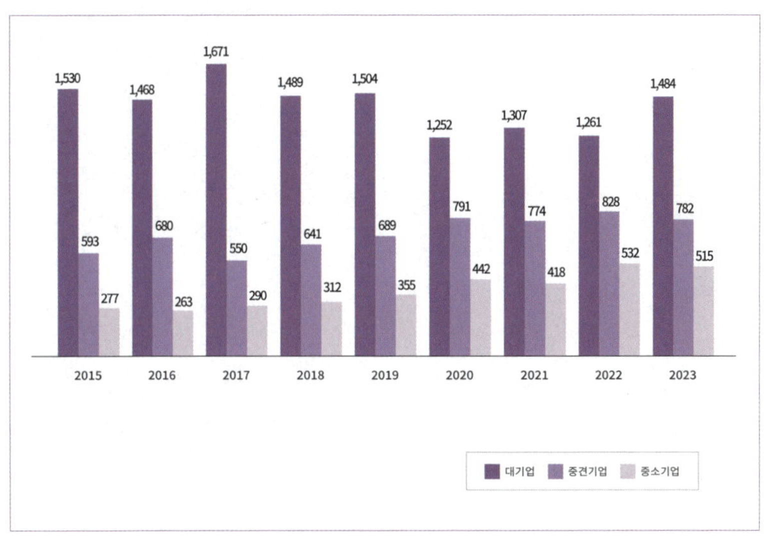

기업 자산규모별 기부금 총액(단위: 십억원)
(원자료 : 2015~2023 금융감독원 기업공시Dart 자료, 대기업: 자산규모 10조원 이상 / 중견기업 자산규모 5000억
원 이상 / 중소기업 : 자산규모 5000억원 미만(업종별 평균매출액 등의 비중에 따라 구분이 달라질 수 있음),
출처: 김소영 외, 〈2025 한국 사회공헌 현황과 이슈〉, 사회복지공동모금회, 2025)

부록 2
빅데이터로 바라본 기부 이슈

데이터 수집 출처

구분	데이터 기간	수집량	수집방법
언론기사 (키워드: 기부)	2023.1.1~2025.11.30	172,826개(기사)	빅카인즈Bigkinds를 통한 데이터 수집
언론기사 (키워드: 사회공헌)	2023.1.1~2025.11.22	95,514개(기사)	
언론기사 (더나은미래)66	2023.1.1~2025.9.23	3,172개(기사)	크롤링을 통한 데이터 수집
네이버 해피빈	2023.1.3~2025.9.29	12,031개(모금함)	

분석 방법

1) TF-IDF[67] 분석: 문서 상 유의미하게 등장하는 단어 확인.

2) 토픽 모델링 분석: 전체 문건에서 어떤 토픽들이 분포하는지 확인할 수 있으며, 토픽을 구성하는 단어들을 통해 토픽 내용을 규명.

3) N-gram 분석: 말뭉치내 단어들을 n개씩 묶어 빈도를 파악하는 분석 방법으로 단어가 어떤 맥락에서 사용되었는지 파악할 수 있음.

---

66 〈더나은미래〉는 비영리, 사회공헌, 임팩트투자 등 기부와 인접한 공익 세션을 전문적으로 다루는 매체로, 일반 종합지보다 기부 관련 기사 비중이 높아, 담론 구조를 파악하기 위한 집중 사례로 적합하다고 판단하여 별도 분석을 진행함.

67 TF-IDF란 단어빈도-역문서빈도. 이는 단어의 빈도에 그 단어가 출현한 문서수의 역수를 곱한 것을 의미. 주제를 식별하고 파악하는데 효과적이기 때문에 텍스트 분석에서 자주 활용된다(박상언, 강주영, 「파이썬 텍스트 마이닝 완벽 가이드」, 위키북스, 2023.)

1. 언론기사 분석을 통해 본 트렌드

1-1. 언론기사에는 기부와 관련하여 어떤 키워드가 자주 등장할 까? : TF-IDF 분석 결과

○ 3개년 주요 키워드 개괄 분석

— 연도별 공통 키워드

기부 키워드가 등장하는 언론기사에는 3개년 공통으로 '지역, 지원, 사회, 전달, 참여, 행사, 임직원, 캠페인'의 키워드가 상위권에 등장함.

— 연도별 차이 키워드

· '23년 키워드: 고향사랑기부, 국제구호 관련(튀르키예, 시리아), ESG, 소외

· '24년 키워드: 기업사회공헌(임직원, 자원봉사, 캠페인), 장애인, 서비스, 미국, 대통령

· '25년 키워드 : 재해재난(피해, 산불, 복구, 긴급, 이재민, 경북, 구호, 긴급, 재난), 협력, 소상공인, 관광

○ 3개년 주요 키워드 추이 분석

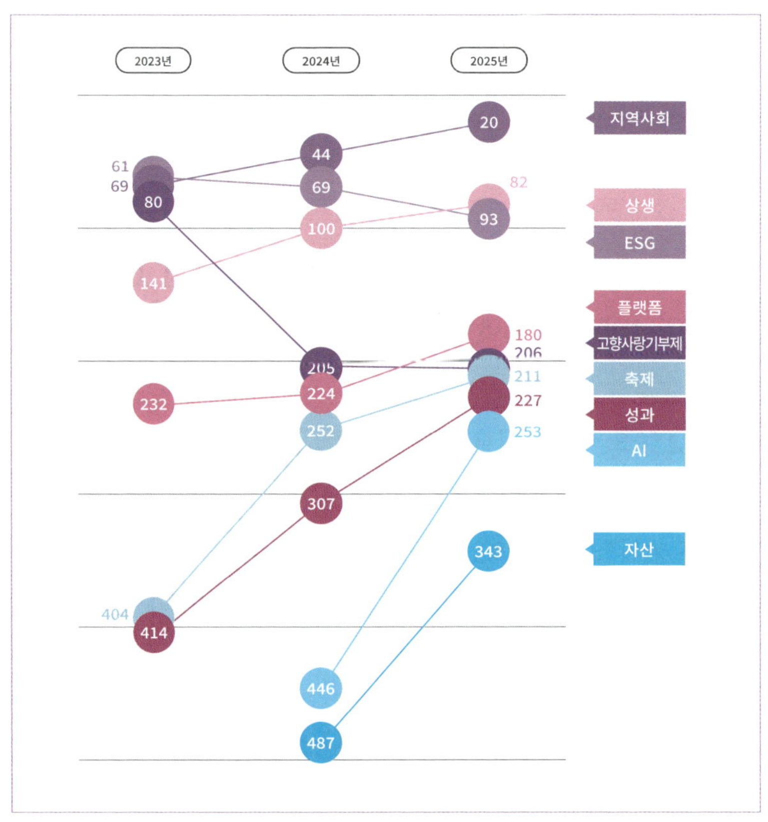

최근 3년간(2023~2025년) 상승/하락 키워드

연도별 상승 키워드

키워드	2023년	2024년	2025년	순위변화	키워드	2023년	2024년	2025년	순위변화
문화	23	19	18	▲ 5	의료	284	228	186	▲ 98
지역사회	69	44	20	▲ 49	사례	406	335	195	▲ 211
공헌	27	23	22	▲ 5	회원	279	236	210	▲ 69
협력	93	75	41	▲ 52	축제	403	252	211	▲ 192
가치	83	64	44	▲ 39	성과	414	307	227	▲ 187
지속적	89	80	63	▲ 26	공연	364	256	235	▲ 129
상생	141	100	82	▲ 59	소통	315	287	276	▲ 39
미래	114	95	94	▲ 20	2억	332	325	277	▲ 55
안전	167	139	104	▲ 63	시민들	375	319	297	▲ 78
대화	184	144	132	▲ 52	공유	361	346	300	▲ 61
자원	191	162	135	▲ 56	디지털	368	351	316	▲ 52
공간	243	206	160	▲ 83	예방	472	393	335	▲ 137
글로벌	192	187	187	▲ 26	AI	-	446	253	▲ 193
브랜드	202	184	176	▲ 26	혁신	-	487	345	▲ 142
플랫폼	232	224	180	▲ 52					

※ 순위변화는 23년 대비 25년을 확인함. 23년 값이 없을 경우 24년 대비 변화를 의미.

연도별 하락 키워드

키워드	2023년	2024년	2025년	순위변화	키워드	2023년	2024년	2025년	순위변화
ESG	61	69	93	▼ 32	대한민국	219	250	273	▼ 54
경영	65	78	101	▼ 36	온라인	256	274	280	▼ 24
한국	70	92	109	▼ 39	상품	207	222	292	▼ 85
답례품	77	145	153	▼ 76	에너지	217	255	326	▼ 109
고향사랑기부제	80	205	206	▼ 126	공제	261	341	373	▼ 112
지자체	177	244	250	▼ 73	순위변화 : 23년 대비 25년				

○ 2025년 새롭게 등장한 토픽

AI/테크 기반 사회공헌, 지역축제에서의 기부, 가상자산기부, 재해재난 관련 기부가 작년과 비교했을 때 새로운 토픽으로 등장.

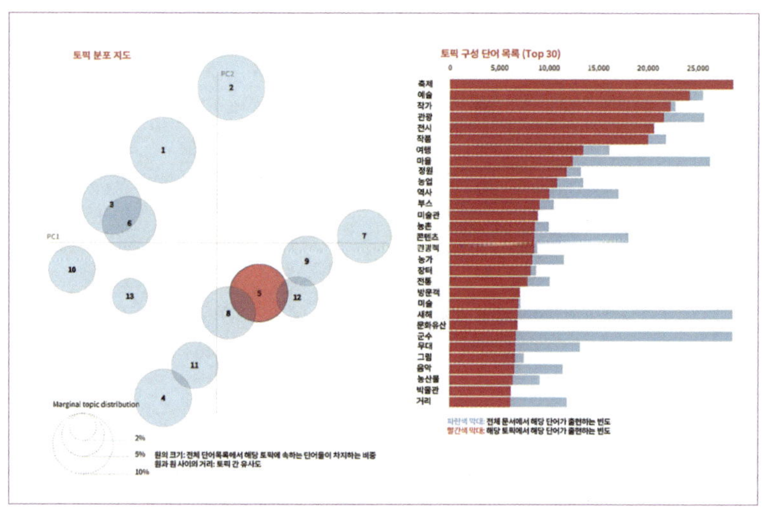

2025년 '기부' 관련 토픽 분포 및 토픽 구성 단어 목록(Top 10)

토픽별 주요 내용

Topic	비중(%)	주제	주요단어(기여도 순)	2024년 토픽여부
1	11.71	AI·플랫폼 기반 기업 사회공헌 & 기술혁신	AI, 혁신, CEO, 생산, 자동차, 디지털, 해외, 전기차, 정보, 아마존, 업계, 현지, 수출, 주식, 동물, 데이터, 영국	△ (일부만 등장)
2	11.57	미국 대선 및 정치후원 관련	트럼프, 의원, 당선인, 선거, 정치, CEO, 주장, 혐의, 후보, 대선, 행정부, 메타, 위반, 테슬라, 총리, 보도, 취임, 소송, 사건, 비판	O
3	9.42	기부채납	전남, 공원, 광주, 주택, 행정, 무안, 전남도, 공사, 부지, 공공, 군수, 정비, 대구, 아파트, 인구, 공급, 건설, 예산, 경기도, 단지	O
4	8.93	전통적 사회공헌 (취약계층 지원)	명절, 어르신, 연탄, 노인, 소외계층, 새해, 소외, 생필품, 이웃사랑, 봉사단, 온정, 식사, 이재민들, 손길, 사회공헌활동, 관내, 겨울, 어르신들, 무료, 온기	O
5	8.84	지역축제, 문화행사	축제, 예술, 작가, 관광, 전시, 작품, 여행, 마을, 정원, 농업, 역사, 부스, 미술관, 농촌, 콘텐츠, 관광객, 농가, 장터, 전통, 방문객	△ (일부만 등장)
6	7.82	고향사랑기부제	답례품, 모금액, 고향사랑기부제, 서울시, 10만, 세액공제, 상품, 증가, 30%, 업체, 할인, 출시, 기부자들, 전년, 공제, 한도, 소비, 연간, 초과, 적용	O
7	7.73	자연재해, 사회적 참사	참사, 가수, 유가족, 배우, 사고, 방송, 영화, 희생자, 구호협회, 전국재해, LA, 영상, 애도, 소방관, 여객기, 유튜브, 희망브리지, SNS, 출연, 여사	X
8	7.46	장학 기부 및 환아 기부	교수, 병원, 환자, 총장, 현대차, 현대차그룹, 양성, KAIST, 명예, 발전기금, 장학, 환아, 소아암, 소아, 수여, 육성, 과학, KT&G, 질환, 졸업	O
9	6.73	기부자 이야기 및 배분 사례	여성, 아이, 부부, 사람들, 자녀, 익명, 고액, 이야기, 할머니, 부모, 아버지, 아들, 가입, 어머니, 셰프, 모임, 인천, 네이버, 편지, 결혼	O
10	5.99	상생협력 및 친환경 사회공헌	헌혈, 협력사, 대출, 순환, 보험, 에너지, 소상공인, 기후, 보훈, 금리, 대금, 인증, 쓰레기, 탄소중립, 수거, 손해, 은행, 나무, 중소기업, 자금	O
11	5.88	제주항공 참사, 영남 산불	제주, 항공, 사고, 여객기, 제주항공, 유가족, 진화, 군수, 영남, 장애, 예방, 산청, 충남, 화재, 신속, 재해, 의성, 터전, 산청군, 피해자	X
12	4.55	스포츠 선수 기부	선수, 축구, 스포츠, 투어, 골프, 프로, 시즌, 우승, 베트남, 참가, 참가자, 상금, 코스, 포항시, 선수들, 포항, 고성군, 미얀마, 도전, 초록우산	O
13	3.38	가상자산 기부 및 독립유공자 후손 후원	자산, 가상, 출산, 광복, 경매, 계좌, 거래, KT, 부영그룹, 허용, 야구, 부천, 디지털, 독립유공자, KB, 후손, 거래소, 펀드, 코인, 가상자산	X

1-3. 눈에 띄는 단어 조합은? 언론기사 N-GRAM 분석 결과

○ 가상자산 관련 단어 조합이 25년에 활발히 등장하기 시작함

2023			2024			2025		
3-gram	빈도	순위	3-gram	빈도	순위	3-gram	빈도	순위
가상, 자산, 거래소	139	313	가상, 자산, 거래소	103	475	가상, 자산, 거래소	286	80
						가상, 자산, 거래소	266	89
						법인, 가상, 자산	198	142
						디지털, 자산, 기부	190	158
						가상, 자산, 거래	124	362
						가상, 자산, 매도	105	498
						가상, 자산, 기부	103	518

'가상자산' 관련 단어 조합의 3개년 변화

○ 사회 이슈 관련 단어 조합(Top 15)

사회 이슈 상위 15위의 단어 조합의 변화를 살펴봄. 2개년 이상 등장한 이슈는 발달 장애 아동/청소년, 자립준비 청년, 장애인 일자리 창출, 독립유공자 후손 지원, 환아 지원, 문화 예술 지원으로 나타남.

2023			2024			2025		
3-gram	Count	순위	3-gram	Count	순위	3-gram	Count	순위
강제, 동원, 피해자	525	21				제주, 항공, 참사	243	104
장애인, 표준, 사업장	237	100	장애인, 표준, 사업장	243	61			
독립유공자, 후손, 주거	196	160				독립유공자, 후손, 주거	234	110
발달, 장애, 아동	189	170	발달, 장애, 청년	181	141	발달, 장애, 청년	144	271
지역, 인재, 양성	186	174	지방, 소멸, 위기	221	76	지역, 문화, 예술	116	406
자립준비, 청년, 지원	184	176	자립준비, 청년, 지원	178	145	자립준비, 청년, 지원	174	190
			아동, 양육, 시설	225	71	아동, 권리, NGO	163	215
			소방관, 회복 지원,	214	85			
			국가, 유산, 보호	194	114	국가, 유산, 보호	148	258
			한국, 백혈병, 어린이	189	123	소아, 청소년, 환아	163	369
						자원, 순환, 실천	239	106

사회 이슈 단어 조합의 변화(2023–2025)

1-4. 사회공헌-ESG 트렌드

○ 사회 공헌과 ESG 사이에 등장하는 연결 고리 키워드를 살펴봄.
2024년까지는 친환경 관련 키워드가 많았으나, 2025년에는 비중이 감소함.

○ 대신 2025년 새롭게 등장한 연결 단어는 AI임. '지역 사회' 키워드
는 연결 고리로서의 중요성이 점차 커지고 있음.

연결강도(Weight)	2023년	2024년	2025년
지역사회-ESG	629	875	1063
지역사회-사회공헌	731	874	976

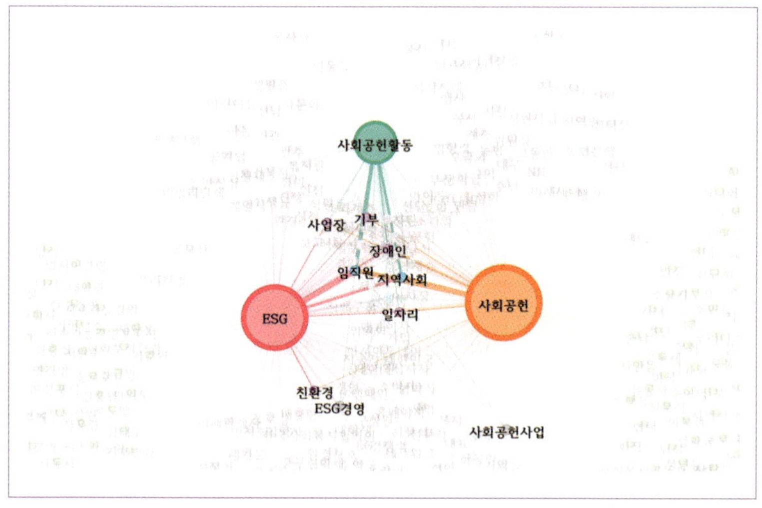

〈23년 ESG-사회공헌 주요 연결고리〉

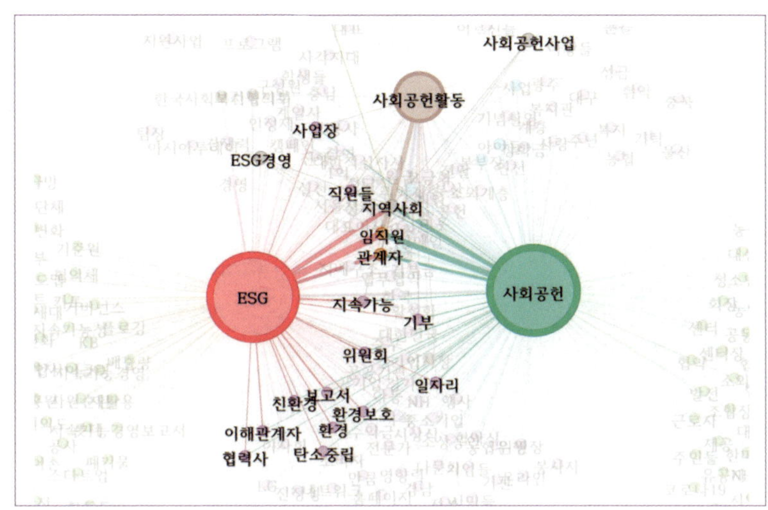

〈24년 ESG-사회공헌 주요 연결고리〉

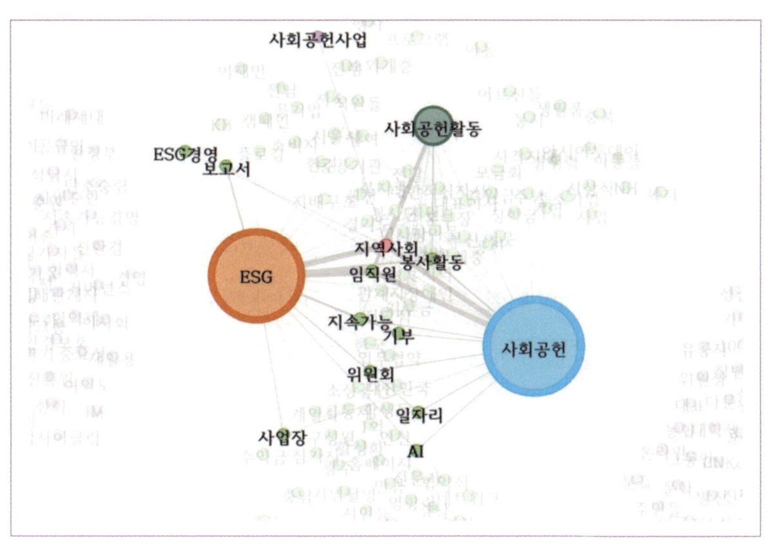

〈25년 ESG-사회공헌 주요 연결고리〉

2. 소셜섹터 및 비영리 분야 트렌드

○ 소셜섹터 공익지 〈더나은미래〉를 통해 소셜 섹터 키워드 트렌드 확인.

○ 순위 상승-하락 키워드(2023년대비 2025년)

— 상승 키워드: 사회공헌, 임팩트, 기부의 순위 상승이 큼. 2023년 대비 상승률이 큰 키워드는 성장(64%), 임팩트(62%), 글로벌(61%)

— 하락 키워드: 기후위기, 탄소, 장애인 관련한 키워드는 순위가 지속적으로 하락하는 추세

소셜 섹터 키워드 트렌드 추이(2023-2025)

키워드	순위			순위변화 (23년대비 25년)
	23년	24년	25년	
기술	30	29	19	상승
글로벌	41	27	16	상승
사회적	47	16	6	상승
투자	35	31	24	상승
성장	50	19	18	상승
청년	69	63	32	상승
임팩트	142	54	54	상승
기후	105	56	43	상승
생태계	118	83	65	상승
지속가능	120	98	56	상승
기부	129	22	58	상승
친환경	222	88	189	상승
사회공헌	274	89	123	상승
사회문제	138	144	85	상승
기후위기	61	69	98	하락
탄소	37	53	60	하락
장애인	17	80	263	하락

3. 네이버 〈해피빈〉을 통해 본
온라인 모금 트렌드(2023~2025)

3-1. 온라인 모금함은 어떤 대상이 많을까?

○ 3년 합산(2023~2025)

— 아동청소년, 어르신, 장애인 대상 모금함이 전체의 71~72%를
차지.

○ 연도별 변화 추이

— 지구촌, 가족여성의 모금함 비중은 지속 감소 추세.

— 장애인, 기타(재해재난), 동물 대상의 모금함 비중은 지속 증가
추세.

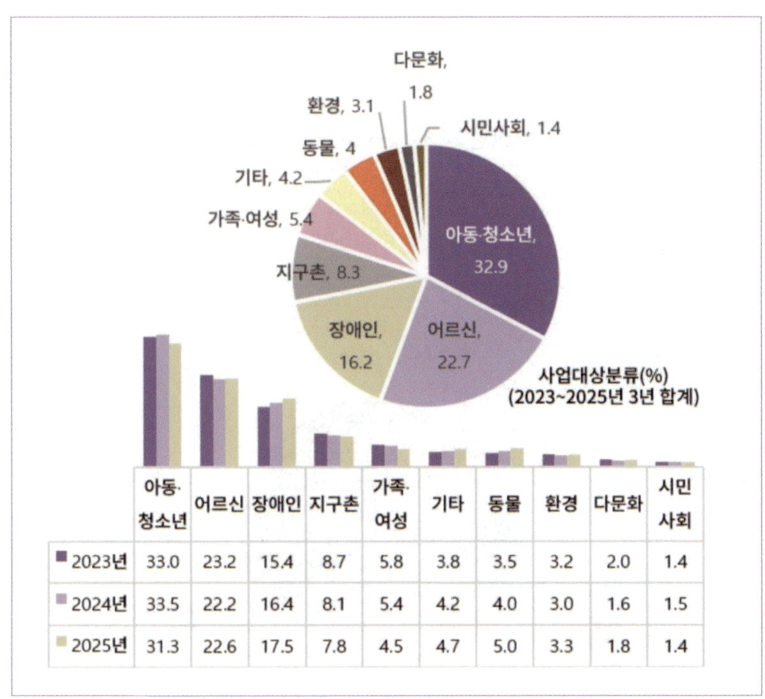

	아동·청소년	어르신	장애인	지구촌	가족·여성	기타	동물	환경	다문화	시민사회
2023년	33.0	23.2	15.4	8.7	5.8	3.8	3.5	3.2	2.0	1.4
2024년	33.5	22.2	16.4	8.1	5.4	4.2	4.0	3.0	1.6	1.5
2025년	31.3	22.6	17.5	7.8	4.5	4.7	5.0	3.3	1.8	1.4

온라인 모금함 트렌드(2023-2025) : 사업 대상별 추이

3-2. 온라인 모금함은 주로 어떤 주제로 개설되었을까?

○ 3년 합산(2023~2025)

— 생계 및 기초 생활 지원, 주거, 의료 등 기초생활보장에 해당하는
분야가 약 67~69%를 차지하고 있으며, 연도별 큰 변동이 없음.

○ 연도별 변화 추이

― 문화예술 분야가 증가 추세

(2023년 12.6% → 2024년 14.8% → 2025년 14.4%)

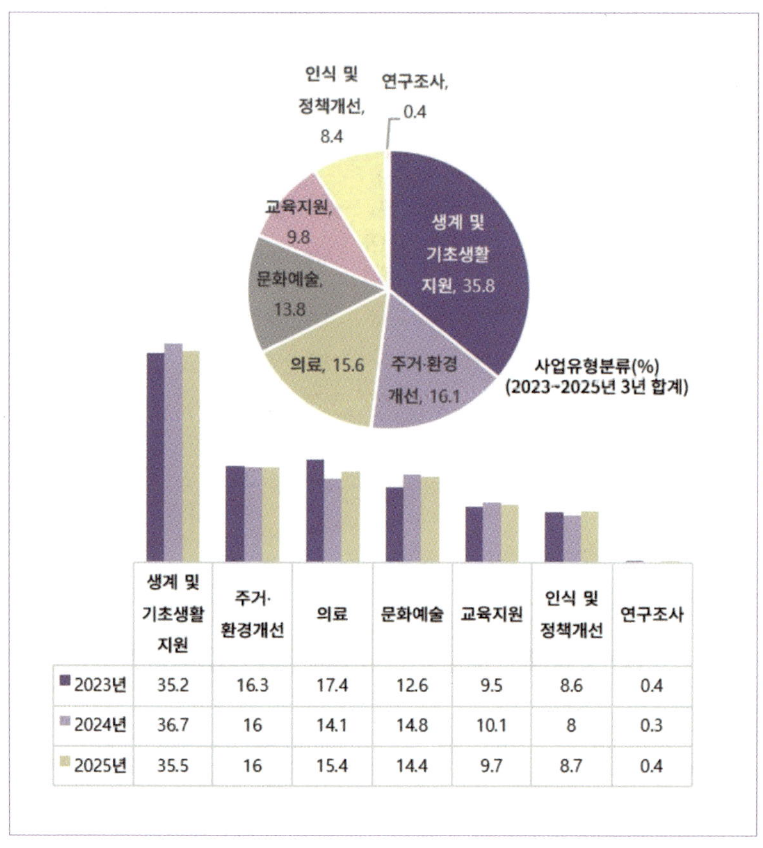

	생계 및 기초생활 지원	주거·환경개선	의료	문화예술	교육지원	인식 및 정책개선	연구조사
2023년	35.2	16.3	17.4	12.6	9.5	8.6	0.4
2024년	36.7	16	14.1	14.8	10.1	8	0.3
2025년	35.5	16	15.4	14.4	9.7	8.7	0.4

온라인 모금함 트렌드(2023-2025) : 사업 주제별 추이

3-3. 어떤 모금함이 모금이 잘 될까?

○ 사업 대상별 평균 모금액 및 모금 목표 달성률

— 평균 모금액이 가장 높은 대상은 기타(재난재해 포함), 그 다음은 지구촌.

— 평균 기부 인원은 동물이 가장 높고, 그 다음으로 기타(재난재해) 순임.

— 동물 대상 모금함은 압도적으로 모금 목표 달성률이 높음(83.1%).

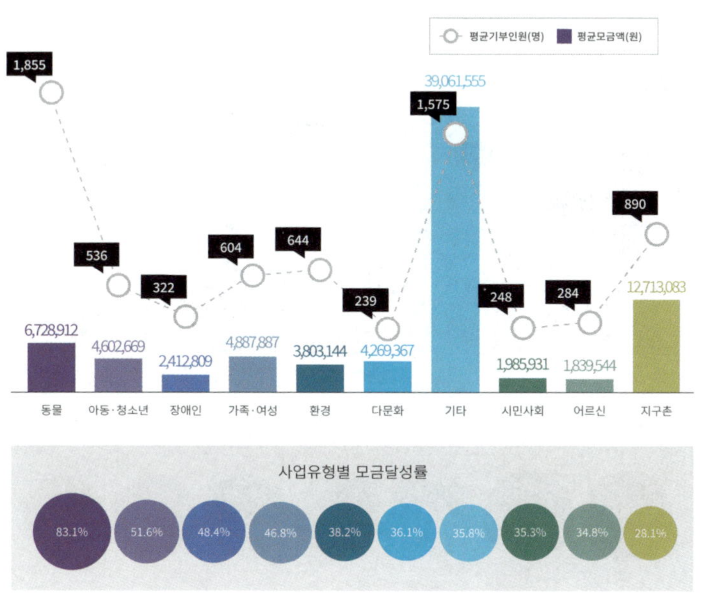

모금 대상별 평균 모금액, 기부인원, 모금 목표 달성률

○ 사업 주제별 평균 모금액 및 모금 목표 달성률

― 평균 모금액이 높은 주제는 생계 및 기초생활지원, 인식 및 정책 개선.

― 평균 기부 인원이 기장 높은 모금주제는 의료지원, 인식 및 정책 개선.

― 모금 목표 달성률은 의료지원이 가장 높음(54.5%). 그 다음은 주거, 생계지원, 교육 순임.

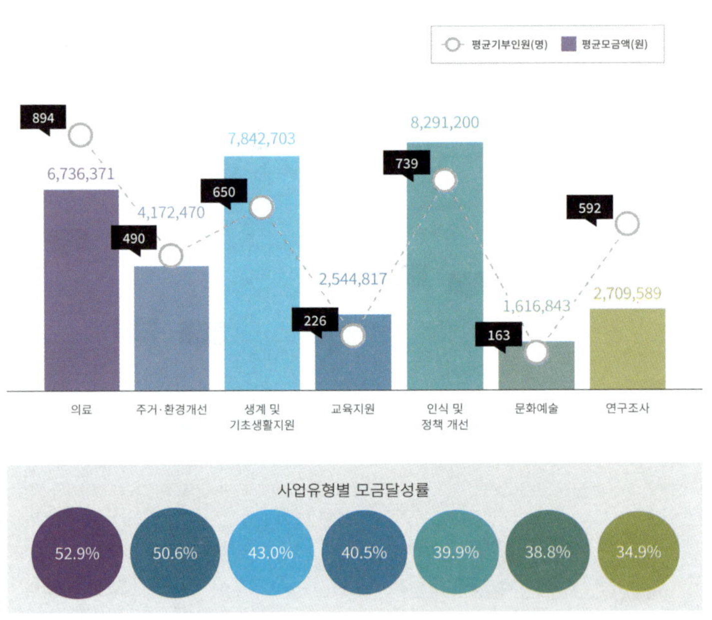

모금 주제별 평균 모금액, 기부인원, 모금 목표 달성률

3-4. 해피빈 모금함은 언제 잘 될까?

○ 연-월별 모금액 추이(2023.1.1~2025.9.29)

― 연말과 재해재난이 있는 시기에 모금액이 상승. 특히 급격한 상승이 보이는 시기는 재난재해가 이슈가 되었던 시기임.

○ 재난재해 시기에는 온 국민이 움직인다

― 연말을 제외하고 모금액이 이례적으로 상승하는 시기는 총 다섯 시기임.

① 23년 2월(튀르키예 지진), ② 23년 4월(강릉 산불), ③ 23년 7월(수해), ④ 2025년 3월(영남 산불) ⑤ 2025년 7월(수해)

― 그 동안 튀르키예 지진(2023년 1월)이 국민적으로 큰 관심을 보인 재난재해였으나, 2025년 3월의 영남 산불이 기록을 갱신함.

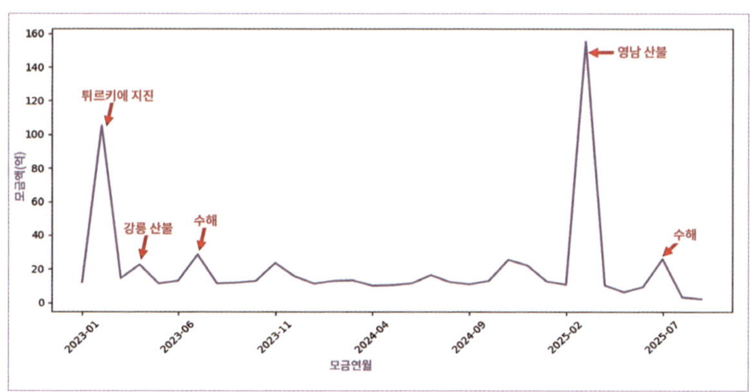

해피빈 모금함의 시계열 추이 분석(2023~2025)

부록 3
린데이터를 통해 본 비영리생태계 액터들의 인식

1. 〈기부트렌드 2026,
CSR 담당자 인식 조사〉

1-1. 조사 개요

○ 조사기간: 2025. 9. 10. ~ 9. 26.

○ 참여자: 82명(기업 CSR 담당자 37명, 비영리 조직 사회공헌 사업 담당자 45명)

○ 조사방법: 구조화된 설문지를 통한 온라인 조사(나눔문화연구소 뉴스레터 구독자, 카카오톡 오픈채팅방-올댓CSR, 오오카)

○ 주요 질문

기업 담당자

— 일반적 특성: 회사 업종, 종사상 규모, 사회공헌 경력

— 2025 사회공헌 현황: 예산규모, 2024년 대비 비교, 사회공헌 의사 결정, 사회공헌 방식, 기부 주된 분야, 기부금 증가/감소 이유, 파트너 기관 유형, 파트너십 맺는 이유, 사회공헌 기획 운영시 중요하게

고려하는 점

— 2026 사회공헌 전망: 예산규모, 사회공헌 영향 요인, 주목하는 파
트너 기관, 주목하고 있는 부분, 비영리 파트너 기관에게 바라는 점

비영리 담당자

— 일반적 특성: 사회공헌 경력, 연평균 기부금 규모, 주된 활동 분야

— 2025 사회공헌 현황: 기업 기부금 규모, 2024년 대비 비교, 주된
기부자 산업군, 기업이 비영리 파트너십을 맺는 이유, 기업과 협력
사업 진행시 어려운 점

— 2026 사회공헌 전망: 예산규모, 사회공헌 영향 요인, 주목하는 신
규 법인 기부자 산업군, 기업 기부 확대를 위해 주목하고 있는 부
분, 기업에게 바라는 점

1-2. 2026년 전반적인 사회공헌 사업 규모 전망

○ 2026년 사회공헌 사업 예산 증가와 관련하여, 기업 담당자는 증가
또는 유지를, 비영리 담당자는 감소 또는 유지를 더 많이 전망함

○ 기업 담당자: 유지 45.9% 〉증가 35.1% 〉감소 18.9%

— 감소 전망 근거: 경기가 안좋음, ESG에 대한 관심으로 사회공헌
관심 축소.

— 증가 전망 근거: 사회공헌 리뉴얼 마무리, 민간주도로 해결해야 할
사회문제 다수 발생, 정부 정책 변화에 따른 공공기관 사회공헌 확
대, 정부의 요청 증가.

— 유지 전망 근거: 예산 증가 모멘텀 없음, 사회공헌 확대 이슈 및 동
   기 요인 부족 .

○ 비영리 담당자: 감소=증가(37.8%) 〉 유지 24.4%

— 비영리 조직의 규모에 따른 2026년 전망에 차이가 나타남.

— 모금액 1,000억원 이상의 초대형 조직은 유지 또는 증가가 많은 반
   면, 100억~1,000억원 미만의 대형 조직은 감소 전망 우세, 소형조
   직은 유지 또는 감소가 우세.

2026 사회공헌 사업 규모 전망 결과

1-3. 2026년 사회공헌 영향요인 1,2 순위는?

○ 기업 담당자 (n=37)

— 가장 크게 영향을 미칠 요인은 '새정부 등장으로 인한 법/제도 등의 정책환경'이 가장 많은 누적 점수를 받음.

— 특히 예산이 증가할 것이라고 응답한 사람의 77%가 1순위로 새정부 등장을 영향 요인으로 선택함.

— 예산이 감소할 것이라고 응답한 사람이 1순위로 선택한 영향 요인은 국내 경제상황(57.1%)임.

○ 비영리 담당자 (n=45)

— 가장 크게 영향을 미칠 요인으로 국내 경제 상황을 가장 많이 선택 (71.1%). 그다음이 새 정부의 등장임(57.8%).

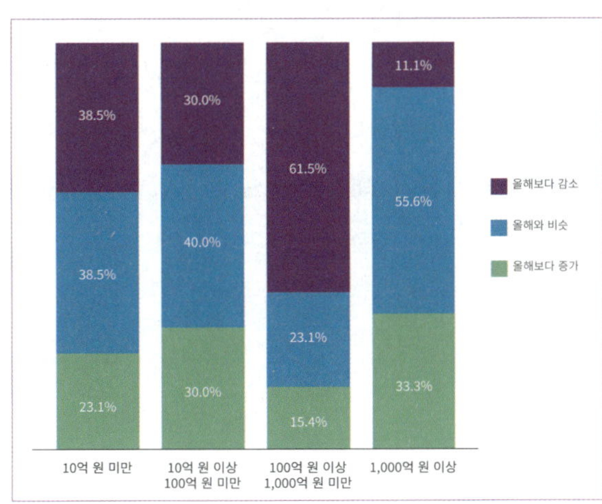

비영리 조직 규모별 사회공헌 예산 규모 전망 결과

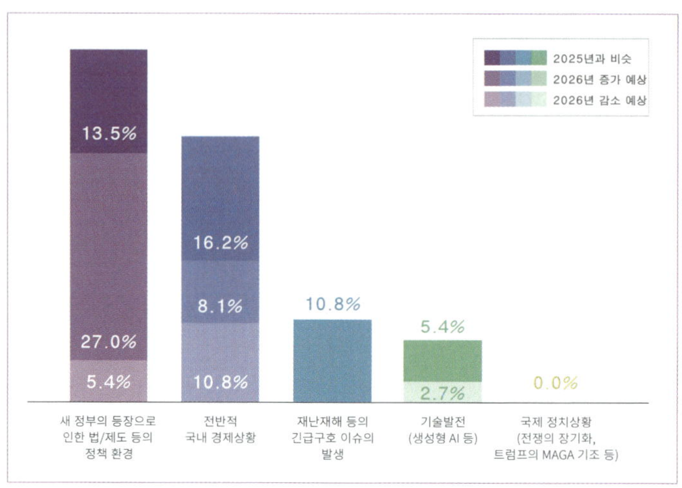

2026년 사회공헌 영향요인-기업담당자 대상

— 누적 점수로도 전반적 국내 경제상황이 219점으로 가장 높음.

— 2026년 예산 증감과 교차 분석해 보면, 내년도 예산이 증가할 것이라고 응답한 비영리 담당자들은 특히 긴급구호이슈, 사회이슈나 담론, 기술발전이 영향을 미칠것이라고 전망(기업의 경우 해당 보기를 선택한 사람이 없음).

— 2026년 예산이 감소할 것으로 응답한 사람들은 국내 경제상황과 새정부 등장을 선택함.

1-4. 2026년 사회공헌 확대와 발전을 위해 가장 주목하고 있는 부분은?

○ 기업의 업과 연계된 전략적 사회공헌 사업 기획이 가장 중요

— 기업의 업과 연계된 전략적 사회공헌 사업의 기획을 두 집단 모두에서 가장 중요하게 생각.

○ 2순위부터는 기업 담당자와 비영리 담당자의 시각 차이가 나타남

— 기업 담당자는 사업 성과관리를 2순위로 선택, 비영리 담당자는 임

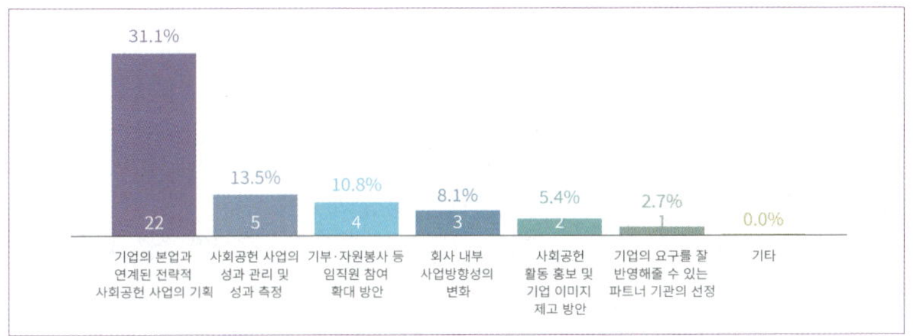

2026년 가장 주목하고 있는 부분-기업 담당자 대상

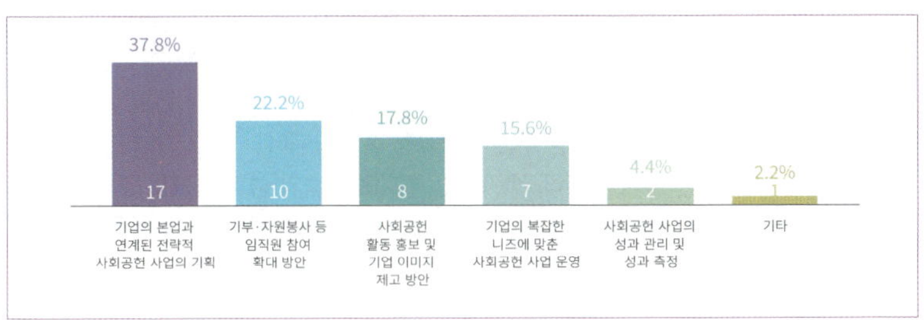

2026년 가장 주목하고 있는 부분-비영리 담당자 대상

직원 참여 확대를 2순위로 선택.

─ 사회공헌 활동을 통한 홍보 및 이미지 제고는 기업 담당자는 5.4%

만 선택했으나, 비영리 담당자는 17.8%나 선택함.

1-5. 발전적 사회공헌을 위해 서로에게 바라는 것 (자유응답)

○ 기업 담당자가 비영리 담당자에게

#유연성 #소통 #전문성 #진정성 #차별화 #실행력 #빠른대응 #가치

측정

- 전문성 강화, 엔드 유저와의 직접적인 소통 역량.
- 기업의 특성에 맞는 사회공헌활동 제안, 신속한 피드백과 성과안내, 홍보.
- 긴급을 요하는 사회공헌사업의 빠른 대응 협력관계 구축.
- 스스로의 전문성이 두드러질 수 있도록 차별화된 전략이 있으면 좋을 것 같습니다.
- 기업의 방향성이나 시대적 요구에 발맞춘 유연성.
- 자사 사회공헌 활동 진단 및 새로운 대안 제시.
- 비영리기관도 좋지만 타 기업과의 시너지를 기대하고 있습니다.
- 해결이 필요한 새로운 문제에 대한 사업 제시가 필요.
- 기업의 비즈니스 방향을 이해하고 전략적으로 연계되는 중장기적 시각과 아이디어.
- 성과 측정과 사회적 가치 측정 부분이 중요할 것 같습니다.
- 단순 기부나 좋은 일이 아니라, 객관적인 수치로 사업의 성과 영향을 경영진이나 이해관계자들에게 보여주면 사업의 지속성에 있어서 큰 장점이 될 것 같습니다.

○ 비영리 조직 담당자가 기업 담당자에게

#장기사업 #기관에 대한 신뢰 #작은 기관에 대한 관심 #협력 관계 #진정성 #현장에 대한 이해 #임팩트 측정기준 명확화 #상호 존중 #수요파악에 따른 지원 #파트너기관으로 인정 #사업제안을 위한 오픈창구 마련

- 기업 리더십 선호에 따른 단편적 사업보다, 기업의 가치에 부합하고 현장 중심적인 장기적 관점의 사회공헌사업 기획을 우선시 했으면 합니다.
- 불신의 태도로 바라보지 말고 기관을 신뢰해 주었으면 합니다. 적은 액수더라도 기관에 도움이 됨을 알아줬으면 합니다. 큰 기관보다 작은 기관이 더 어려운 점을 알아줬으면 합니다.

- 기업의 지속가능한 사회공헌활동을 위해 중장기적인 계획도 함께 논의하고 프로젝트화 할 필요가 있습니다.
- 사회공헌사업을 기업 홍보 수단이 아닌, 진정한 공헌 사업으로서 접근하였으면 합니다.
- 해외 법인 사회공헌 담당자가 겸직인 경우가 많다 보니 한국만큼 사업의 공모나 관리가 촘촘하게 되는 것 같지는 않았습니다. 꼭 필요한 사업이 현장에서 진행될 수 있도록 한국 사무소에서 해외 사업장 관련한 사회공헌활동을 공모하거나 검토하는 것도 필요할 것 같습니다.
- 사회공헌 사업의 임팩트를 어떤 기준으로 측정할 것인지 명확한 기준을 제시해 줬으면 좋겠습니다.
- 기업의 사회공헌인식 개선(관리운영비, 인건비에 대한 인식 변화), 상호신뢰, 상호 존중.
- 트렌디한 사업만 추진하기 보다는 복지사각지대 및 취약계층 등 지속적으로 지원이 필요한 대상자에 대한 관심과 사회 안전망으로서 역할.
- 외주/하청 업체가 아닌 파트너기관으로서 인식.
- 사회공헌 제안을 위한 오픈된 창구를 마련해 주십사 부탁드립니다(폐쇄적이라 제안 자체를 할 수가 없음).

○ 비영리조직이 기업과의 파트너십에서 경험하는 어려움은?

― 소형조직은 전문성을 인정받지 못한다고 느낄 때, 기업의 진정성이 부족하다고 느낄 때를 가장 큰 어려움으로 호소.

― 중형조직은 기업의 진정성이 부족할 때, 관리운영비에 대한 지나친 간섭을 어려움으로 호소.

― 대형조직은 홍보대행사 취급을 당할 때를, 초대형기관은 기업의 진정성이 부족하고, 촉박하게 자료 요청할 때, 그리고 무리한 요구를 할 때(기타응답)를 어려움으로 호소.

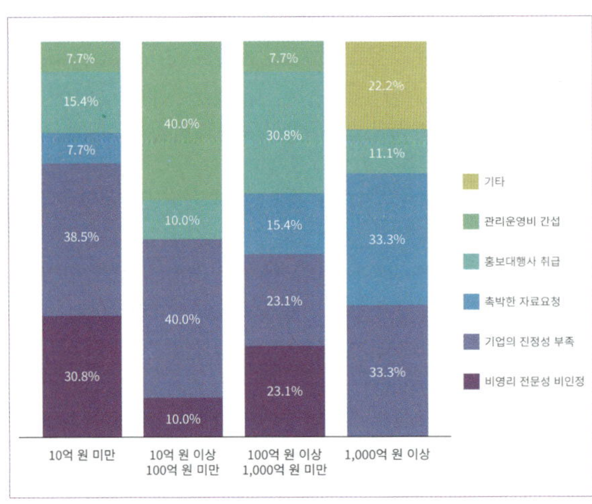

비영리 조직 규모별 기업과의 파트너십 어려움(1순위)

기업 담당자	비영리 조직 담당자

2. 〈기부트렌드 2026, 모금가 인식 조사〉

2-1. 조사 개요

○ 조사기간: 2025. 8. 27. ~ 9. 14.

○ 참여자: 151명 (모금조직에서 모금과 관련된 업무를 하고 있는 모금가)

○ 조사방법: 구조화된 설문지를 통한 온라인 조사(나눔문화연구소 뉴스레터 구독자, 카카오톡 오픈채팅방-온라인비영리모금연대)

○ 조사질문

— 일반적 특성 : 모금경력

—2025년 기관의 모금 상황: 최근 3년 평균 모금액, 개인 및 기업 모금 상황, 전년대비 증감 및 이유

— 기부자 변화 및 피드백: 기부자 변화에 대한 인식, 소속기관의 인기 있었던 모금 프로그램, 사업유형, 캠페인, 기부자 피드백 관련하여 가장 신경 쓰고 있는 부분

— 모금 생태계 전반에 대한 인식: 모금을 가장 잘하고 있는 기관, 트렌디한 모금캠페인, 광고, 굿즈 및 그렇게 생각한 이유, 가상자산 기부에 대한 예측 및 준비 여부, 기관의 AI 업무 활용정도 및 AI에 대한 생각

— 2026년 예측: 전반적 모금 상황 전망, 모금에 영향을 미치게 될 요인, 소속 기관에서 주목하는 기부자 집단, 향후 모금 전략, 비영리가 주목할 사회이슈

2-2. 모금가들은 2026년의 전반적인 모금상황을 어떻게 전망하고 있을까?

○ '특정 영역에 특화된 곳이 모금이 잘 될 것' 전망

— 응답자들 중 '규모와 상관없이 특정 영역에 특화된 곳이 잘할 것'이라고 답한 비중이 34%(52명)로 가장 높게 나타남. 재난재해, 환경, 기술기반 투자 등, 조직 규모와 관계없이 주제에 따라 모금 상황이 다르다고 인식하는 것으로 이해됨.

○ 대형 조직과 중소형 조직의 모금 상황 인식에 차이. 빈익빈 부익부 현상 지속될 것으로 예상

— 그 다음으로 '대형 조직들은 나아질 것이지만 중소형 조직은 어려워질 것'이라는 대답이 2위(30%, 45명)를 차지하여, 시스템이나 마케팅 등에 투자할 수 있는 대형 조직과 중소형 조직의 격차가 더 크

게 나타날 것으로 예상.

— 모두 다 어려울 것이라는 응답도 13%로 3순위로 나타남.

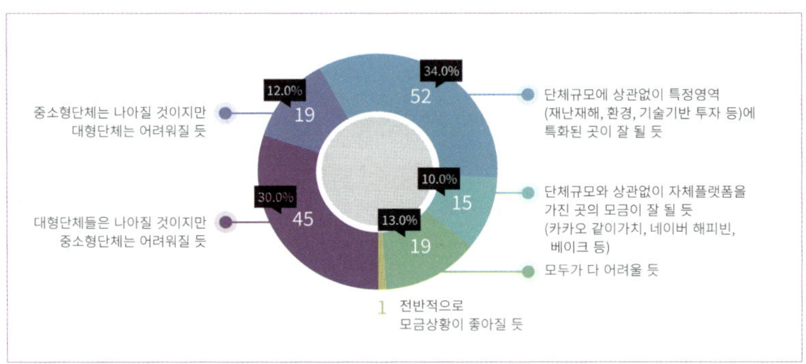

2026년 모금 상황 전망 결과

2-3. 2026년에 모금과 관련하여 확대하려는 것은? (2개 선택)

○ 체험, 참여, 개인화, 모금 콘텐츠에 주목하고 있음

— '개인별 맞춤예우 강화'가 18%(54명)로 가장 높게 나타났고, 이어
서 비슷한 비율로 '참여형, 체험형 프로그램 강화' 15%(45명)로 나
타남. '소구력 높은 모금 콘텐츠 제작' 14%(42명)로 3위로 나타남.

○ AI, 데이터를 기반으로 한 잠재후원자 전략, 가상자산/기부신탁제
도 도입에 대한 관심 존재

— 현재 가상화폐 소유자에 대한 주목도는 낮았으나(2-4 주목하는 기

부자 참고), 향후 모금과 관련하여 확대하려는 부분에서는 다른 선택지와 비슷하게 나타남. 이는 준비는 어려우나 필요하다는 인식을 의미.

— AI와 데이터를 기반으로 한 잠재 후원자 전략에 대한 관심도 상당수.

○ 모집비용 확충은 중소형 조직에서 주되게 관심

— '모집비용의 확충'이라고 응답한 24명 중 초대형 모금 조직에 소속된 모금가의 대답은 1명, 대형 조직은 3명만 선택. 나머지 20명은 모두 100억이하의 중소형 조직 소속으로 나타나, 조직 규모별 모집비용 이슈에 차이가 있음을 확인.

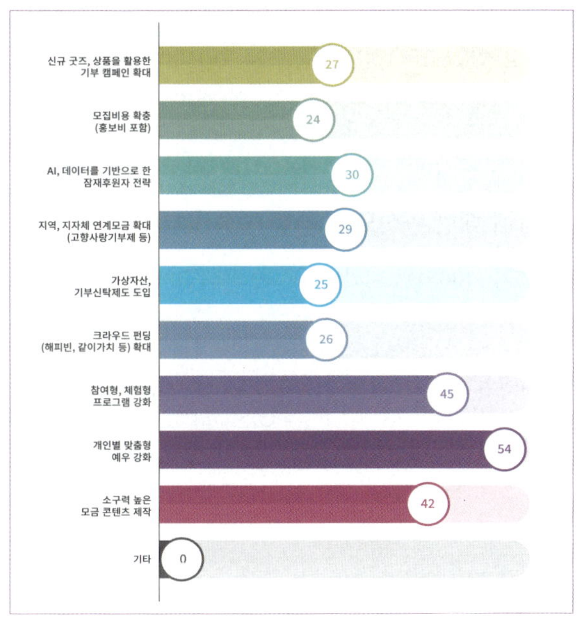

2026년 모금과 관련하여 확대하려고 하는 것

2-4. 비영리 모금 조직은 어떤 기부자 집단에 주목하고 있을까?

○ 가장 주목하는 기부자 집단은 '기존 기부자'

— 비영리 모금 조직이 가장 주목하고 있는 기부자 집단은 '기존 기부
자'로 5점 만점에 3.9점.

— 그 다음 '40대 이하의 젊은 기업가(투자자)' 3.8점, '60대 이상의 액
티브 시니어' 3.7점으로 높게 나타남.

— 가장 주목도가 낮은 기부자는 '가상화폐 소유자'(2.5점)으로, 관심
이 없다기보다는 소속 조직 내에서 가상화폐 기부에 대한 준비가
아직 되지 않은 것이 요인으로 유추됨.

○ 모금 조직 규모별 주목하는 기부자 집단이 상이

— 초대형 조직(모금액 1,000억원 이상): '40대 이하의 젊은 기업가(투자
자)'를 가장 주목하고 있었고(4.1점), 다음으로 '60대 이상의 액티브
시니어'(4.0점)

— 대형 조직(모금액 100억원~1000억원 미만): '기존 기부자'와 '60대 이
상의 액티브 시니어'에 대한 관심도가 가장 높음(3.9점).

— 중형 조직(모금액 10억~100억원 미만): '기존 기부자' 주목도가 4.2
점으로 가장 높음.

— 소형 조직(모금액 10억원 미만): '기존 기부자' 3.8점, '40대 이하 젊은
투자자' 3.7점으로 높게 나타남.

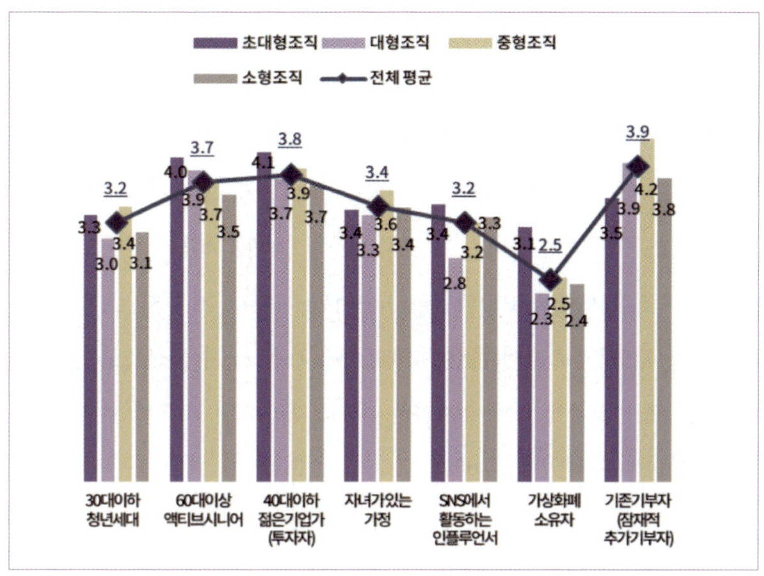

비영리 모금 조직에서 주목하고 있는 기부자 집단(단위: 점)

2-5. 비영리 모금 조직이 기부자 피드백 관련하여 가장 신경쓰고 있는 부분은? (2025년 기준)

○ 개별 소통채널 강화, SNS를 통한 대중홍보에 관심

— 전체적으로 개별 소통 채널의 강화(29명, 19.2%)가 가장 높은 관심을 받음. 더불어 개인화된 피드백 메시지도 높게 나타나, 개별화 맞춤형 메시지를 통한 개별 피드백에 전반적으로 높은 관심을 보이는 것을 확인.

— 공식 SNS채널 활성화(25명, 17%)도 2순위로 높은 관심을 보임. 개별화 피드백과 함께 공식 SNS를 통한 홍보와 소통을 중요한 소통

창구로 여기는 것으로 이해됨.

○ 모금 조직 규모별 관심도에 차이

— 초대형 조직(모금액 1,000억원 이상): 개인 맞춤형 예우 프로그램과 개별 소통 채널의 강화가 28.6%로 가장 높게 나타남.

— 대형 조직(모금액 100억원~1000억원 미만): 기부자 초청 행사(21.2%), 연간 보고서 콘텐츠(18.2%)에 가장 크게 신경쓰고 있음.

— 중형 조직(모금액 10억~100억원 미만): 개인화된 피드백을 가장 많이 신경쓰고 있었음(24.0%).

— 소형 조직(모금액 10억원 미만): 개별 소통 채널의 강화(22.8%)와 공식SNS 채널 활성화(19.0%).

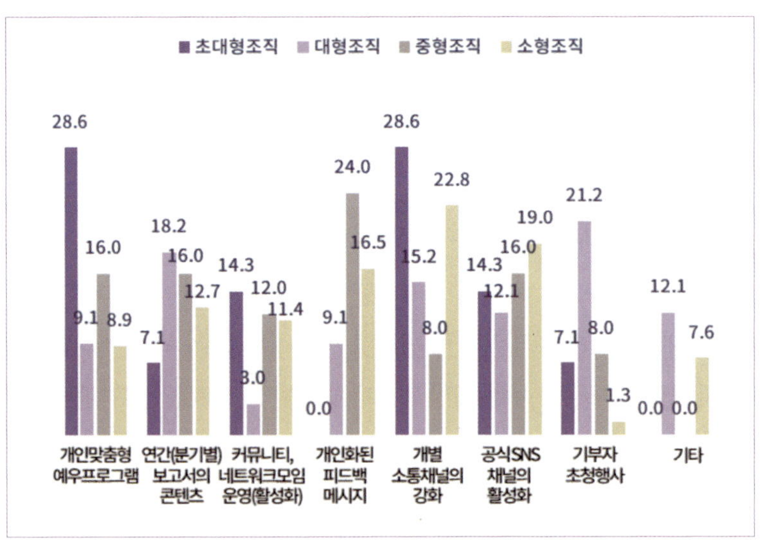

기부자 피드백 관련하여 신경쓰고 있는 것 (단위: %)

부록 4
기부 트렌드
2026 참여자

2026년의 기부트렌드 도출을 위해 일반 시민과 비영리 모금가, 기업 CSR 담당자로 구성된 '기부트렌드 패널 3기'를 공개모집했다. 최종적으로 시민 패널 12명, 모금가패널 8명, CSR 패널 6명이 선발되어 활동에 참여했다. 기부트렌드 패널은 2025년 6월부터 8월까지 2개월간 기부 및 모금 활동과 관련하여 다양한 주제로 논의를 진행했다. 활동은 오리엔테이션 및 4차에 걸친 라운드 테이블과 더불어 필요에 따라 카카오톡 오픈 채팅방을 활용한 온라인 활동으로 이루어졌다.

기부트렌드 패널 외에도 추가적으로 개인기부자와 기업 CSR 관계자, 비영리 전문가, 지역 단체 실무자 등 다양한 집단의 대상자를 만나 인터뷰를 진행하였다. 개인정보 보호 및 존중을 위해 모든 참여자의 이름은 가명으로 바꾸었다.

기부트렌드 패널(열트친) – 시민 패널 참여자

시민 패널은 20~30대를 중심으로 대학생, 취업준비생, 회사원 등 다양한 시민들로 구성되었다. 참가자의 평균연령은 24.8세로, 다양한 분야에서의 기부와 봉사활동 경험을 가지고 있었으며, 트렌디한 기부와 나눔활동에 관심을 가지고 있었다.

▶ 강서연(20대, 여)

차 마시고 책 읽는 거 좋아해요♥ | 기부의 다양한 형태를 알아갈 수

있어서 좋았고, 기부 트렌드를 주도하는 패널분들을 만나뵐 수 있어서
뿌듯했습니다! 정말 의미있고 뜻깊었어요.

▶ 송민석(30대, 남)

사람이 좋아서, 사람에게 도움이 되는 일을 하고 싶습니다. | 팍팍한
세상 속에 아름다운 시간을 만들어 주서서 감사합니다. 나눔을 향한
열정이 바깥의 여름보다 더 뜨거웠어요. 또 함께해요.

▶ 류승현(20대, 남)

기부를 해오면서 항상 트렌드에 대해 고민을 해왔습니다. | 이번 패널
활동이 앞으로 청년들의 마음을 움직이는 엔진이 되면 좋겠습니다.

▶ 최지훈(20대, 남)

다양한 사람들의 기부 이야기를 듣고 싶어 시민 패널에 참여하게 된
대학생입니다. | 다른 시민 패널 분들의 기부 이야기를 가까이에서 듣
고, 또 제 이야기와 생각을 나눌 수 있는 매순간이 뜻깊고 영광이었
습니다. 열트친 활동을 통해 이전보다 더 능동적으로 기부에 대해 찾
아보고 실천하는 제 자신을 발견할 수 있었고, 덕분에 스스로가 좋
은 방향으로 변하고 있다는 생각이 들었습니다. 나눠주신 따스한 온
기 잘 간직하며 또 누군가에게 기쁜 마음으로 나누겠습니다. 정말 감
사합니다.

▶ 조동현(20대, 남)

산업공학, 기술기반 사회공헌 관심, 정기헌혈, 다양한 기부/봉사 경험 | 기부가 단순한 나눔을 넘어 사회 전반에서 변화하는 흐름을 갖고 있다는 점을 깊이 느꼈습니다. 다양한 배경을 가진 분들과 생각을 나누는 과정에서 서로의 경험과 시각이 어우러져 하나의 트렌드로 수렴하는 과정을 지켜볼 수 있었고, 그 속에서 기부가 주는 유익함과 즐거움, 그리고 사람과 사람을 연결하는 따뜻한 힘을 다시금 깨달았습니다. 특히 정기적인 기부가 꾸준히 사회에 긍정적인 변화를 일으키는 모습을 보며 앞으로도 이러한 관심과 실천을 이어가야겠다는 다짐을 하게 되었습니다. 이번 경험은 기부를 바라보는 제 시야를 한층 넓혀주었고 나눔이 주는 행복이 오래도록 이어질 수 있다는 확신을 심어주었습니다.

▶ 임준영(20대, 남)

사회적 약자와 모금에 관심을 가지고 사회복지를 공부하고 있습니다. | 제가 얻어가는 것이 더 많은 패널 활동이었습니다. 여러 분야의 모금과 기부에 대해 생각해볼 수 있었고 다른 분들의 통찰도 엿보는 시간이었습니다. 소중한 시간 만들어주신 나눔문화연구소 연구진 분들께 감사드립니다.

▶ 정영훈(20대, 남)

새로운 도전을 즐기는 탐험가입니다. | 기부에 직접 참여하는 패널분들과 활동하며, 일상 속에 녹여낸 기부의 참뜻을 이해하고 느낄 수 있

었습니다.

▶ 백세종(20대, 남)

다양한 만남을 꿈꾸고 배움을 궁금해하는 사회초년생 호텔리어입니다. | 기부 방법을 많이 몰랐는데, 기부트렌드 패널 활동을 하면서 다양한 정보를 얻을 수 있는 좋은 기회였습니다. 그 정보들로 하여금 크든, 작든 다양한 기부의 형태로 많은 도움이 된 사례를 접할 수 있어서 마음이 따뜻했습니다.

▶ 김채영(20대, 여)

회사원이며, 지역사회 및 국내외 취약계층 기부에 참여한 바 있습니다. | 열.트.친 활동 초반, 기부에도 트렌드가 있다는 점이 신선한 충격이었습니다. 일상 속 모든 생활양상이 기부와 접목 가능하다는 점을 통해, 기부가 우리 삶과 아주 밀접한 곳에 스며들어 있다는 걸 체감했습니다. 그리고, 이런 내용에 대한 패널 간 공유를 통해 기부의 뜻을 다시 한번 곱씹어보는 의미있는 시간이었습니다.

▶ 정연수(20대, 여)

사회복지, 재난, 의료, 구호에 관심. 다양한 방식의 기부 실천.

▶ 김지윤(20대, 여)

재해구호, 지역사회에 관심. 봉사단 활동 참여 경험.

▶ 윤다은(20대, 여)

교육/장학, 지역사회에 관심. 다양한 봉사활동 참여. 소액기부문화 확산에 관심.

기부트렌드 패널(열트페) – 모금가패널 참여자

모금가패널은 다양한 비영리 모금조직에 종사하는 평균 경력 10년 이상의 전문가들이 모였다. 모금 활동 및 모금과 연계된 업무를 담당하고 있었으며, 평균 연령은 42.7세로, 현장에서 몸소 느끼고 체험하는 모금 분야의 현황과 기부/모금 트렌드 및 관련 분야에 대해 논의하는 활동을 진행했다.

▶ 이상희(50대, 여)

중소형 비영리단체의 모금을 돕고 있어요. 해마다 기부트렌드를 손꼽아 기다렸어요. 라운드테이블 주제를 준비할 때마다 뜻깊은 시간이었습니다! 소중한 경험, 기회를 주셔서 감사합니다.

▶ 김윤호(40대, 남)

기업과 함께하는 파트너 | 배움과 즐거움이 있는 활동이었습니다. 이런 자리 마련해 주셔서 감사합니다.

▶ 이건우(40대, 남)

10년 넘게 모금가로 활동하며 현재는 대학에서 모금 전략을 세우고 있습니다. | 대학은 인프라는 좋지만 모금이 중심이 아니다 보니 외로움을 느끼곤 합니다. 이번에 패널로 참여하며 다양한 분들을 만나 큰 힘을 얻었습니다. 늘 솔직하게 이야기하려 노력했고, 앞으로 모금 환경이 더 나아져 기부로 사회 변화가 이루어지길 바랍니다. 감사합니다.

▶ 유상현(40대, 남)

모금이 사명이라고 생각하는 모금가입니다. | 다양한 단체의 훌륭한 모금가분들과 이야기를 나눌 수 있어 감사했습니다. 비영리단체가 서로 협력하고 동반 성장해야 하는데 이런 계기로 도움이 많이 될 것 같습니다.

▶ 류아린(40대, 여)

비영리 기관에서 기업 연계 온라인 모금을 담당하고 있습니다. | 짧은 시간이었지만 기부에 대해 폭넓게 고민해 볼 수 있는 유익한 시간이었고 다른 기관의 모금 담당자들을 만나 이야기 나눌 수 있어 좋은 시간이었습니다.

▶ 박민지(30대, 여)

아동단체 근무, CSR 기획 및 파트너 관리, 모금 콘텐츠, 캠페인 운영 담당

▶ 백진희(30대, 여)

아동단체 근무, 고액 및 유산기부 관련 업무

▶ 최혜진(40대, 여)

국제구호단체 근무, 모금인프라 구축, 데이터 분석 및 마케팅 전략 등
담당

기부트렌드 패널(열트페) – CSR패널 참여자

패널은 현재 CSR, ESG팀에서 CSR 업무를 담당하는 실무들이 모였
다. 평균연령 38.2세, 관련 업무경력은 평균 7.8년이었으며, 사회공헌
및 ESG, 지속가능경영 등의 업무를 담당하고 있었다. 기업의 실부자
입장에서 체감하는 CSR 활동의 현황과 관련 분야에 대해 논의하는
활동을 진행했다.

▶ 한현우(40대, 남)

기술을 통한 사회문제 해결에 관심이 많은, 이를 위해 기획과 조직화
에 발을 내딛고 있습니다. | 개개인의 활동이 트렌드를 만들어 갑니다.
하지만 그 트렌드는 또 다시 누군가에게 공감이 되어야 합니다. 그런
공감을 가질 수 있는 시간이었습니다. 그리고 그 트렌드를 공감시킬
수 있는 많은 활동을 부탁드립니다.

▶ 장우진(40대, 남)

올해 패널 활동을 통해서 너무나 귀한 사람들과 시간들을 갖게 되어 큰 영광이며, 기업에서 선명하고 촘촘하게 사회공헌 활동을 이어가고자 합니다.

▶ 김유나(20대, 여)

지속가능한 사회를 향해 한 걸음씩 나아가고자, 마음을 담아 사회공헌 활동을 이어가고 있습니다. | 사랑의열매 기부트렌드 연구에 패널로 참여하며, 기부와 나눔의 변화를 직접 나누는 뜻깊은 시간이었습니다. 다양한 경험과 시각 속에서 나눔이 단순한 '행동'이 아니라 사람과 사람을 잇는 '이야기'이자 '마음'임을 다시금 깨달았고, 앞으로도 그 가치를 꾸준히 이어가고자 합니다.

▶ 박태훈(30대, 남)

성균관대 박사과정에서 행정학을 수학하고 현재 대체투자 전문 자산운용사인 마스턴투자운용 전략기획 부문에 재직 중이며, 한국PR협회 ESG 이사로 활동하고 있습니다. | 다양한 배경과 전문성을 가진 패널들과 기부 문화의 현재와 미래에 대해 깊이 있게 논의할 수 있어 매우 의미 있었습니다. 각자의 경험과 전문 지식을 토대로 한 진술하고 건설적인 대화를 통해 기부 생태계에 대한 이해의 폭을 한층 넓힐 수 있었습니다. 패널 활동 기간 동안 나눈 귀중한 논의 내용들을 되새기며, 앞으로 더욱 건강하고 지속 가능한 나눔 문화를 만드는 데 기여할 수 있도록 실천해 나가겠습니다.

▶ 김시우(30대, 남)

신규사업개발, 공익사업운영, 임직원 자원봉사 개발 및 운영을 담당하며 열정에 맞는 실력을 갖추고자 합니다. | 다양한 기업과 재단의 기업 사회공헌 담당자들이 모일 수 있는 자리를 만들어주셔서, 교류에 목말랐던 저에게는 정말 즐거운 배움의 자리가 되었습니다. 특히 개인적으로 고민했었던 사내 임직원 모금액의 감소는 모금사업 담당자들이 공통적으로 고민하는 문제임을 알게 되었습니다. 전혀 다른 시각으로 접근하여 캠페인을 성공시킨 사례도 들으며 한편으로는 마음속의 경계를 허무는 좋은 자극이 되었다고 생각합니다. 패널 활동 도중에 아이가 태어나서 끝까지 활동을 이어가지 못했지만, 개별 업무도 바쁜텐데 밤 늦게까지 열띤 토론을 이어가던 2026 CSR패널 모두에게 이 자리를 빌어 정말 고생하셨고 많이 배우고 간다는 말씀을 드리고 싶습니다.

▶ 조유진(30대, 여)

IT기업 근무, 사회공헌 담당. 사회공헌의 트렌드와 미래에 관심.

인터뷰 참여자

전반적인 관련 업계의 현황과 앞으로의 방향성, 모금/기부는 물론 사회/기술/소비 트렌드 등에 대한 의견을 듣기 위하여 총 27명을 대상으로 인터뷰를 진행했다. 인터뷰 참가자의 이름은 개인정보보호 및 익명성 보장을 위해 가명으로 바꾸었다.

1) 개인기부자

이름(가명)	연령대	성별	특징
김도윤	40대	남	아동 및 동물 관련 정기기부, 자원봉사 경험
박소연	30대	여	정기기부에서 일시기부로 전환, 사회적 이슈 관련 기부 참여

2) 비영리 모금조직 실무자

이름(가명)	연령대	성별	활동조직 특징	직위
이정민	40대	여	모금기관(중)	본부장
박성우	40대	남	모금기관 컨설팅	랩장
이정호	40대	남	모금기관(대)	본부장
최민석	40대	남	모금기관(대)	본부장
최보경	40대	여	모금기관(대)	팀장
김민정	40대	여	모금기관(대)	과장
정해준	50대	남	모금기관(대)	팀장
한서연	50대	여	모금기관(중)	국장
윤재민	40대	남	모금기관(대)	팀장
오지은	50대	여	지역단체	연구원
김세현	40대	남	지역단체	팀장
한지훈	40대	남	지역단체	팀장
장미선	50대	여	지역단체	관장
김해림	50대	여	지역단체	활동가
오준혁	40대	남	지역단체	팀장
임소희	30대	여	지역단체	국장
장태영	30대	남	지역단체	대표

3) 기업 CSR 관계자

이름(가명)	연령대	성별	활동조직 특징	직위
김호진	40대	남	테크스타트업	대표
안가윤	40대	여	CSR 담당, 정보통신업	실장
임경수	40대	남	기업재단, 금융 및 보험업	총괄팀장
신우진	30대	남	CSR 담당, 제조업	책임
신예린	30대	여	ESG 담당, 통신통신업	과장
배민수	30대	남	기업재단, 제조업	사무국장
송현규	50대	남	ESG 컨설팅	센터장
최은정	50대	여	CSR 컨설팅	대표

기부트렌드 2026의 발간을 위해 많은 분들이 도움을 주셨습니다. 뜨거운 여름 내내 연구진과 함께 이야기를 나눈 제3기 기부트렌드 패널, 심층인터뷰로 솔직한 의견을 가감없이 전달해준 인터뷰 참여자, 기부트렌드 도출을 위해 전문적 식견을 아낌없이 공유해주신 전문가분들께 감사의 마음을 담아 이름을 남깁니다(가나다순).

기부트렌드 패널(3기) 및 인터뷰 참여자
강하늘(건국대학교), 김민석(마스턴투자운용), 김민지, 김민환(교보생명보험), 김수진, 김재엽(한양대학교), 김정임(대전세종 양성평등센터), 나인채, 노희헌(초록우산), 박정민(월드비전), 백성주(누구나데이터), 송원규(모금가), 송현지(현대스틸파이프), 신명식(서울대학교), 엽성환(한국해비타트), 오정민(인권재단 사람), 이계정(참여연대), 이동이(서울환경연합), 이종일(KT), 임성호(연합뉴스), 정규상(기아대책), 조동근(주영이십일), 조성도(마이오렌지), 조현식(사단법인 온기), 최승원(우송대학교), 하예성(누구나데이터), 허나운(금융산업공익재단), 홍도은(열매나눔재단), 황성주 (굿네이버스), 황세훈(매일홀딩스)

전문가 자문단 및 연구 심의위원단
김기룡(플랜엠 대표), 김효진(경기사랑의열매 사무처장), 노진선(사랑의열매 나눔문화연구소 소장), 박란희(라이나전성기재단 사무총장), 이민영(고려사이버대학교 교수), 이성도(사랑의열매 모금사업본부장), 정진경(광운대학교 행정학과 교수), 채선애(마크로밀 엠브레인 컨텐츠사업부 부서장)

그 외 익명으로 참여해주신 패널 및 인터뷰 참여자 23명

도움을 주신 많은 분들께 다시 한 번 감사의 인사를 드립니다.

memo

기부트렌드 2026

AI 시대의 인간다움 : 기부의 재발견

2026년 1월 22일 초판 1쇄 펴냄

지은이   박미희, 이수현, 윤지현, 한상규, 허담, 유재윤
편집   마담쿠, 코디정
디자인   김선미 stedy5655@naver.com
그래프   김민아

펴낸곳   이소노미아
          서울시 종로구 율곡로 2길 7, 서머셋팰리스 303호
          T | 010 2607 5523   F | 02 568 2502
          Contact | h.ku@isonomiabook.com
펴낸이   구명진

이 책은 집필진의 연구활동의 성과이며 수록된 내용이 사회복지공동모금회의 공식 견해는 아닙니다.

사랑의열매 나눔문화연구소는 우리 사회의 나눔문화 성숙을 위해 기부와 나눔, 사회변화, 임팩트를 탐구하며 나눔지식의 허브를 지향합니다. 사회복지 및 비영리단체 실무자와 국민 누구나 편리하게 나눔에 대한 지식과 정보를 얻고, 모두가 함께하는 지속 가능한 공동체 성장의 토대를 다지는 공간으로 여러분의 참여를 기다립니다.

사랑의열매 나눔문화연구소 블로그
https://blog.naver.com/nanum-research

ISBN 979-11-90844-66-6   03070